本書（第１巻）で扱った助詞（格助詞が中心）

まで	から	が		
●行為の終点 ▶ 家まで帰る。 ◀	▶ ●行為の起点 家から出る。			
●期間の終点 5時まで働く。 ◀	▶ ●期間の起点 5時から働く。			
	●主体（動作の起点） ▶ 私から伝える。 ◀	▶ ●行為主（主語） 私たちが考える。 私が住む町。 ◀ ▶ 私が伝える。 誰ができるのか？	▶ ●行為主（主語） 私の住む町。	
		●主語 彼がよい。 ◀	▶ ●準体助詞 彼のがよい。	
	●行為主（動作の起点） ▶ 先生からしかられる			

助詞の使い分けと その手話表現 第1巻

格助詞を中心に

脇中起余子 著

北大路書房

　　　　　　　　は　し　が　き

　聴覚障害教育現場では，日本語指導の難しさ，特に助詞の使い分けの指導の難しさが従来から指摘されています。本書は，特に聾学校で，助詞（や接続詞）の意味や使い分けを手話や図式でどう説明すればよいかを考えながら執筆したものです。

(1) 生活場面と教室場面における日本語の違い
　筆者は，拙著『聴覚障害教育　これまでとこれから』（2009年　北大路書房）の中で，生活場面における日本語（生活言語）と教室場面における日本語（学習言語）を区別し，「9歳の壁（小学校高学年以降の教科学習が困難な現象を含む）」を越えるためには，「高度化（生活言語の充実）」と「高次化（学習言語への移行）」の両方が必要であり，「高度化」には手話の早期使用は有効だが，「高次化」には別の手立ても必要であると述べました。大ざっぱに言うと，「生活言語」の世界は，単語の意味さえわかれば何とかやっていける世界ですが，「学習言語」の世界は，助詞の意味も加味して文全体の意味を厳密に考える必要がある世界です。今後は，「手話か口話か」ではなく，「手話も口話も」と考えながら，学習言語への移行を念頭に置いた取り組みをさらに進める必要があるでしょう。
　学習言語への移行のためには，高いレベルの日本語の力が必要であり，そのためには，昔から言われてきたように，「日本語の風呂につかる（つける）」ことが大切でしょう。筆者は，基本的に，言語は文法や形から入るものではなく，場面と密着させて身につけていく必要があると考えています。また，聴覚障害がある以上，意識的に整理した形で知識を与えていく必要性も感じています。例えば，筆者は幼稚部のとき，「いっぴき，にひき……，いっぽん，にほん……」，「犬はワンワンと鳴く，牛はモーモーと鳴く……」などと覚えさせられましたが，その取り組みはあるほうがよい（ただし，無理なく楽しく進める必要がある）と考えています。
　助詞の使い分けについても，一般の聴児のように自然に身につけていければ，それが最もいいのでしょうが，聴覚障害があると，意識的な取り組みなしに助詞を自然に獲得することは，大変難しいです。ほとんど違和感を感じないレベルの会話ができる難聴児であっても，紙に書かれた日本語を見ると，「この助詞の使い方は不自然」と思う例がよく見られます。そのため，できるだけ多くの日本語に視覚的に接することが必要ですが，書物にいきなり手を伸ばすことは難しく，「このような場合はこの助詞を使う」などとある程度整理した形で助詞の使い分け方を教え，そ

れを本人の血肉に変えていく取り組み（言語指導）が必要だと思います。

　長南浩人氏は，『聴覚障害』（2011年1月号，通算718号）の中で「助詞の多くは，発話における音圧レベルが低く提示時間も短いこと，さらに読話もしにくい音節が少なくないことから音声における会話において教師は助詞の提示方法に注意し，特に手話を用いた場合には工夫が必要であること」を述べていますが，筆者も同感です。

(2) 「視覚優位型・同時処理型」と「聴覚優位型・継次処理型」

　WISC-Ⅲという発達検査の結果，「聴覚優位型」とわかった場合は，ことばや文による指導が効果的であり，「視覚優位型」とわかった場合は，図や絵による指導が効果的であると言われています。また，K-ABCという発達検査の結果，「継次処理型」とわかった場合は，「部分から全体へ」や順序性を重視した段階的な教え方，聴覚的・言語的手がかりが効果的であり，「同時処理型」とわかった場合は，「全体から部分へ」や関連性を重視し，全体をふまえた教え方，視覚的・運動的手がかりが効果的であると言われています。

　筆者は，自分に「視覚優位型」「同時処理型」の傾向があることを自覚しています。聾学校では，「視覚優位型」や「同時処理型」の生徒が多いようです。これらのタイプの生徒には，長い文による説明よりも，図や絵を使ったりして直観に訴える教え方，脳裏に焼きつけるような記憶方法が有効であるように思います。

(3) 本書の特徴

　本書（第1巻）の大きな特徴は，以下の2点であると言えるでしょう。

◎図式的な説明を多くしたこと

　　今までの文法解説書を見ると，文章のみで，まるで文の洪水という印象があります。

　　「3時に終わる」と「3時で終わる」の違いについて，大多数の人は，どちらも「3時／終わる」という手話で表すでしょう。両者の微妙な違いを説明しようとすると，どうしても長い説明になるでしょう。しかし，長い文による理解は，「視覚優位型・同時処理型」の人の苦手とするところです。そこで，本書では，手話による説明だけでなく，図式的な説明もなるべく加えるようにしました。

◎文の構造を考えることによる理解の例を示したこと

　　筆者は，英語の長文を読むとき，「目的語があるから，これは他動詞だな」「ここにthatが隠れていて，that節はここまでだな」「この句はこの語にかかってい

るから，こういう意味かな」などと考えて読むことが多いです。このように，文の構造を考えながら文意をつかむ方法は，日本語でも使えるように思います。

今回，「が」と「は」の使い分けや，ある文が自然に感じられない理由について，その説明の仕方を考えようとしたとき，文の構造によって説明できるものがあるのではないか，筆者は今まで無意識のうちに文の構造も考えながら読み取ってきたのではないかと思いました。

もちろん，「文法」は完全なものではありません。それと同様に，筆者による説明も完全なものではありません。そのことを念頭に置きながら，「なるほど，それも一つの説明の方法だな」と受けとめていただければと思います。

(4) 本書で取り上げた内容

助詞の分類には，諸説が見られます。「ヨリ鬼が部屋から出と一の（より・を・に・が・へ・や・から・で・と・の）」，「空の部屋より鬼が出と（から・の・へ・や・より・を・に・が・で・と）」などの呪文のような文と格助詞を結びつけることによって，「学校文法」のテストを切り抜けた人も多いでしょう。しかし，この「や」は副助詞であるという説も多く見られます。

筆者は，「京都から東京まで行く」という文で，「から」が「格助詞」で，「まで」が「副助詞」であることに疑問を抱いたことがありますが，学者によっては「学校文法」に異議を唱える人がいると聞いたとき，「なるほど」と思いました。実際，一部の「まで」は格助詞で，他の「まで」は副助詞と考えるほうがすっきりする，と述べる学者も見られます。

本書（第1巻）では，いろいろな格助詞と副助詞「は，まで」を中心に取り上げましたが，それぞれの助詞の全ての用法を取り上げているわけではありません。

筆者としては，「自分は国語科の教員でも日本語教育の専門家でもないのに，こんな本を執筆してよいのだろうか」という思いを払拭できていませんが，その一方で，「今回まとめてみた自分のイメージや使い分け方が，聾学校での日本語指導の『たたき台』になればいいなあ」と思い，あえて本にさせていただきました。本書が，聴覚障害児に助詞の使い分けを指導するときの一助になれば幸いです。

2012年3月

脇中起余子

推薦のことば

このたび,『助詞の使い分けとその手話表現』の推薦文を記すことは,場違いのように思えてならない。私は教育者でもなく,ましてや聾教育者でもない。専門的なことも分からず,学術的なことはさらに分からない。しかし,私が本書に強く惹かれる理由がある。

ある時期,私は滋賀県の聾唖協会専任の手話通訳者であった。専任でなくとも手話通訳は自分の天職と思い,あらゆる場での手話通訳を経験してきた。特に宗教関係の手話通訳に苦しんだ経験を数多く持っている。まさしく,助詞の使い分けとその手話表現に苦しんだのである。

かつて,同時法手話と言って,語彙を手話単位で,助詞を指文字で表現する,日本語に近づけた手話が話題になったことがあった。しかし,私にはそれが本来の手話だとは思えなかった。文法のない手話は,手の位置の範囲が広く,自分の身からの距離,高低,手の流れ,速度,強弱などが重要になる。例えば自分が言っているのか,第三者が言っているのかによって,その「言う」が違ってくる。こうしたことを念頭に,それが自然にできるようになるまでは苦労した。私は,本書のような書物が聾者と共に手話通訳者にも活用されることを願っている。

私が手話通訳を始めたのは昭和40年代で,現在と違って,厳しい口話法教育を受けた人たちの多い時代であった。特に私が手話通訳をした滋賀県は,口話法教育発祥の地であり,昭和3(1928)年の創立で校名も他校の「聾唖学校」でなく「聾話学校」であった。昭和23(1948)年に,聾唖学校が義務教育になるのと同時に,全国各地で「聾唖学校」が「聾学校」となったが,滋賀聾話学校は,校名を変えることなく,今日まで「聾話学校」で通している。その学校の卒業生たちは,手話を「動物的で恥ずかしいもの」と厳しく禁じての口話法教育を強いられた人たちばかりだった。かなりの残聴があり,口話法教育の優等生だった人の中には流暢に話す人もあったが,こういう人はごくわずかであった。多くは聞き取りにくい口話で,それでも卒業後,滋賀を出た人たちは,その地の手話を持ち帰った。今思うと,手話通訳者の立場もつらい時であった。

滋賀県で口話法教育を始め,初代校長となったのが西川吉之助校長である。ゆえに「口話の西川」と言われた。それに対して「手話の高橋」と言われた大阪市立聾学校校長の高橋潔は私の父である。西川先生と対立できる父ではなかった。全国ほとんどが口話法教育に変わりつつある中で,父は孤塁を守っていた。その手話の高

橋を父に持つ私が口話の西川先生の教え子に手話通訳をする。まことに皮肉なこと，運命とは不思議なものであった。

　父の生涯は手話を守ることにあったが，それ以上に，何が聾児一人ひとりの幸せにつながる教育なのだろうかということを考えていた。聾教育界は，口話法教育と手話法教育のうち，そのほとんどが口話法教育をよしとする側にある。父には，どうしても手話を動物的で恥ずかしいものと思うことができない。言葉の代わりに表す手話。動物的というより，むしろ人間的だ。これほど美しいものはない。それに，これは聾者の言葉ではないか。これを聾者から取り上げることはできない，守らねば。だが，日本人が日本人の言葉を言えるようになるという口話法教育。本当はそれに越したことはない，手話だけにとらわれることはないのだ。だが，かなりの残聴ある者から全く聞こえない者まで，同じ口話法教育をすることに，問題があるのだ。どうすることが聾児一人ひとりの幸せにつながる教育なのだろうか……。

　手話法教育に代わって口話法教育が主流となった時，聾教育発祥の地であるヨーロッパやアメリカではどのようにしているのだろうか，卒業生は口話法教育を受け一般人と何の苦も無く話し合いができているのだろうか。この思いから，昭和4（1929）年から5年にかけて大曽根源助教頭をアメリカへ，昭和5（1930）年から6年にかけて藤井東洋男教諭をヨーロッパへ送っている。大曽根氏はヘレン・ケラー女史の示唆で指文字を考案，藤井氏はデンマークの教育方法に大阪市立校の原案ORAシステムの確かさを確認する。大曽根氏が見たアメリカの卒業生たちも，藤井氏の見たヨーロッパの卒業生たちも手話で生活しており，パリでの世界聾者大会もすべて手話で進行されていた。

　少ない口話法教育の優等生のかげで泣く多くの聾児を思った時，大阪市立校は，その聾児一人ひとりに適する教育を授けることに使命を感じた。それがO・R・A大阪聾唖方式であった。口話に適するものには口話で，手話に適するものには手話で教育し，楽しく分かる教育，適性教育であった。そうして，口話を教えるのも手話でもって教える。これが他の口話法学校と違ったところであった。教師は口話組を受け持とうが手話組を受け持とうが，手話のベテランでなければならない。本書の著者・脇中起余子先生は，この父の思い，願いの深い理解者というより，脇中先生自身が父そのものと思えてならない。

　聾教育にかける脇中先生の情熱に感激し，ご縁を感謝する。合掌。

2012年3月

川渕依子

聴覚障害児教育に携わる方々へ

　一般の手話通訳場面では「意味を伝えること」に重きが置かれるのに対し，教育場面では「意味を伝えること」に加えて，「その日本語を本人が使えるよう働きかけること」が大切です。

(1)「話しことば」と「書きことば」は異なる
　日常会話のときと，きちんとした文を書くときとでは，文の作り方が異なります。通常，日常会話では，冗長な話し方を避けることや助詞の欠落が多くなります。聴児の場合も，「話しことば」の獲得と「書きことば」の獲得の間には距離があると言われていますが，それは手話にもあてはまることでしょう。

(2) 聴覚障害児がその日本語表現の使い手になるように働きかける
　小学部以降ともなれば，聴覚障害児に対して，日本語の意味を手話で説明するだけではなく，それ以降その日本語を駆使できるよう働きかける必要があります。ある英語の文の「日本語訳」を伝えるだけではなく，聴覚障害児がその英語表現をそれ以降駆使できるよう働きかける必要があるのと同じです。「日本語訳」を示すだけで「教えたつもり」になってはいけないのと同様に，「手話訳」を示すだけで「教えたつもり」になってはいけないでしょう。
　日本語の微妙な使い分けを聴覚障害児に理解・獲得してほしいと願い，実際に指導を重ねると，日本語の文法や微妙な言い回しなどは，日頃からその日本語を直接使用する回数が多いほうが，定着率が高まることを感じています。

(3) 大量の情報をできるだけ短い時間で伝える
　手話通訳のとき，短時間で話し手の話を大量かつ正確に伝えるためには，通訳者の通訳技術を高めるのと同時に，聞き手の受信能力も高める必要があるでしょう。

　筆者は私たち教員が，聴覚障害児の実態（日本語の理解力や手話の理解力など）や場面，指導目標などに応じて，いろいろな手話表現や図式を活用しながら，助詞を正確に使い分ける力を聴覚障害児に獲得させる必要があると考えます。

編集にあたっての「方針」

1) 一般の多くの聾学校では、口話（聴覚活用・読話）に頼る者と手話に頼る者、手話を知らないで入学する者などが見られ、おおぜいの聴覚障害児を前にして話すときは、「口話併用手話」が基本となっています。したがって本書では、「口話併用手話ないし日本語対応手話」と「日本手話」を区別し、いずれか一方を「否定視」する考え方はとりません。そして、いろいろな論争のいずれか一方に与するような「手話表現（答え）」の書き方は、できる限り避けるようにしました。

2) 聾学校教員として、教育現場で、2つの日本語の文の違いをどう説明すればよいかを考えるための「ヒント」になるような手話表現の例を掲載するように留意しました。

■手話表現の仕方や図式に関わって

日本語の微妙な違いを説明するために、どんな手話や図式を用いて説明すればよいかを考えました。したがって、日常会話ではほとんど用いられないような手話表現の例も含まれています。本書の日本語文の意味の解釈の仕方や、手話での表現方法あるいは説明の仕方をめぐって、様々なご意見もあろうかと思いますが、本書は、この文はこのような手話で表すべきなどと「模範解答」を示すために作ったものではありません。「この2つの文は日本語としては意味が異なるのに、自分は今までどちらも同じ手話で表していたな」などと気づいていただき、聴覚障害児の日本語力の向上や、日本語の文の意味をより正確に伝えるような手話表現のあり方を考えるきっかけとしていただくことを願って作ったものです。

本書で示した「手話表現の例」以外に、もっとよい例があるでしょう。「手話表現の例」の検討や編集に関わる中で、手話の奥の深さと、手話と日本語の間の距離を改めて感じさせられました。

■手話イラストとその説明について

① 3時に終わる。	② 3時で終わる。
・手話「3時／終わる」	・①と同じ手話表現 ・手話「3時／まで（終わる）」

　上記の例では，太字の単語の手話イラストをその下に載せています。手話イラストの名称については，基本的に『日本語－手話辞典』(1997年　全日本ろうあ連盟)に載っている手話イラスト名を用いるようにしました。このスタイルは筆者の著書『よく似た日本語とその手話表現　第1・2巻』や『からだに関わる日本語とその手話表現　第1・2巻』に書かれている手話イラスト名とも同様です。なお，同じ例文でも意味が2つ以上あるものは，■で示しています。
　指文字については，「モ」のようにカタカナで示しました。
　なお，例えば，「3時」は，本当は「時計／3」という手話で示しますが，煩雑さを避けるため，単に「3時」と表現したところもあります。
　それから，同じ「太郎／こわい」であっても，空間的な位置の使い方によって意味が変わってきます。そこで，下記の③と④のように，文章で空間位置の使い方を記したところと，次ページの⑤と⑥のように，その単語を表す位置を図のように表したところがあります。

③（私は）太郎がこわい。	④太郎は（何かを）こわがっている。
・手話「［自分から離れたところで］太郎／［「太郎」を表したところを見ながら］こわい」	・手話「［自分に近いところで］太郎／［自分から離れたところを見ながら］こわい」

⑤（私は）太郎がこわい。

・手話「太郎／こわい」（下図のように、手話を表す位置を工夫する）

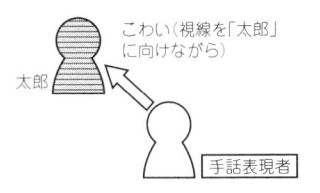

⑥太郎は（何かを）こわがっている。

・「太郎／こわい」（下図のように、手話を表す位置を工夫する）

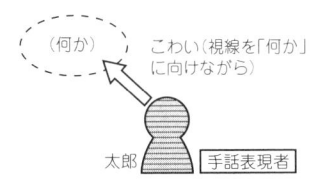

　主語を表す位置は，基本的に手話で表す人（手話表現者）のすぐそばです。それで，⑤では，「手話表現者」のそばに「私」を示すアイコン的なイラストがついています。しかし，⑥では，「私」は文に無関係なので，「私」を示すイラストはありません。代わりに，「太郎」を示すイラストが「手話表現者」のそばに置かれています。

　巻末に手話イラスト名の索引を載せましたので，それもご利用ください。

■日本語を理解できているかを調べる問題

　聴覚障害児が日本語を理解できているかを調べるために作成した問題を，「日本語の意味は？」として各文例に挿入しました。

　筆者は，過去に2つの聾学校（A校，B校）の高等部で調査を行ったことがありますが，それによると，格助詞に関する問題は，全般的に正答率が低い問題の一つでした。

	問題文：2つの答えのうち正しいほうに○をつけてください。 （二者択一の問題であれば，当てずっぽうに答えても，正答率は50%になることに留意してください）	正答率(%)	
		A校	B校
本書の例6-1と関連	太郎「あなたは，どうやって，ここへ来たのですか？」 花子（　）「電車が来ました」 　　（　）「電車で来ました」	68.8	90.0
	太郎くんと明子さんが歩いていたら，太郎くんが （　）「あ，バスが来たよ」 （　）「あ，バスで来たよ」 と言ったので，二人は，停留所まで走って，バスに乗りました。	87.5	94.3

本書の例6-12と関連	母が，高校生の息子に，「早く家を出ないと， （　）電車が遅れるよ」と言いました。 （　）電車に遅れるよ」と言いました。	68.8	74.3
	ホームで電車を待っていると，「先ほど事故があったので， （　）電車が遅れます」という放送がありました。 （　）電車に遅れます」という放送がありました。	68.8	74.3
本書の例7-3と関連	「太郎は花子に話した」の意味。 （　）「太郎が花子に話すこと」と，「花子が太郎に話すこと」の両方があった。　　　太郎⇔花子 （　）「太郎が花子に話すこと」だけがあり，「花子が太郎に話すこと」はなかった。　　太郎→花子	75.0	87.1
	「太郎は花子と話した」の意味。 （　）「太郎が花子に話すこと」と，「花子が太郎に話すこと」の両方があった。　　　太郎⇔花子 （　）「太郎が花子に話すこと」だけがあり，「花子が太郎に話すこと」はなかった。　　太郎→花子	81.3	80.0

　上記の結果から，「電車が来る」と「電車で来る」，「電車が遅れる」と「電車に遅れる」，「花子に話す」と「花子と話す」の違いを正確に理解できていない生徒は，現在の聾学校高等部でも少なからず見られます。

　日常会話では，「電車が来る」と「電車で来る」が，両方とも「電車／来る」の手話になっても，そのときの状況を手がかりに意味は伝わるでしょう。しかし，手話を見て意味がわかっても，日本語の文字だけを読んで意味がわかるとはかぎりません。

　「手話の使用は，日本語の力の獲得に直接結びつくわけではない」ことを肝に銘じながら，聴覚障害児に関わる必要があるでしょう。

■「学校文法」の中での分類

　中学校で指導される「学校文法」に対して異論を唱える人が多いようですが，本書は，教育現場にいる聴覚障害児に対する指導を念頭に置いているので，「学校文法」と明らかに異なる説明が多くなると，かえって混乱を招くのではないかと心配です。そこで，本書では，中学国語の「副読本」として使用されることが多い『イラスト国語文法』（2002年　光村教育図書）に書かれていることを基本とします。したがって，本書で「学校文法では……」と言うときは，この『イラスト国語文法』を主要な拠り所としていることになります。

　助詞には，次ページの表に示した格助詞，副助詞，接続助詞の他に，終助詞，間投助詞などがあります。

　しかし，「学校文法」の分類とは異なる分類をするケースも多く見られます。

助詞	「学校文法」による分類（『イラスト国語文法』より）	
	格助詞	～に，～で，～へ，～を，～から，～が，～の，～と，～より，～や
	副助詞	～まで，～は，～とか，～やら，～など，～か，～も，～でも，～なり，～ぐらい（くらい），～ほど，～ばかり，～だけ，～しか，～こそ，～さえ，～だって，ずつ
	接続助詞	～たり，～し，～から，～ので，～て（で），～つつ，～なり，～と，～ば，～が，～けれど（けれども・けど），～のに，～ものの，～ながら，～ても（でも）

　本書第1巻では，上記の「格助詞」を中心に扱いますが，「並列助詞」と関わりがある「と」や「や」（学校文法では格助詞に分類される）は「副助詞」である「も」などとともに，また「比較・程度」と関わりがある「より」（学校文法では格助詞に分類される）は「副助詞」である「ほど」「くらい（ぐらい）」などとともに，どちらも本書第2巻の中で中心的に取り上げたいと思います。また，副助詞に分類されている「まで」や「は」については，本書第1巻で中心的に取り上げます。

　以下は，本書第1巻で扱った助詞（格助詞が中心）の主な意味と例文を表にしたものです。

■「学校文法」で「格助詞」に分類されているもの

	意味	例文	章
に	物のある場所	村に池がある。	1章
	帰着点	部屋に入る。車庫に棚を作る。家に帰る。山に登る。	
	時間（時刻）	3時に終わる。3月に退職する。	2章
	割合	1日に3個作る。	
	主体	君にできるのか？	3章
	行為主（動作の出所）	先生にしかられる。	4章
	使役の対象	子どもに行かせる。	
	行為の対象・相手	係に伝える。子どもに教える。	5章
	一方的行為の対象	先輩に話す。	
	目的	買い物に行く。	6・7章
	心理現象の原因・理由	病に苦しむ。	
	結果・状態	医者になる。ブームに終わる。かちかちに凍る。	
	比較の基準	娘は母に似ている。	
	「～として」	彼を会長に推薦する。	
	並立	リンゴにミカンを買う。	→第2巻
で	行為のある場所	村で祭りがある。	1章
	行為をする場所	部屋で遊ぶ。車庫で棚を作る。	

	時間の限定	3時で終わる。3月で退職する。1日で3個作る。	2章
	主体の限定	私たちで考える。	3章
	材料（原型をとどめる）	レンガで作る。	6・7章
	手段・方法	漢字で書く。バスで来る。その問題で議論する。	
	原因・理由	ミスで事故が起きる。病で苦しむ。	
	結果・状態	ブームで終わる。	
へ	方向・帰着点	家へ帰る。山へ向かう。南へ向かう。	1章
を	行為の起点	家を出る。	1章
	行為をする場所	山を登る。	
	通過する場所	山を越える。	
	行為の方向	南を向く。	
	時間	一日を過ごす。	2章
	使役（強制）の対象	子どもを行かせる。	4章
	行為の対象	金閣寺を見たい。子どもを教える。	5章
		漢字を書く。漢字を教える。その問題を議論する。	6・7章
から	行為の起点	家から出る。	1章
	期間の起点	5時から働く。	2章
	主体（動作の起点）	私から伝える。	3章
	行為主（動作の起点）	先生からしかられる。	4章
	材料（原型をとどめない）	米から作る。	6・7章
	原因・理由	ミスから事故が起きる。	
が	主語	彼がよい。	3章
	行為主（主語）	私たちが考える。私が住む町。私が伝える。君ができるのか？	
		バスが来る。ブームが終わる。	6・7章
	行為の対象	金閣寺が見たい。	4章
の	行為主（主語）	私の住む町。	3章
	準体助詞	彼のがよい。	
	同格	部長のA氏。	6・7章
	所有	私の本。	
	並立	行くの，行かないの，大騒ぎ。	→第2巻
と	相互行為の対象	先輩と話す。	5章
	共同の相手	彼と遊ぶ。	7章
	引用	「漢字」と書く。	6・7章
	結果・状態	医者となる。ピカッと光る。	
	比較の基準	AはBと違う。	
	並立	部長とA氏。	→第2巻
より	起点	京都駅より出発する。	1章
		5時より始める。	2章
	比較の基準	私は彼より背が高い。	→第2巻
	限定	黙っているより他ない。	
や	並立	リンゴやミカンが好きだ。	→第2巻

編集にあたっての「方針」

■「学校文法」で「副助詞」に分類され，本書第1巻で扱ったもの

	意味	例文	章
まで	終点	家まで帰る。	1章
		5時まで働く。	2章
		係まで伝える。	4章
は	主語	ゾウの鼻は長い。母は行くが，父は行かない。	8章
	主題	本は読まない。ここからは遠い。明日は雨だ。	

■本書の使い方

日本語の意味は？　　　　　　　　　　　　　　　　　　　　問題○-○

次の〔　〕の中から適切なものを選んでください（複数回答可）。
1）私は，毎日学校〔に・へ・で〕行き，運動場〔に・へ・で〕遊んでいる。

日本語の意味と答え

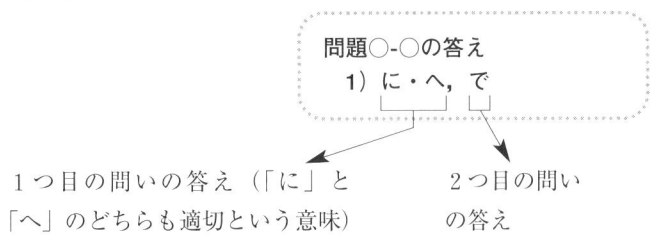

問題○-○の答え
1）に・へ，で

1つ目の問いの答え（「に」と「へ」のどちらも適切という意味）　　2つ目の問いの答え

　ある日本語の文を示して，自然な言い方だと思うかどうか尋ねると，意見が2つに分かれることはよくあることです。それで，そのような問題では，答えの中で「筆者の答え」と記すようにしました。また，「筆者の答え」と記されていなくても，筆者と異なる解釈をする人がいる問題もあるだろうと思います。そのことも念頭に置きながら，本書を使っていただければと思います。

■小学校低学年の国語の教科書より
　小学校低学年の国語の教科書（光村図書）の中で，どんな助詞が使われているかを調べ，適宜引用しました。なお，教科書の内容の一部は，年度によって入れ替わりがありますので，本書で引用した文の一部は，既に現在の教科書には載っていな

い場合があります。

　また，教科書では，ひらがなで書かれているところがたくさんありますが，本書では，漢字に直したり，一部の語句を省略したり，少し改変したりしているところがあります。聴覚障害児は，漢字を手がかりに意味をつかむ例が多いからです。例えば，「おととい」「ざっし」を見て意味がわからなくても，「一昨日」「雑誌」という漢字を見ると，「2日前のことか」「本のことか」と反応する例が見られます。

　本書で引用した作品名と掲載箇所をまとめました。本文中の引用文は下記の作品名と同じ書体で表しています。なお，「例8－6」は例8－6の本文中で，「1章（1）」や「2章」はそれぞれの章の〈小学校の低学年の教科書より〉で掲載したことを意味します。

○小学校1年生
　ゆうだち（森山　京／作）
　　　1章（3）
　みいつけた（大野正男／作）
　　　1章（1），7章
　くじらぐも（中川李枝子／作）
　　　1章（1），1章（3）
　どうぶつの赤ちゃん（増井光子／作）
　　　4章，7章
○小学校2年生
　ふきのとう（工藤直子／作）
　　　1章（1），1章（3），6章
　たんぽぽのちえ（植村利夫／作）
　　　1章（1），1章（2），2章，6章，例8－6，例8－7，8章
　スイミー（レオ＝レオニ／作，谷川俊太郎／訳）
　　　例1－4，1章（1），1章（2），1章（3），3章，7章，例8－4，例8－6，8章
　サンゴの海の生きものたち（本川達雄／作）
　　　例1－4，4章，例8－4，例8－5，例8－6
　お手紙（アーノルド＝ローベル作　三木卓／訳）
　　　1章（1），例1－8，1章（2），4章，6章，7章
　スーホの白い馬（大塚勇三／作）

1章（2），1章（3），例1－20，例4－3，4章，6章，例7－6，例8－4，
　　8章
○小学校3年生
　きつつきの商売（林原玉枝／作）
　　　3章，6章，8章
　ありの行列（大滝哲也／作）
　　　例7－6
　三年とうげ（李綿玉／作）
　　　例1－20，例8－4，8章
　聞き耳ずきん（上笙一郎／再話）
　　　例1－4，1章（1），例1－12，3章，4章，5章，6章，例7－14，7章，
　　　例8－11，8章
　ちいちゃんのかげおくり（あまんきみこ／作）
　　　例1－12，4章，8章
　すがたをかえる大豆（国分牧衛／作）
　　　例4－12，例5－9，6章
　モチモチの木（斎藤隆介／作）
　　　例1－4，1章（2），例2－13，4章，例8－4

●目　次

　　はしがき　　1
　　推薦のことば　　4
　　聴覚障害児教育に携わる方々へ　　6
　　編集にあたっての「方針」　　7

1章　場所に関わる助詞：に，で，へ，を，から，まで，等　　19
2章　時間に関わる助詞：に，で，から，まで，等　　75
3章　主体に関わる助詞：が，で，の，から，に，等　　119
4章　授受，受け身，使役に関わる助詞：が，に，から，を，等　　137
5章　対象や相手に関わる助詞：を，に，と，が，等　　179
6章　手段や原因，状態に関わる助詞：で，に，等　　217
7章　格助詞「と」に関わって　　265
8章　「が」と「は」の使い分け　　291

　　助詞が適切に使えるかな？　　332
　　引用・参考文献　　335
　　手話イラスト名索引　　336
　　あとがき　　338

第2巻　目次

はしがき
推薦のことば
聴覚障害児教育に携わる方々へ
編集にあたっての「方針」

9章　「並立」や「添加」に関わって
10章　「比較」や「程度」に関わって
11章　「限定」や「強調」に関わって
12章　「順接」や「継起」に関わって
13章　「逆接」に関わって
14章　「言い換え」や「転換」に関わって

副助詞，接続助詞，接続詞が適切に使えるかな？
引用・参考文献
手話イラスト名索引
あとがき

1章 場所に関わる助詞
に，で，へ，を，から，まで，等

　場所を表す助詞（1章で中心的に扱います）と時間を表す助詞（2章で中心的に扱います）の場合，その意味の違いは図式で説明できるものが多いように感じますので，手話表現の一例を載せるのと並行して，筆者なりのイメージを図式化したものを載せました。

　もちろん，日本語や手話による説明や筆者が図式化したものは，その助詞を使ったどの文にも一律にあてはまるものではありませんが，一応そのような意味があると覚えることからスタートして，理解できる範囲をだんだんと広げていくとよいのではないかと思います。

【それぞれの助詞のイメージ】

■「～にある」と「～でする」「～である」の使い分け

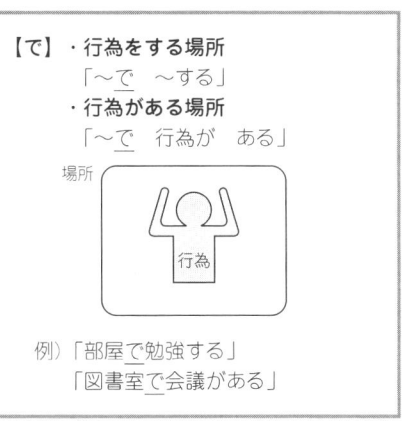

■移動の意味がない動詞のときの使い分け

【に】

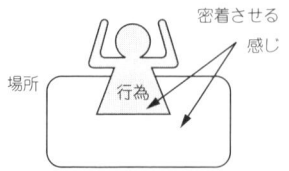

例)「ビルの前に立つ」
　　「車庫に棚を作る」

この「に」は，その場所に密着させるイメージがあるので，「ビル／前／[「前」を表したところを強調するように] **それ**／立つ」，「車庫／[「車庫」を表したところを強調するように] **それ**／棚／作る」のように指さしたり，くっつけるしぐさを使ったりすると，ニュアンスが伝わりやすくなるだろう。

【で】

例)「ビルの前で立つ」
　　「車庫で棚を作る」

この「で」は，単にその行為をする場所を表すので，「ビル／前／**場所**／立つ」，「車庫／**場所**／棚／作る」のように，「場所」という手話を使うと，ニュアンスが伝わりやすくなるだろう。

1章　場所に関わる助詞：に，で，へ，を，から，まで，等

■移動を伴う意味がある動詞のときの使い分け

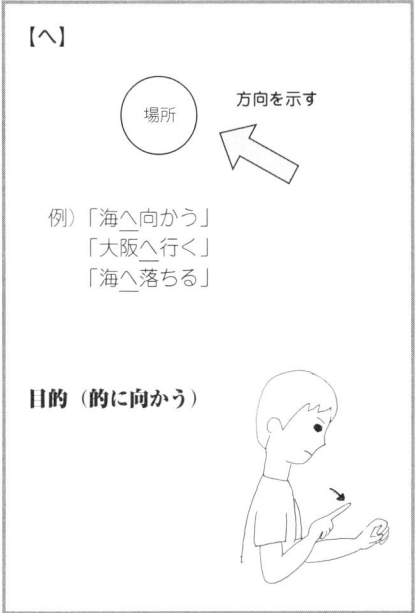

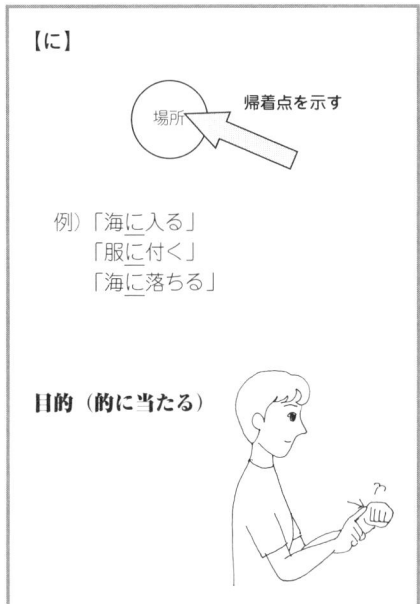

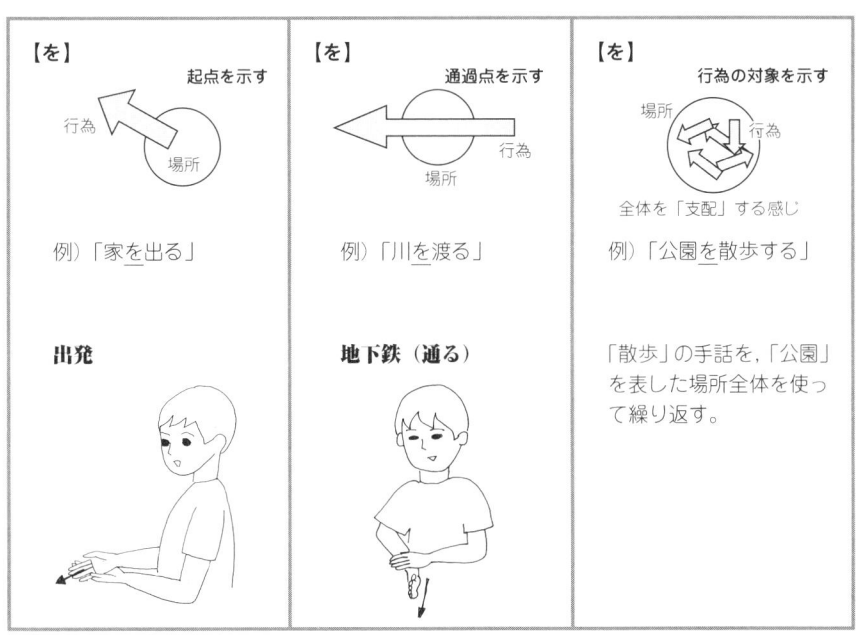

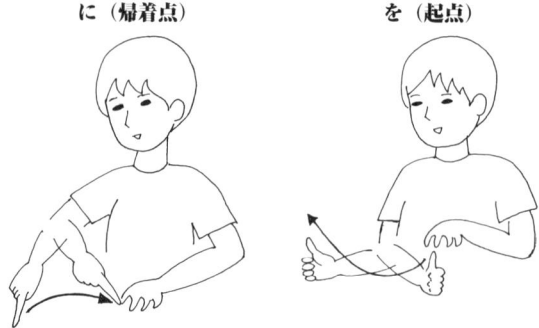

に（帰着点）　　　を（起点）

　例えば，帰着点を表す「に」や起点を表す「を」の意味を説明するとき，前ページに示した図だけでなく，上のイラストのような動作で説明できるでしょう。これらは「手話」ではありませんが，「帰着点」や「起点」を示す「動作記号」として使えるかもしれません。各聾学校で，手話に流されず，日本語指導の難しさを念頭に置きながら，いろいろと工夫する動きが広がることを願っています。

1章で扱う例文

例1-1
① 着替えは和室にある。
② 着替えは和室でする。

例1-2
① 村に池がある。
② 村で祭りがある。

例1-3
① ここで書くんだよ。
② ここに書くんだよ。

例1-4
①-1 車庫で棚を作る。
①-2 車庫に棚を作る。
①-3 車庫の棚を作る。
②-1 庭で犬小屋を作る。
②-2 庭に犬小屋を作る。
③-1 東京で服を買う。
③-2 東京に家を買う。

例1-5
①-1 土の中で卵を産む。
①-2 土の中に卵を産む。
②-1 店でハンカチを落とす。
②-2 （「ハンカチ落とし」遊びで）誰かの後ろにハンカチを落とす。

例1-6
①-1 人々が駅の前で集まる。
①-2 人々が駅の前に集まる。
②-1 あのビルの上で大文字がよく見える。
②-2 あのビルの上に大文字が見える。

例1-7
①-1 家から出る。
①-2 家を出る。
②-1 大学から出る。
②-2 大学を出る。
③-1 跳び箱からとぶ。
③-2 跳び箱をとぶ。

例1-8
①-1 部屋からのぞく。
①-2 部屋をのぞく。
②-1 誰かが穴からのぞいている。
②-2 誰かが穴をのぞいている。

例1-9
① 役所から書類が届く。
② 役所より書類が届く。

例1-10
①-1 図書館の本を借りる。
①-2 図書館から本を借りる。
①-3 図書館で本を借りる。
②-1 図書館の本を借りるのをやめる。
②-2 図書館から本を借りるのをやめる。
②-3 図書館で本を借りるのをやめる。

例1-11
①-1 大学まで行く。
①-2 大学へ行く。
②-1 大学まで送る。
②-2 大学へ送る。

例1-12
①（彼は荷物を）車まで持って行った。
②（差し押さえで）車まで持って行った。

例1-13
① 教室へ行く。
② 教室に行く。

例1-14
①-1 海で泳いで島へ行く。
①-2 海を泳いで島へ行く。
②-1 山に登る。
②-2 山を登る。
③-1 自転車道に行く。
③-2 自転車道を行く。

例1-15
① 公園で散歩する。
② 公園を散歩する。

例1-16
① 山で撮影する。
② 山を撮影する。
③ 山で写真を撮る。
④ 山を写真に撮る。

例1-17
① 店で予約する。
② 店を予約する。

例1-18
① 会社での理解を広げる。
② 会社への理解を広げる。

例1-19
①-1 目に見える状態
①-2 目が見える状態
②-1 目に見えにくい障害
②-2 目が見えにくい障害

例1-20
① その村で、こんな言い伝えがある。
② その村に、こんな言い伝えがある。

例 1 − 1

① 着替えは和室<u>に</u>ある。　　② 着替えは和室<u>で</u>する。

日本語の意味は？　　　　　　　　　　　　　　　　　　　　　　問題1-1

次の〔　〕の中から適切なものを選んでください（複数回答可）。
1) 勉強は，いつもどこ〔に・で〕しますか？　居間〔に・で〕します。
2) テレビは，どこ〔に・で〕ありますか？　居間〔に・で〕あります。
3) 私の着替えは，和室〔に・で〕あります。
4) 私は，着替えを和室〔に・で〕します。
5) 喫茶店へ行き，そこ〔に・で〕1時間ほどいた。
6) 彼は，しばらくの間，学校〔に・で〕残っていた。
7) 彼は，しばらくの間，学校〔に・で〕待っていた。
8) 彼〔に・で〕は，中学生の妹さんがいるそうだ。

日本語の意味と答え

右にまとめたように，「に」は，物や人の存在場所を示し（ただし，物は「ある」を，人は「いる」を述語に使う），「で」は行為をする場所を示す，というのを基本として覚えるとよいでしょう。

［物］が［場所］<u>に</u> ある。
［人］が［場所］<u>に</u> いる。
［人］が［場所］<u>で</u>［行為］する。

「着替えは和室にある」の「着替え」は，「服」のことで，「着替えをする」の「着替え」は「着替える行為」のことです。

問題1-1の答え
1) で, で　　2) に, に
3) に　　4) で　　5) に
6) に　　7) で　　8) に

「～している」については，「学校<u>に</u>残っている」「学校<u>で</u>待っている」とする必要がありますが，それは「～する」という形に直すと，「学校<u>に</u>残る」「学校<u>で</u>待つ」となることを考えればよいでしょう。

なお，「私には妹がある」と書く聴覚障害児が見られますが，「私には妹がいる」が自然な言い方です。

1章　場所に関わる助詞：に，で，へ，を，から，まで，等

見てわかる意味の違い

現実に見られる表現例を含む，以下同様

① 着替えは和室<u>に</u>ある。

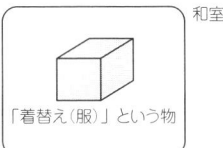

・手話「服／畳／部屋／**ある**」

② 着替えは和室<u>で</u>する。

・手話「着る／畳／部屋／**する（実行）**」

・手話「畳／部屋／**場所**／着る」（「和室で着替える」と言い換える）

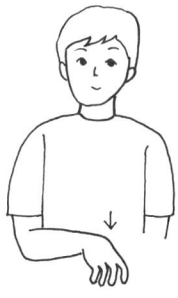

「服」と「着る」の手話を区別して表す人もいます。

例 1 − 2

① 村に池がある。　　② 村で祭りがある。

日本語の意味は？　　　　　　　　　　　　　　　問題1-2

次の〔　〕の中から適切なものを選んでください（複数回答可）。

1) 私の村〔に・で〕は大きな池があって，小さいときは，そこ〔に・で〕よく泳いだものだ。
2) 今度の休日は，あの村〔に・で〕祭りがあるので，それを見に行く予定だ。
3) 昔，このあたり〔に・で〕大きな寺があったそうだ。
4) 昔，このあたり〔に・で〕大きな事件があったそうだ。
5) 明日，学校〔に・で〕運動会がある。
6) 図書室〔に・で〕広報委員会がある。
7) 参議院〔に・で〕は，どんな委員会があるのですか？
8) 明日，学校〔に・で〕プールがあるので，水着などの用意をした。
9) あの学校〔に・で〕は，大きなプールがある。
10) あの学校〔に・で〕は，屋上〔に・で〕プールがある。
11) その地域〔に・で〕は，こんな言い伝えがあるそうだ。

日本語の意味と答え

[場所]に[具体物]がある。
[場所]で[行　為]がある。

問題1-2の答え
1) に，で　2) で　3) に　4) で
5) で　6) で　7) に　8) で
9) に　10) で，に　11) に・で

例1-1で述べたように，「に」は具体的な物の存在場所を示し，「で」は行為をする場所を示す，というのが基本です。

「池」や「寺」は具体的な物を表すことばなので，「～にある」を使い，「祭り」や「事件」は行為を表すことばなので，「～である」を使います。

「運動会」や「会議」は行為を表すので,「で」です。「委員会」では,会議の意味であれば「で」ですが,組織の中の1つの意味であれば「に」です。「プール」では,泳ぐ場所の意味であれば「に」で,水泳（行為）の意味であれば「で」ですが,「あの学校では,屋上にプールがある」については,「あの学校には,屋上にプールがある」とすると「に」が2回出てくるので不自然です（例1-6も参照）。

見てわかる意味の違い

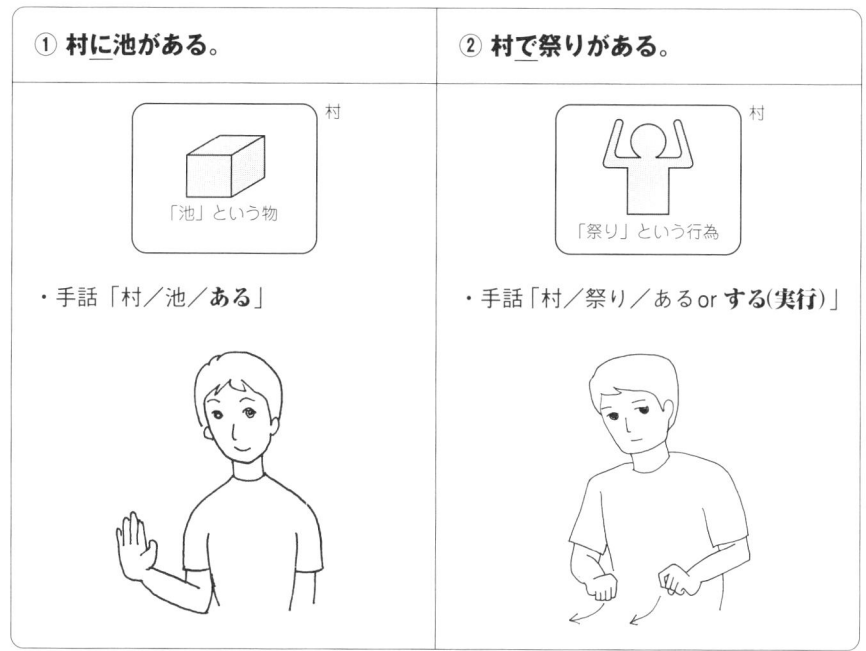

「言い伝え」や「エピソード」,「噂」などについては,「に」と「で」のいずれも「これを使うと不自然になる」とは言い切れないように思います。ただし,例えば「彼にはこんなエピソードがある」の「に」は,場所を意味する「に」というより,「〜に関して」を意味する「に」であるような気がします。これについては,例1-20を参照してください。

手話では,文末のところで,物があることを示す指さしや行為の主を示す指さしが使われる場合があります。つまり,「［物］は［場所］にある」では,最後に物を指さし,「［行為］は［場所］でする」「［行為］は［場所］である」では,最後に行為の主を指さすことがありますが,これは,例1-1や例1-2でも使えるでしょう。

例 1 − 3

① ここで書くんだよ。　　② ここに書くんだよ。

日本語の意味は？　　　　　　　　　　　　　　　　問題 1 - 3

次の〔　〕の中から適切なものを選んでください（複数回答可）。
1) 母親は，小学校に入学する息子のために，油性マジックで，筆箱〔で・に〕名前を書いた。中に入っている鉛筆〔で・に〕も，名前を書いた。
2) 受付で申請用紙を渡されたが，どこ〔で・に〕名前を記入すればよいのかわからなかったので，受付の人に尋ねたら，「ここですよ」と言って，書類の下のところを指さしてくれた。
3) 入口で用紙を渡されたが，どこ〔で・に〕記入すればよいのかわからなかったので，入口にいた人に尋ねたら，「控え室ですよ」と言ってそばの部屋を指さしてくれた。
4) 教科書〔で・に〕マジック〔で・に〕名前を書く。
5) 細いマジック〔で・に〕鉛筆〔で・に〕名前を書く。

日本語の意味と答え

「で」はその行為全体を行う場所を示し，「に」はその行為が向かう先を示す，というのを基本として覚えるとよいでしょう。「ここで書く」「ここに書く」，「ここで釘を打つ」「ここに釘を打つ」などの違いは，それでわかると思います。

問題 1 - 3 の答え
1) に, に　　2) に
3) で　　4) に, で
5) で, に

また，「ここ」は「この場所」という意味で，「これ」は「この物」という意味だとよく言われますが，上記で取り上げた①「ここで書くんだよ」②「ここに書くんだよ」と，「これで書くんだよ」「これに書くんだよ」の違いを，すぐに手話も使って説明できるでしょうか。②「ここに書くんだよ」と「これに書くんだよ」は，ほぼ同じ意味を表すと思ってもよいでしょう（「ここ」や

「これ」は、書きこむ先を意味しますが、正確に言うと、「ここ」は「この紙の中のここ」を意味し、「これ」は「この紙」を意味するような感じがします)。一方、①の「ここ」は、書く行為をする場所を意味し、「これで書くんだよ」の「これ」は、書くときに使う物を表します。すなわち、この「で」は、「鉛筆で書く」の「で」(手段を表す)と同じ意味です。聴覚障害児にも、これらの意味の違いをとっさに理解できるようになってほしいです。

見てわかる意味の違い

① ここで書くんだよ。

- 手話「ここ(自分に近い場所の地面を指さす)/**場所**/書く(左手を使わず、右手だけで書く行為をする)」

② ここに書くんだよ。

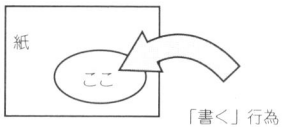

- 手話「**指さす**(左手のひらの上のある部分を指さして表す、「ここ」の意)/書く(左手のひらの上で、右手で書く行為をする)」

例 1-4

①-1 車庫で棚を作る。	①-2 車庫に棚を作る。	①-3 車庫の棚を作る。
②-1 庭で犬小屋を作る。	②-2 庭に犬小屋を作る。	
③-1 東京で服を買う。	③-2 東京に家を買う。	

日本語の意味は？ 　　　　　　　　　　　　　　　　　　　　問題 1-4（1）

次の〔　〕の中から適切なものを選んでください（複数回答可）。
1) 今日は，庭で，車庫〔で・に・の〕棚を作った。明日は，この棚を車庫に据えつけるんだ。
2) 今日は，車庫〔で・に・の〕棚を作った。明日は，これを居間に据えつけるんだ。
3) 今日は，車庫〔で・に・の〕棚を作った。そして，車庫の地面に置いてあったいろいろな細かい物を，その棚にしまい，すっきりしたよ。

日本語の意味は？ 　　　　　　　　　　　　　　　　　　　　問題 1-4（2）

次の〔　〕の中から適切なものを選んでください（複数回答可）。
1) 私は，老後は田舎〔で・に〕住みたい。
2) 民主主義も，どうやら日本〔で・に〕根づいたようだ。
3) 彼は，日本〔で・に〕生活している。
4) 私は，老後は田舎〔で・に〕暮らしたい。
5) 背中〔で・に〕できものができた。
6) 彼は，東京〔で・に〕家を買った。
7) 彼女は，東京〔で・に〕洋服を2着買った。
8) 木〔で・に〕花が咲く。
9) 庭〔で・に〕花が咲く。

10) 庭〔で・に〕，梅の花が咲く。

日本語の意味と答え

「で」は，その行為全体を行う場所を意味し，「に」はその行為が向かう場所を意味する，と考えると，だいたいの意味はつかめるでしょう。

「に」は，「くっつきの助詞」とも言われており，「AをBにつける」と言うとき，「A」と「B」はぴったりくっつくイメージや，「A」が「B」に根を下ろすイメージがあります。ですから，「車庫に棚を作る」や「庭に犬小屋を作る」では，その棚や犬小屋は車庫や庭にくっついている（根を下ろしている）感じがします。

問題 1-4(1)の答え
1) の　2) で
3) に（の）

問題 1-4(2)の答え
1) に　2) に
3) で　4) で
5) に　6) で・に
7) で　8) に
9) で・に　10) で

「住む」「根づく」は，「日本に住む」「日本に根づく」のほうが「日本で住む」「日本で根づく」より自然な感じがします。これは，「住む」「根づく」は，その場所にくっついたり根を下ろしたりする感じがするから，と説明できるでしょう。

「生活する」の場合は，「東京で生活する」のほうが「東京に生活する」より自然な感じがします。

「暮らす」の場合は，「東京で暮らす」のほうが「東京に暮らす」より自然な感じがしますが，特定の場所や位置を示す場合，「に」も使えるようです。「日本では，どこに泊まるの？」「京都に泊まるよ」と言えるのと同じような感じです。

背中の「できもの」は「背中」にくっついていることから，「背中でできものができる」より「背中にできものができる」が自然です。「東京〔に・で〕家を買う」では，その「家」が「東京」にある場合は，「に」が使えます。けれど，「東京〔に・で〕服を買う」の場合は，その「服」は「東京」にくっついていないこと，「買う」行為は東京という場所で行われることから，「に」は使えません。

見てわかる意味の違い

①-1 車庫で棚を作る。	①-2 車庫に棚を作る。	①-3 車庫の棚を作る。
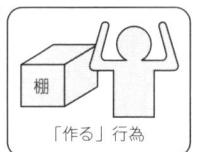 この棚は，車庫につけるとは限らない	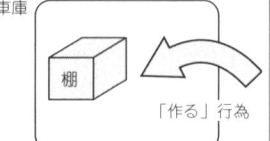 「車庫」と「棚」はくっついている感じ	車庫につける棚 この棚を作った場所は述べられていない。その棚は，まだ車庫に取りつけられていなくてもかまわない
・手話「車庫／場所／棚／作る」	・手話「車庫／（車庫を指さす）／棚／作る／くっつける（壁につけるしぐさ）」	・手話「車庫／棚（「車庫」と「棚」の手話は連続して行い，一体感を出す）／［間を少し置いて，位置を少しずらして］作る」

②-1 庭で犬小屋を作る。	②-2 庭に犬小屋を作る。
・「庭」と「犬小屋」のつながりは薄い。作られた犬小屋は，その後別の場所に置かれてもかまわない ・手話「庭／**場所**／犬／小屋／作る」	・「庭」と「犬小屋」は，つながりが強い。犬小屋は庭に置かれる ・手話「庭／犬／小屋／作る／**置く**（地面にくっつけるしぐさ）」

③-1 東京で服を買う。	③-2 東京に家を買う。
・「東京」と「服」のつながりは薄い ・手話「東京／場所／服／買う」	・「東京」と「家」は，つながりが強い ・手話「東京／家／買う」(「東京」と「家」の手話に一体感をもたせ,「東京の家」を強調する)

　筆者は,「車庫で棚を作る」と「車庫に棚を作る」,「車庫の棚を作る」が同じような手話になっても，唇を見て助詞を読み取り，意味をつかむことが多いです。このような微妙な違いを手話の初心者がとっさに表すことは，なかなか難しいでしょう。筆者としては，聴覚障害児にも,「で，に，を」などの助詞とその意味，それぞれの音節は唇がどのように動くかを学習し，助詞の部分は唇を読んで，相手の話の意味を正確に理解できる力を少しでも身につけてほしいと思います。

【補足】
　小学校2～3年生の国語の教科書で,「住む」が含まれている文を探してみると，以下のように，全て「に」という助詞が使われていました。
①サンゴの海には，たくさんの生き物たちが住んでいます。
②そこに　住む人たちは……
③昔，ある海辺の村に，一人の若者が住んでいましたって。
　一方,「暮らす」は，以下のように「で」と「に」の両方が使われていました。
④サンゴの美しい海では，たくさんの生き物たちが，さまざまにかかわり合って暮らしています。
⑤広い海のどこかに，小さな魚のきょうだいたちが，楽しく暮らしていた。
⑥それに，とうげの漁師小屋に，自分とたった二人で暮らしている豆太が，かわいそうで，かわいかったからだろう。
　この⑤の文の中の「に」を（　）に変えて，その（　）に助詞を入れる問題を作ると，たくさんの人が「で」を入れるように思います。では，なぜここで「で」でなく「に」が使われているのでしょうか。「に」のほうが「で」より狭い範囲を指し示すイメージがあるからでしょうか。⑥についても,「で」ではなく「に」となっている理由を考えさせるのも，おもしろいかもしれません。

例 1 − 5

①-1 土の中で卵を産む。	①-2 土の中に卵を産む。
②-1 店でハンカチを落とす。	②-2 (「ハンカチ落とし」遊びで)誰かの後ろにハンカチを落とす。

日本語の意味は？　　　　　　　　　　　　　　　　問題 1-5

次の〔　〕の中から適切なものを選んでください（複数回答可）。

1) カブトムシは，夏の終わりになると，土の中へもぐる。そして，土の中〔で・に〕卵を産む。
2) クツワムシは，おしりの管を使って，土の中〔で・に〕卵を産む。
3) 私は，ハンカチをデパート〔で・に〕落としたようだ。
4) 「ハンカチ落とし」という遊びでは，オニになった人が，誰かの後ろ〔で・に〕ハンカチを落とす。
5) コンタクトレンズを風呂場〔で・に〕落としてしまい，大騒ぎになった。
6) 目〔で・に〕ゴミが入った。
7) 溝〔で・に〕ゴミを捨てないでください。
8) 道〔で・に〕財布を拾った。
9) 私は，居間〔で・に〕本箱を置いた。
10) 私は，居間〔で・に〕荷物をおろした。

日本語の意味と答え

「で」は，その行為全体を行う場所を意味し，「に」はその行為が向かう場所を意味すること，また，「椅子に腰かける」や「紙に貼る」からもうかがえるように，「に」を「くっつきの助詞」と言う人がいることを考えると，だいたいの答えがわ

問題 1-5 の答え
1) で　　2) に　　3) で
4) に　　5) で・に　　6) に
7) に　　8) で　　9) に
10) で・に

かるだろうと思います。

「ハンカチを店で落とす」では，ハンカチを落とす行為が店で行われた意味ですが，「ハンカチを誰かの後ろに落とす」では，誰かの後ろをねらって落としている感じがします。

「目にゴミが入る」について，「目へゴミが入る」や「目でゴミが入る」は不自然です。「へ」は，「に」に比べると漠然とした方向を示し，「で」は，「に」と比べると広い範囲を示すからでしょう。

見てわかる意味の違い

①-1 土の中で卵を産む。	①-2 土の中に卵を産む。
・「卵を産む」行為が「土の中」でなされる ・手話「［大きく上部で］土／［「土」を表したところの下部で］中or下／［下部で］場所／［下部で］卵を産む」	・「卵」の向かう場所が「土の中」である ・手話「土／中（内）or下／［「土」を表した位置の上で］卵／［「土」を表した位置の下に向かって］産む」

②-1 店でハンカチを落とす。	②-2 （「ハンカチ落とし」遊びで）誰かの後ろにハンカチを落とす。
・「ハンカチ」と「店の床」が「くっつく」ことには，意味がない ・手話「［大きく］店／場所／ハンカチ／［うっかりした表情で］落とす」	・「ハンカチ」と「誰かの後ろ」が「近づく・くっつく」ことに意味がある ・手話「誰／［小さく］後ろ／ハンカチ／［ねらうように］落とす」

「卵」は，卵を割るしぐさで表すことが多いですが，上記の例文①-1と①-2では，虫の卵なので，単に両手を組み合わせて「○」を表せばよいでしょう。それから，同じ「産む」のことばでも，誰がどのように産むのかを考えながら手話で表す必要があるでしょう。

例 ①-6

①-1 人々が駅の前で集まる。	①-2 人々が駅の前に集まる。
②-1 あのビルの上で大文字がよく見える。	②-2 あのビルの上に大文字が見える。

日本語の意味は？ 問題1-6(1)

次の（ア）〜（エ）の中で，自然な言い方の文はどれですか？（複数回答可）
1)（ア）京都にホテルで泊まる。　（イ）京都でホテルに泊まる。
　（ウ）ホテルに京都で泊まる。　（エ）ホテルで京都に泊まる。
2)（ア）駅の前に銅像の下で集まる。（イ）駅の前で銅像の下に集まる。
　（ウ）銅像の下に駅の前で集まる。（エ）銅像の下で駅の前に集まる。
3)（ア）玄関の前にベンチで座る。　（イ）玄関の前でベンチに座る。
　（ウ）ベンチに玄関の前で座る。　（エ）ベンチで玄関の前に座る。

日本語の意味は？ 問題1-6(2)

次のそれぞれの文にあてはまるのは，（ア）（イ）のどちらの光景ですか？　また不自然な文であれば「×」をつけてください。
1）ビルの上に遠くで大文字が見える。
2）ビルの上で遠くに大文字が見える。
3）遠くにビルの上で大文字が見える。
4）遠くでビルの上に大文字が見える。

日本語の意味は？

問題 1-6 (3)

次の〔　〕の中から適切なものを選んでください（複数回答可）。

1) 9時半に，駅前〔で・に〕集合してください。
2) 人々が東京駅前〔で・に〕集まっていたので，何が起きたのだろうと思った。芸能人が通ったらしい。
3) では，明日の朝9時に，校門〔で・に〕集まってください。
4) 町の中は，家やビルがいっぱいで，大文字が見えないね。あのビルの屋上へ行こう。あのビルの上〔で・に〕，大文字が3つ見えるらしいよ。
5) あのビルを見て。ほら，ビルの上〔で・に〕，大文字が点火されているのが見えるでしょ。
6) あの路線の電車は，昼間でも，めったに席〔で・に〕座れないよ。
7) 通勤電車〔で・に〕座れる確率を高める方法があるらしい。
8) 人類が初めて月〔で・に〕立った年は，何年ですか？

日本語の意味と答え

「京都でホテルに泊まる」という文からもわかるように，「で」と「に」はともにある行為をする場所を表しますが，「で」のほうが範囲が広く，「に」のほうが行為の帰着点を表す感じです。また，「で」は，その場所の中で行為が行われますが，「に」は，その場所の外部から内部に向かって行為が行われるイメージがあります。

したがって，下記の形で覚えるとよいでしょう。

問題 1-6 (1) の答え
　1)〜3) のいずれも（イ）
問題 1-6 (2) の答え
　1) ×　　2) (ア)
　3) ×　　4) (イ)
問題 1-6 (3) の答え
　1) に　2) で　3) に
　4) で　5) に　6) に
　7) で　8) に

［広い場所］で，［狭い場所］に，〜する。

「駅の前で集まる」は，単に駅の前という広い場所で「集まる」行為を行っている意味ですが，「駅の前に集まる」は，駅の前という限られた場所に向かって「集

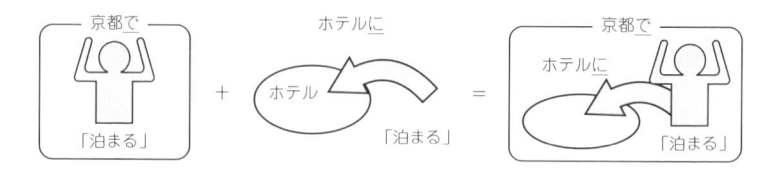

まる」行為がなされる感じです。

「ビルの上で大文字がよく見える」は,「よく見える」という行為が行われる場所が「ビルの上」という意味になります。一方,「ビルの上に大文字が見える」は,「ビルの上」という場所に大文字があるのが見えるという意味です。

「月」と「立つ」については,「人類は初めて,月で立った」と聞くと,不自然に感じます。「月」は広いにもかかわらず,「月で立つ」より「月に立つ」のほうが自然に感じられる理由は,月面で「立つ」行為をしたのではなく,地球から月にやってきて,しっかりと足を月面にくっつけて「立つ」行為をしたからだと思います。

見てわかる意味の違い

①-1 人々が駅の前で集まる。	①-2 人々が駅の前に集まる。
・「集まる」行為を「駅の前（広い）」で行っている ・手話「人々／駅／前［「駅の前」が広いイメージを与えるよう,手話を大きく行う］／場所／集まる」	・「駅の前（狭い）」という場所に向かって「集まる」行為を行っている ・手話「人々／駅／前［「駅の前」が狭いイメージを与えるよう,手話を小さく行う］／（指さす）／集まる」

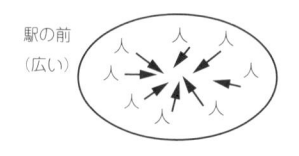

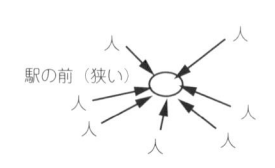

②-1 あのビルの上<u>で</u>大文字がよく見える。

②-2 あのビルの上<u>に</u>大文字が見える。

・手話「［自分に近いところで］ビル／上／場所／［やや離れたところで］大文字／きれい／見る」(「見える」を「見る／できる」という手話で表してもよい)
・手話単語を表す場所を下記の図のように工夫する

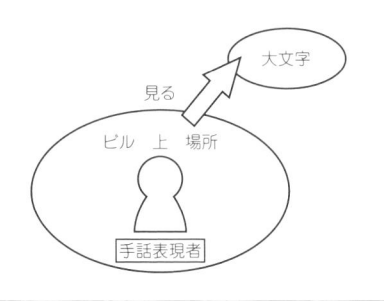

・手話「［やや離れたところで］ビル／ビルの上のところを指さす／大文字［「ビル」を表した位置の上のところで小さく表す］／見る」(「見える」を「見る／できる」という手話で表してもよい)
・手話単語を表す場所を下記の図のように工夫する

　なお，「京都でホテルに泊まる」と「京都のホテルに泊まる」が同じ手話表現になる人が多いですが，厳密に言うと，「京都でホテルに泊まる」には，「京都という場所で，旅館や寺の宿坊などではなく，ホテルに泊まる」という意味が含まれており，「京都のホテルに泊まる」には，「大阪のホテルなどではなく，京都のホテルに泊まる」という修飾語の意味が含まれています。

小学校低学年の教科書より
1章（1）　場所を表す助詞：「で」と「に」の使い分け

　例1−1～例1−6で、「で」と「に」の使い分けを扱いましたが、「で」と「に」の使い分けの説明は、本当に難しいと思います。

● 『スイミー』に、以下の①の文が載っています（一部の語句を省略）。
　①「そのとき、岩陰にスイミーは見つけた、小さな魚のきょうだいたちを。」
　②「そのとき、岩陰でスイミーは見つけた、小さな魚のきょうだいたちを。」
　①の「に」を「で」に変えたのが、②の文です。筆者としては、例1−6で述べたように、①では、スイミーは岩陰の外部から岩陰に小さな魚たちがいるのを見つけた意味であり、②では、スイミーも岩陰にいて、同じ岩陰に小さな魚たちがいるのを見つけた意味になる、と解釈します。

　ところが、『学習指導書』を見ると、「スイミーは、岩陰で兄弟とそっくりな、小さな赤い魚たちと出会い、出てきて遊ぼうと誘いかける」と書かれていました。また、「そのとき、スイミーは、岩かげに（で）、スイミーのとそっくりの、小さな魚のきょうだいたちを見つけた。」という文と①を音読して読み比べさせ、①の倒置法の効果を指導するようにと書かれていました。この記述を見ると、「岩陰に」と「岩陰で」の違いがぞんざいに扱われているように感じました。

　しかし、筆者としては、スイミーは、岩陰という狭い世界からすばらしいものがたくさんある広い海の世界へ小さな魚を引っ張り出そうとしているので、「岩陰に」と「岩陰で」とでは、大きな違いがあると思います。「**出てこいよ。みんなで遊ぼう。おもしろいものがいっぱいだよ。**」と言ったスイミーは、広い世界を知っている存在であり、それを小さな魚たちに教えてあげたいという気持ちなのです。この

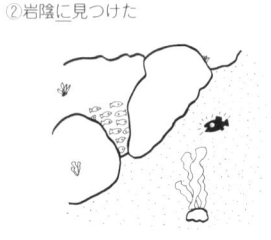

①岩陰で見つけた　　　　　②岩陰に見つけた

スイミーの積極的な呼びかけに対して，小さな魚たちは「**だめだよ。大きな魚に食べられてしまうよ。**」と言って，岩陰から出ることに消極的です。そこで，スイミーは，「**いつまでもそこ**<u>**に**</u>**じっとしているわけにはいかないよ。**」と言います。「そこ<u>で</u>じっとしているわけにはいかないよ。」としても間違いではないのですが，スイミーから見ると，「そこ（岩陰）」は狭い世界なので，ここは「に」のほうが適切だろうと思います。

● 『お手紙』には，以下の①の文が載っています。
　①「**がまくんは，玄関の前**<u>**に**</u>**座っていました。**」
　②「がまくんは，玄関の前<u>で</u>座っていました。」
　②より①が自然な言い方になる理由を問われて，動詞の種類，すなわち「状態動詞」「継続動詞」「動作動詞」などのことばによって説明している例を見かけました。筆者としては，「庭に木がある」「京都に住む」などのように，状態や動作の継続を表すときは「に」が多く使われ，「庭で遊ぶ」などのように，動作を表すときは「で」が多く使われていることは感じますが，動詞の分類によって『に』と『で』の使い分けを説明することには，困難を感じます。例えば「寝ている」はその状態が継続している意味ですが，「部屋に寝ている」より「部屋で寝ている」のほうが自然なこと，「立つ」は瞬間動詞ですが，「月に立つ」のほうが自然に感じられること，「電車で席に座る」の言い方も可能なことから，動詞によって「に」や「で」の使い分けを説明するのではなく，空間と述語（行為）の関係によって説明するほうがよいように感じます。とはいえ，筆者の説明も万能ではないと思います。

● 『みいつけた』や『くじらぐも』に，以下の①と②の文が載っています。
　①「**せみは，木の幹や枝**<u>**に**</u>**止まっています。**」
　②「**空に大きなくじらが現れました。**」
　①では，「止まる」行為が「木の枝や幹」でないところから「木の幹や枝」に向かって行われるので，「で」より「に」のほうが適切であると言えそうです。②の「に」を「で」に変えられない理由も，同様に説明できるように思います。

● 『たんぽぽのちえ』には，以下の①の文が載っています。
　①「**たんぽぽの花の軸は，ぐったりと地面**<u>**に**</u>**倒れてしまいます。**」
　②「たんぽぽの花の軸は，ぐったりと地面<u>で</u>倒れてしまいます。」
　「花の軸」は，確かに「地面」という場所で「倒れる」のですが，地面にふれる

ように倒れるイメージが強いのは，①のほうでしょう。

● 『聞き耳ずきん』には，以下の①の文が載っています。
　①「**岩場のちょっぽりした水たまりに，小さなたいが泳いでいました。**」
　②「岩場のちょっぽりした水たまりで，小さなたいが泳いでいました。」
　①と②のどちらが自然かを尋ねると，②を選ぶ人のほうが多いかもしれません。しかし，作者があえて①のように「に」を使ったのはなぜでしょうか？　「に」は，「で」より狭い範囲を指したり外部からそこに入りこんだりするようなイメージを伴っているので，「に」を使うことによって，「水たまり」の小ささや，「満ち潮のときに何かに追われてそこに逃げこんだこと」を強調したかったのかもしれません。

● 『ふきのとう』には，以下の①の文が載っています。
　①「**雪の下に頭を出して，雪をどけようと，ふんばっているところです。**」
　②「雪の下で頭を出して，雪をどけようと，ふんばっているところです。」
　「に」を「で」に変えると，意味はどのように変わるでしょうか。「に」はその行為の目指すところであり，「で」はその行為が行われるところと考えると，筆者としては，右記のようなイメージを抱きます。

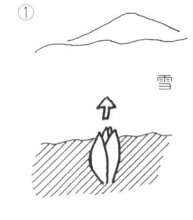

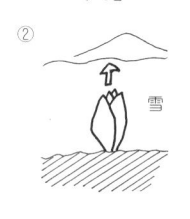

● 以下の文の中の「に」を「で」に，「で」を「に」に置き換えられるかを，各自考えてみてください。
・雲のくじらに飛び乗ろう。
・やがて，花はすっかり枯れて，その後に，白い綿毛ができてきます。
・そうして，あちらこちらに種をちらして，新しい仲間を増やしていくのです。
・海には，すばらしいものがいっぱいあった。
・その触手の間に，きれいなオレンジ色の魚が浮かんでいます。
・紙に何か書きました。紙を封筒に入れました。封筒にこう書きました。
・どこかで，小さな声がしました。
・空の上で，お日さまが笑いました。
・がまくんは，ベッドでお昼寝をしていました。
・町で競馬の大会を開くというのです。

例 1-7

①-1 家から出る。	①-2 家を出る。
②-1 大学から出る。	②-2 大学を出る。
③-1 跳び箱からとぶ。	③-2 跳び箱をとぶ。

日本語の意味は？　　　　　　　　　　　問題 1-7（1）

次の〔　〕の中から適切なものを選んでください（複数回答可）。

1) 女の人が，家〔から・を〕出てきた。
2) 女の人が，家の中〔から・を〕出てきた。
3) 彼は，大学入学を機に，家〔から・を〕出た。
4) 京都〔から・を〕出発して，東京に向かう。
5) 京都〔から・を〕東京へ出発する。
6) 京都〔から・を〕東京まで，新幹線に乗って行く。
7) 危険なので，早くその建物〔から・を〕離れてください。
8) 「それ，どうしたの？」「家〔から・を〕持ってきた」
9) 早く風呂〔から・を〕あがってちょうだい。
10) 涙が目〔から・を〕出てきた。
11) 顔〔から・を〕火が出る思いをした。
12) 太陽が東〔から・を〕出た。
13) 私は，東京〔から・を〕来た。
14) 今，大学〔から・を〕出たところ。10分後には駅に着くよ。
15) あの人は，○○大学〔から・を〕出て，すぐに父親のあとをついで社長になったんだって。
16) 煙が煙突〔から・を〕出ている。
17) 家〔から・を〕出るゴミのゆくえを調べてみよう。

日本語の意味は？　　　　　　　　　　　　　　　　　　問題1-7（2）

次のそれぞれの文が意味するのは，（ア）（イ）のどちらですか？
1) 跳び箱からとんだ。
2) 跳び箱をとんだ。

日本語の意味と答え

「から」や「を」と移動を意味する動詞を組み合わせると，その行為や作用の起点や出発点を表します。

「家から出る」と「家を出る」は，ほとんど同じ意味になりますが，使われる場面は微妙に異なります。

「○煙が煙突から出る」と「×煙が煙突を出る」，「○水が穴から出る」と「×水が穴を出る」，「○涙が目から出る」と「×涙が目を出る」，「○彼が部屋から出る」と「○彼が部屋を出る」を見比べればわかるように，その動詞の「行為」が主語の意志によるものでない場合は，「～を」は使いにくいようです。

```
問題1-7（1）の答え
  1) から・を    2) から
  3) を    4) を    5) から
  6) から    7) から・を
  8) から    9) から・を
 10) から    11) から
 12) から    13) から
 14) から・を    15) を
 16) から    17) から
問題1-7（2）の答え
  1) （イ）    2) （ア）
```

主語の意志による場合は，「～から」と「～を」の両方とも使えるようですが，さらに詳しく見ていくと，「×朝七時に家から出て，電車に乗る」と「○朝七時に家を出て，電車に乗る」，「×大学から出てすぐに結婚した」と「○大学を出てすぐに結婚した」を見比べればわかるように，その「行為」によって，主語が新しい事態を迎えたり次の新しい活動を始めたり何かから独立したりする場合は，「～を」のほうが適切であるようです。一方，単なる移動を意味するときは，「～から」のほうが適切であるようです。それで，大学という建物から出る場合は，「大学から出る」と「大学を出る」の両方とも使えるが，卒業する意味の場合は，新しい展開を意味するので，「大学を出る」しか使えないと説明できるかもしれません。

それから，「京都を東京まで行く」は使えず，「京都から東京まで行く」とする必

要があると覚えればよいと思いますが，「京都から出発して，東京に向かう」が少し不自然になる理由を説明するのは難しいです。

次に，「山を越える」や「川を渡る」の「を」は，通過点を意味します。そして，「跳び箱をとぶ」の「を」は，通常起点ではなく通過点を意味すると解釈されます。したがって，「跳び箱からとぶ」と「跳び箱をとぶ」は通常異なる意味になります。

これらの「から」と「を」の使い分けについては意見が分かれることがあるだろうと思います。

■起点を意味する【を】 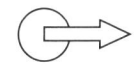
例）「家を出る」
　　「家を離れる」

■通過点を意味する【を】 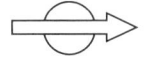
例）「川を渡る」
　　「空を飛ぶ」

見てわかる意味の違い

①-1 家から出る。	①-2 家を出る。
・①-1と①-2の手話表現は同じになるが，あえて説明するとすれば，以下のような説明の仕方も考えられよう	
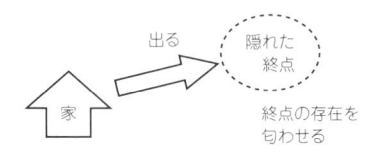 出る／隠れた終点／家／終点の存在を匂わせる	出る／家
・「から」の手話を使ってもよい	・「自分の意志で」を表情で示す

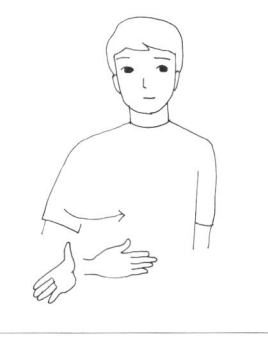

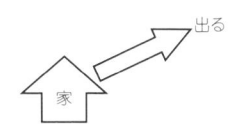

②-1 大学から出る。	②-2 大学を出る。
・「大学という建物からの移動」を意味するので，「大学／**出発**」という手話でよい	■「大学という建物からの移動」を意味する場合，②-1と同じ
	■「卒業する」意味の場合，「大学／卒業」という手話でよい

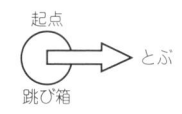

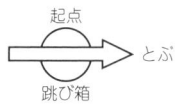

③-1 跳び箱からとぶ。	③-2 跳び箱をとぶ。
・手話「跳び箱／から／とぶ」(「とぶ」の手話で使う2本指を跳び箱から飛び降りさせる)	・手話「跳び箱／から／とぶ」(「とぶ」の手話で使う2本指を，跳び箱を越えるように動かす)

1章　場所に関わる助詞：に，で，へ，を，から，まで，等

例 1-8

①-1 部屋からのぞく。	①-2 部屋をのぞく。
②-1 誰かが穴からのぞいている。	②-2 誰かが穴をのぞいている。

日本語の意味は？　　　　　　　　　　　　　　　問題 1-8(1)

次の〔　　〕の中から適切なものを選んでください（複数回答可）。
1) 私は，小部屋〔から・を〕のぞいた絶景に，息をのんだ。
2) 「私が機（はた）を織っている間，決して部屋〔から・を〕のぞかないでください」と娘は言った。

日本語の意味は？　　　　　　　　　　　　　　　問題 1-8(2)

花子さんが「キャーッ，誰かが穴からのぞいているわ」と叫びました。そのとき，花子さんが目にした光景は，（ア）（イ）のどちらでしょうか？

（ア）　　　　　　　　　　（イ）

日本語の意味と答え

　例1-7で「家から出る」と「家を出る」はほぼ同じ意味であると述べましたが，「部屋からのぞく」と「部屋をのぞく」は，意味が全く異なります。「部屋からのぞく」は，部屋の中から外をのぞく意味で，「部屋をのぞく」は，外から部屋の中をのぞく意味です。

問題 1-8(1)の答え
　1) から　　2) を
問題 1-8(2)の答え
　（ア）

「彼が穴からのぞいている」と「彼が穴をのぞいている」は，事実としては同じ意味ですが，「誰かが，穴を通して，こちら（私）を見ている」と言いたい場合，「誰かが穴からのぞいている」のほうが「誰かが穴をのぞいている」より自然な言い方になるように思います。それは，「誰かが穴からこちら（私）をのぞいている」と言えることと関連するでしょう。

見てわかる意味の違い

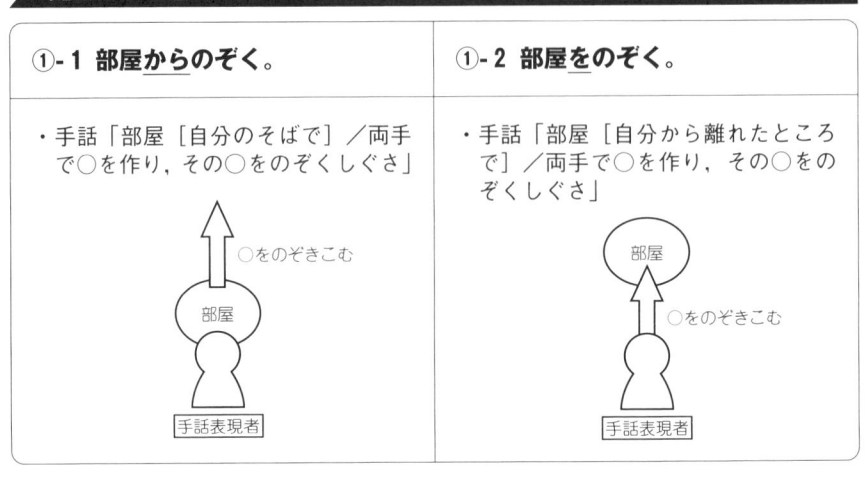

①-1 部屋<u>から</u>のぞく。	①-2 部屋<u>を</u>のぞく。
・手話「部屋［自分のそばで］／両手で○を作り，その○をのぞくしぐさ」	・手話「部屋［自分から離れたところで］／両手で○を作り，その○をのぞくしぐさ」
（図：手話表現者のそばに部屋があり、○をのぞきこむ）	（図：手話表現者から離れたところに部屋があり、○をのぞきこむ）

②-1 誰かが穴<u>から</u>のぞいている。	②-2 誰かが穴<u>を</u>のぞいている。
・手話「穴／見られる」（左手で○を作り，その○の中を通して「見られる」の手話をする）	・手話「穴／見る」（左手で○を作り，その○の中を通して「見る」の手話をする）

【補足】
　小学校2年生の国語の教科書に，「**かえるくんは，窓からのぞきました。**」という文があります。挿絵が添えられていること，この文の前に「**かえるくんは，窓から郵便受けを見ました。**」という文があること，この文の後にも「**かえるくん，どうして，きみ，ずっと窓の外を見ているの。**」という文があることから，「**かえるくんは，窓からのぞきました。**」の意味はつかめるだろうと思いますが，挿絵や前後の文脈がなくても，「部屋<u>から</u>のぞく」と「部屋<u>を</u>のぞく」の違いがすぐにわかる力を，聴覚障害児に身につけさせたいものです。

例 1 − 9

① 役所から書類が届く。　　② 役所より書類が届く。

日本語の意味は？　　　　　　　　　　　　　　　　　問題1-9

次の〔　〕の中から適切なものを選んでください（複数回答可）。
1) 役所は，駅〔から・より〕徒歩5分のところにあります。
2) 京都〔から・より〕東京まで，何キロメートルありますか？
3) 父〔から・より〕手紙が届いた。
4) 今日届いた手紙は，太郎くん〔から・より〕だけだった。

日本語の意味と答え

「から」と「より」は，ほぼ同じ意味と思ってよいようですが，「より」のほうが堅苦しい感じがします。また，「京都から東京まで」のように「まで」とセットの場合は，「より」は使えないようです。その他，「今日届いた手紙は，彼からだけだった」や「彼からしか受け取っていない」のように「だけ」や「しかない」がつく場合は，「から」を「より」に置き換えられないようです。

問題1-9の答え
1) から・より　　2) から
3) から・より　　4) から

見てわかる意味の違い

①役所から書類が届く。	②役所より書類が届く。

・手話「役所／（から）／紙／送られる」
・①と②の違いを説明したいときは，「②は改まった感じがする」などと補足する

なお，公文書では，「より」は，「AはBより重い」のように比較する場合に使うようにし，「9時より始める」や「消防署よりお知らせします」のような文は「から」に直すように指導されていると聞いたことがあります。

例 ①-10

①-1 図書館の本を借りる。	①-2 図書館から本を借りる。	①-3 図書館で本を借りる。
②-1 図書館の本を借りるのをやめる。	②-2 図書館から本を借りるのをやめる。	②-3 図書館で本を借りるのをやめる。

日本語の意味は？　　　　　　　　　　　　　　問題1-10

次の〔　〕の中から適切なものを選んでください（複数回答可）。
1) 彼は，いつも図書館〔の・から・で〕本を借りて読んでいる。
2) 宅配貸し出しサービスを利用して，図書館〔の・から・で〕本を借りる。
3) 「何を探しているの？」「図書館カードがないの。今日，図書館〔の・から・で〕本を借りたときに落としたのかな」
4) 役所〔の・から・で〕戸籍謄本を取り寄せた。
5) インターネットで役所〔の・から・で〕戸籍謄本を取り寄せる。

日本語の意味と答え

「図書館の本を借りる」「図書館から本を借りる」「図書館で本を借りる」はいずれも同じような意味ですが，郵送や宅配便を利用する場合は，「図書館で」は使えません。

問題1-10の答え
1) 全てOK　2) の・から
3) で　4) から・で　5) から

なお，「図書館で本を借りて読む」は，「図書館で本を借りて，読む」場合（すなわち読む場所は図書館でなくてもよい）と「図書館で，本を借りて読む」場合（すなわち，読む場所は図書館）とがあります。

「図書館の本を借りること」をやめた場合は，通常「図書館の本を借りるのをやめた」「図書館から本を借りるのをやめた」と言います。「図書館で本を借りるのを

1章　場所に関わる助詞：に，で，へ，を，から，まで，等

やめた」は絶対間違いとは言い切れません。しかし，「本を借りる」ことを図書館という場所で断念した場合は，「図書館で本を借りるのをやめた」が一番自然です。

見てわかる意味の違い

①-1　図書館の本を借りる。	①-2　図書館から本を借りる。	①-3　図書館で本を借りる。
・手話「図書館／本／借りる」 ・手話「図書館／持つ（所有する意）／本／借りる」	・手話「図書館／本／借りる」 ・手話「図書館／から／本／借りる」	・手話「図書館／本／借りる」 ・手話「図書館／場所／本／借りる」

②-1　図書館の本を借りるのをやめる。	②-2　図書館から本を借りるのをやめる。	②-3　図書館で本を借りるのをやめる。
・手話「図書館／本／借りる／とめる」 ・手話「図書館／持つ（所有する意）／本／借りる／とめる」	・手話「図書館／本／借りる／とめる」 ・手話「図書館／から／本／借りる／とめる」	・手話「図書館／本／借りる／とめる」 ・手話「図書館／場所／本／借りる／とめる」 ■「図書館の本を借りること」をやめる場合，手話「図書館／持つ（所有する意）／本／借りる／とめる」 ■本を借りることをやめた場所が図書館の意味の場合，手話「本／借りる／とめる／思う／場所／何／図書館」

例 **1**-11

| ①-1 大学<u>まで</u>行く。 | ①-2 大学<u>へ</u>行く。 |
| ②-1 大学<u>まで</u>送る。 | ②-2 大学<u>へ</u>送る。 |

日本語の意味は？　　　　　　　　　　　　　　　　　問題 1-11

次の〔　〕の中から適切なものを選んでください（複数回答可）。

1) 東京〔まで・へ〕行く。
2) 京都を出発して，東京〔まで・へ〕向かう。
3) 京都から東京〔まで・へ〕新幹線に乗って行く。
4) 京都から東京〔まで・へ〕の切符を買う。
5) 東京〔まで・へ〕電車に乗る。
6) 駅〔まで・へ〕自転車で行って，電車に乗って，それから新幹線に乗る。
7) 「どこへ行かれるのですか？」「ちょっとそこ〔まで・へ〕」
8) 郵便局〔まで・へ〕行ってきます。
9) 彼は，高校卒業後，大学〔まで・へ〕行った。
10) 家の外〔まで・へ〕出る。
11) 東の方〔まで・へ〕向かう。
12) あの杉の木〔まで・へ〕滑ろう。
13) あの岩〔まで・へ〕泳ごう。
14) この問題プリント，ここ〔まで・へ〕解けたよ。
15) 母親〔まで・へ〕小包を送る。
16) 駅〔まで・へ〕母親を送って行く。
17) 道〔まで・へ〕物を捨てるな。

日本語の意味と答え

「へ」は，行為の目標地点や方向を示し，「まで」は，距離的・時間的な到達点や限度を示します。「東京へ行く・向かう」も「東京まで行く・向かう」も言えます。

> 問題1-11の答え（筆者の答え）
> 1) まで・へ　　2) まで・へ　　3) まで・へ
> 4) まで　　5) まで　　6) まで
> 7) まで　　8) まで・へ　　9) まで・へ
> 10) へ　　11) へ　　12) まで
> 13) まで　　14) まで　　15) へ
> 16) まで・へ　　17) へ

「どこへ行くの」と聞かれて「ちょっとそこへ」より「ちょっとそこまで」と答えるのが自然ですが，その理由を説明するのは難しいです。

「大学」という建物に行くときは，「大学へ行く」と「大学まで行く」の両方とも使えますが，入学する意味であれば「大学へ行く」しか使えません。ただし，学歴を聞かれて「大学まで行った」と答えることはあります。

「外へ行く」は言えても「外まで行く」とは言えないこと，「東へ行く」とは言えても「東まで行く」とは言えないことから，境界線がはっきりしていないところの場合は「まで」は使いにくいようです。例1-7のところで，「から」と「を」の違いを検討しましたが，「から」は「まで」に，「を」は「へ」に似ていると言えるかもしれません。

「まで」は，「限度」を表します。「まで」は「から」とセットとも言える助詞なので，例えば「あの杉の木まで滑ろう」や「ここまで解けた」では，「ここから」という起点が意識されているように思います。

さらに，「母親まで小包を送る」と「母親へ小包を送る」では，「まで」より「へ」のほうが自然ですが，「母親を駅まで送る」と「母親を駅へ送る」では，どちらも自然な言い方です。「小包を送る」の場合は，郵便局などの地点で「母親へ向かって」なされるのに対し，「駅へ人を送る」の場合は，駅という地点まで「送る」という行為をし続けるので，「駅まで人を送る」も使えるのではないかと思いました。

見てわかる意味の違い

①-1 大学まで行く。

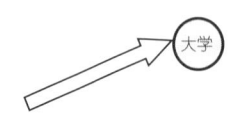

場所の境界線が明瞭
→動詞は具体的な意味合いを帯びる

- 「大学という場所へ行く」意味の場合、手話「大学／行く［この「行く」の手話は長く、最後まではっきりと］」

- 「大学に入学する」意味の場合、手話「大学／まで（終わる）／進む」

①-2 大学へ行く。

場所の境界線は不明瞭
→動詞は抽象的な意味合いを帯びる

- 「大学という場所へ行く」意味の場合、手話「駅／行く［この「行く」の手話は短く、最後はあいまいに］」

- 「大学に入学する」意味の場合、手話「大学／入る」

②-1 大学まで送る。

「彼女を大学まで送る」であれば、

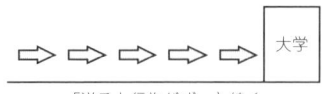

「送る」行為がずっと続く

- 「送る」のところで、「案内する」の手話を使う
- 「彼女」を表す左手の小指を右手でつまんで連れて行く様子を表す

②-2 大学へ送る。

- 「彼女を大学へ送る」意味の場合、
→②-1と同じ

- 「小包を大学へ送る」意味の場合、

「送る」行為は「×」の地点で行われる

- 「小包を大学へ送る」の「送る」は、「郵便を送る」の手話単語を使う

例 1-12

| ①(彼は荷物を)車まで持って行った。 | ②(差し押さえで)車まで持って行った。 |

日本語の意味は？

問題 1-12

次の文の中の「まで」を「さえ」「も」に変えることができるのは，（ア）（イ）のどちらですか？

（ア）彼は，荷物を車まで持って行った。
（イ）差し押さえで，彼らは，車まで持って行った。

日本語の意味と答え

「まで」には，「京都から東京まで行く」「9時から6時まで寝る」のように，行為が終わる場所や時間を表す「まで」と，「老人まで踊り出す」のように，ある例をあげて他の場合を言外に推測させる「まで」などがあります。「まで」は，「学校文法」では副助詞とされていますが，前者の「まで」は，「から」と同じ格助詞で，後者の「まで」は副助詞と解釈するほうがよいとする説もあります。

問題 1-12の答え
（イ）

小学校3年生の国語の教科書に，「**こんなもんまでもろうてしもうた。**」「**体の弱いお父さんまで，いくさに行かなければならないなんて。**」という文がありましたが，この「まで」は後者の「まで」に近い意味でしょう。

見てわかる意味の違い

①(彼は荷物を)車まで持って行った。	②(差し押さえで)車まで持って行った。
・手話「車／（まで（終わる））／持って行くor運ぶ」	・短い手話で表すなら「車／モ／持って行くor運ぶ」（「さえ」にぴったりくる手話単語がないため，「モ」を用いる） ・手話「いろいろ／持って行くor運ぶ／［驚く表情をつけながら］車／加える」

例 1 -13

① 教室<u>へ</u>行く。　　② 教室<u>に</u>行く。

日本語の意味は？　　　　　　　　　　　　　　　　問題 1-13

次の〔　〕の中から適切なものを選んでください（複数回答可）。
1) 早く教室〔へ・に〕行きなさい。
2) 早く教室〔へ・に〕入りなさい。
3) 矢は，的の中心〔へ・に〕命中した。
4) そうっと天秤皿〔へ・に〕載せてください。
5) あなたのことが，新聞〔へ・に〕載っているよ。
6) 私たちは，電車〔へ・に〕乗った。
7) その交差点で，右〔へ・に〕曲がってください。
8) 機長は，機首を東〔へ・に〕向けた。
9) 伯父〔へ・に〕手みやげを持って行く。
10) 伯父〔へ・に〕の手みやげを，何にしようかしら？
11) 彼は，東京〔へ・に〕向かった。
12) 彼は，東京〔へ・に〕向かったが，途中で行き先を変更した。

日本語の意味と答え

「へ」と「に」は，平安時代以前は区別して使われていたそうですが，現在は，「へ」と「に」の境界線はあいまいになっているようです。けれども，「に」より「へ」のほ

問題 1-13の答え（筆者の答え）
1) へ・に　2) へ・に　3) に・（へ）
4) へ・に　5) に　6) に
7) へ・に　8) へ・に　9) へ・に
10) へ　11) へ・に　12) へ

うが指し示す領域が広い，ということがいろいろな本で指摘されています。

筆者としては，「に」は「へ」と比べると，狭い領域を示す感じ，直接帰着点に到着することを強調する感じ，帰着点と「くっつく」感じがするように思います。

ですから,「入る」「命中する」「載せる」などは,「へ」より「に」を使うのが自然な気がします。

なお,「伯父〔へ・に〕手みやげを持って行く」では,「へ」と「に」の両方とも使えるのに,「伯父〔へ・に〕の手みやげを買いたい」では,「へ」しか使えません。この理由を聞かれたら,筆者は返答に苦しみます。

見てわかる意味の違い

① 教室へ行く。	② 教室に行く。
方向を示す → 教室（ぼんやり） 行く	帰着点を示す → 教室（丸で囲む） 行く
・手話「教室／行く〔「行く」の手話の帰着点をあいまいに行う〕」 ・「この『へ』は,目的地に向かうが,こんな感じ」と以下の手話を使って説明する **目的（的に向かう）**	・手話「教室／行く〔「行く」の手話の帰着点を最後まで明瞭に行う〕」 ・「この『に』は,目的地に向かうが,こんな感じ」と以下の手話を使って説明する **目的（的に当たる）**

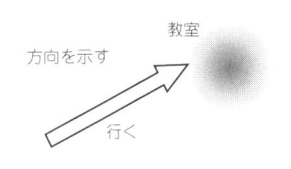

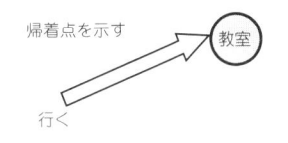

以上のイメージは,あくまでも筆者個人が抱いているイメージです。
①と②は,同じ手話表現になってもほとんどの場合は差し支えないと思います。

小学校低学年の教科書より
1章（2）　「から」と「を」,「まで」と「へ」「に」の使い分け

例1−7〜例1−13で，「から」と「を」,「まで」と「へ」の使い分けを扱いました。

● 『たんぽぽのちえ』には，以下の①の文が載っています。
　①「**綿毛がしめって重くなると，種を遠くまで飛ばすことができない。**」
　②「綿毛がしめって重くなると，種を遠くへ飛ばすことができない。」
　①と②の両方とも可能ですが，「まで」は「へ」より終点を意識しているので，「できるだけ遠くへ」が強調されているのは，①のほうであるように感じます。

● 『スーホの白い馬』には，以下の①の文が載っています。
　①「**スーホは，友だちに助けられて，やっとうちまで帰りました。**」
　②「スーホは，友だちに助けられて，やっとうちへ帰りました。」
　一般的には，「うちへ帰る」のほうが「うちまで帰る」より多く使われているでしょうが，「気を失ったスーホが，友だちに助けられて，やっと家にたどり着いたこと」を強調する雰囲気があるのは，①の「まで」のほうでしょう。

● 同じく『スーホの白い馬』には，以下の①の文が載っています（一部改変）。
　①「**白馬は，大好きなスーホのところへ帰ってきたのです。**」
　②「白馬は，大好きなスーホのところに帰ってきたのです。」
　③「白馬は，大好きなスーホのところまで帰ってきたのです。」
　「家へ帰る」「家に帰る」「家まで帰る」のいずれも言えるので，①〜③のいずれも可能でしょう。が，筆者としては，白馬はスーホのところに帰りたい一心で傷つきながらもやっと帰ってきたので，②のくっつきの助詞である「に」が最もぴったりくるように思いました（③より②のほうがよいと思うものの，その理由をうまく説明できません）。しかし，①と②の意味はほとんど同じなのかもしれません。

● 『お手紙』には，以下の①の文が載っています。
　①「**かえるくんは，家から飛び出しました。**」

②「かえるくんは，家を飛び出しました。」
①と②の両方とも，意味はほとんど同じでしょう。

●『スーホの白い馬』には，以下の①の文が載っています（一部改変）。
①「傷口から，血がふき出しました。」
②「傷口を，血がふき出しました。」
②は不自然になります。血は自分の意志で動かないので，「を」は使えません。

●『スイミー』には，以下の①の文が載っています。
①「ドロップみたいな岩から生えている，昆布やワカメの林。」
②「ドロップみたいな岩に生えている，昆布やワカメの林。」

①と②は，両方とも自然な言い方で，同じ意味でしょう。ですが，筆者としては，「スイミー」は小さな魚であること，「に」は狭い領域をイメージさせる助詞であることから，①のほうが，スイミーから見た光景を描写するのにふさわしいように感じました。

●「モチモチの木」には，以下の①の文が載っています。
①「岩から岩への飛び移りだって，見事にやってのける。」
②「岩からから岩までの飛び移りだって，見事にやってのける。」
「〜から〜まで」をセットで覚えるとよいと述べましたが，では，①の文はどうでしょうか。「AからBまで」とすると，Bで完結するイメージがありますが，「AからBへ」とすると，その後に「BからCへ，CからDへ」が続いているような気がします。それが，①のほうが自然に感じられる理由でしょうか。

●以下のような文で，その助詞を使う理由を考えてみるとよいでしょう。
- 二匹は，木の下から飛び出すと，手をつないで走り出しました。
- いきなり風が，みんなを空へ吹き飛ばしました。
- スーホの美しい歌声は，草原を越え，遠くまでひびいていくのでした。
- スーホは，白馬にまたがり，草原を越えて，競馬の開かれる町へ向かいました。
- 白馬は，殿様の手から手綱を振り離すと，みんなの間をぬけて駆け出しました。

例 ① -14

①-1　海で泳いで島へ行く。	①-2　海を泳いで島へ行く。
②-1　山に登る。	②-2　山を登る。
③-1　自転車道に行く。	③-2　自転車道を行く。

日本語の意味は？　　　　　　　　　　　　　　　問題 1-14（1）

A君とB君が，次のように言いました。
　A君「昨日，海で泳いで無人島へ行ったよ」
　B君「昨日，海を泳いで無人島へ行ったよ」
2人のうちどちらかが船に乗って無人島へ行ったとすれば，それはA君とB君のどちらですか？

日本語の意味は？　　　　　　　　　　　　　　　問題 1-14（2）

次の〔　〕の中から適切なものを選んでください（複数回答可）。
 1) 昨年の夏は，富士山〔へ・に・を〕登った。
 2) 今年は，富士山〔へ・に・を〕頂上まで登った。
 3) 富士山〔へ・に・を〕登っていると，途中で雨が降ってきた。
 4) 山頂〔へ・に・を〕登ったとき，達成感を感じた。
 5) 山道〔へ・に・を〕登っているとき，リスを見かけた。
 6) 2階〔へ・に・を〕上がって，勉強しなさい。
 7) 階段〔へ・に・を〕上がって，3階へ行く。
 8) はしご〔へ・に・を〕のぼって，ロフトへ行く。
 9)「哲学の道」〔へ・に・を〕行くには，何番のバスに乗ればいいでしょうか？
10) 川に沿って延々と続く自転車道〔へ・に・を〕行く。

11) 彼は，わが道〔へ・に・を〕行くタイプだ。

日本語の意味と答え

例1−7で，「家を出る」「家を離れる」の「を」は，「から」とほぼ同じ意味であり，行為の起点や出発点を表すと述べましたが，「廊下を走る」「道を渡る」「山を越える」などの「を」は，行為の通過点や行為の経由する場所を意味します。つまり，「～を通って」という意味があります。

> 問題1-14（1）の答え
> A君
> 問題1-14（2）の答え
> 1) に　 2) を　 3) を
> 4) に　 5) を　 6) へ・に
> 7) を　 8) を　 9) へ・に
> 10) を　11) を

問題1−14（1）について，「海で泳いで島へ行く」は，まず海で泳ぎ，それから島へ行く意味です。そして，「海を泳いで島へ行く」の「を」は，「～を通って」という意味なので，海を泳ぎながら島へ行く意味になります。手話表現では，海と島の位置と泳ぐ方向を工夫して使い分ける必要があります。

問題1−14（2）について，「へ」は方向を，「に」は帰着点を示す助詞ですが，例1−13で述べたように，「へ」と「に」の境界線はあいまいです。「2階へ上がる」と「2階に上がる」の両方とも言えるのに，「山に登る」は言えても「山へ登る」の言い方はあまり見かけない理由を尋ねられたら，筆者も返答に苦しみます。

「山に登る」の「山」は，山頂という帰着点を意味するのに対して，「山を登る」の「山」は，山道という通過点を意味します。「山道へ登る」「山道に登る」とは言わないことからもわかるでしょう。したがって，「富士山に登る」は，富士山の山頂に到達した意味であり，「富士山を登る」は，富士山の登山道を進む意味になります。「富士山に登っていると，途中で雨が降ってきた」より「富士山を登っていると，途中で雨が降ってきた」のほうが自然です。

このような意味から，「坂へ登る・坂に登る」「階段へあがる・階段にあがる」とはあまり言わないことになるのでしょう。

「自転車道へ（に）行く」は，別の場所から自転車道という場所に行く意味で，「自転車道を行く」は，自転車道に沿って行く意味です。「わが道を行く」は，「わが道」に沿ってずっと行く意味であり，この「を」は，通過点というより行為が行われる場所を意味すると言えるでしょう（次の例1−15を参照してください）。

見てわかる意味の違い

①-1　海で泳いで島へ行く。

・手話「海［手前で］／泳ぐ（特に進む方向を定めず、ぶらぶらという感じで）／（次）／島［離れたところで］／行く」「海／**場所**／泳ぐ／（次）／島／行く」（下図のように、手話単語を表す位置を工夫する）

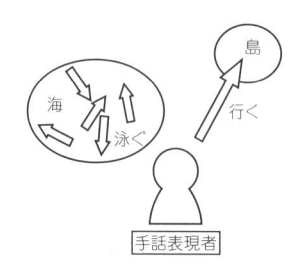

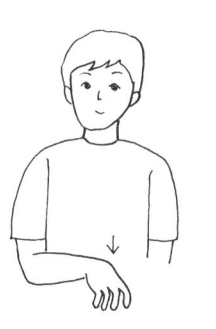

①-2　海を泳いで島へ行く。

・手話「海／（海を表したところを横切るように方向を定めて）泳ぐ／島／行く」「海／**地下鉄（通る）**／泳ぐ／島／行く」（下図のように、手話単語を表す位置を工夫する）

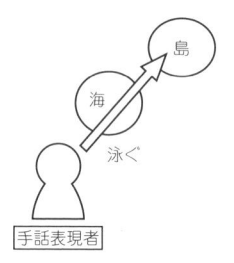

②-1　山に登る。

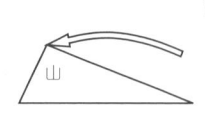

「山頂」に到着することを目指している感じ

・手話「山／登る［山頂をはっきり目指す視線と表情をつけながら］」

②-2　山を登る。

「山」は通過点という感じ

・手話「山［やや大きく表す］／登る［山の真ん中を登っている感じで］」

1章 場所に関わる助詞：に，で，へ，を，から，まで，等

- 下記の手話（はっきりと目的地を目指す意味合いの手話）を使って説明してもよい

目的（的に当たる）

- 下記の手話（「地下鉄」や「通る」を意味する手話）を使って説明してもよい

地下鉄（通る）

③-1 自転車道に行く。

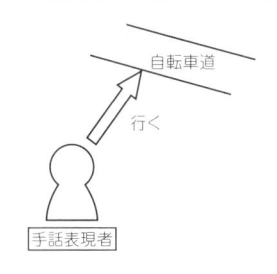

- 手話「［自分から離れたところで］自転車道／［自分の手前から自転車道に向かって］行く」

③-2 自転車道を行く。

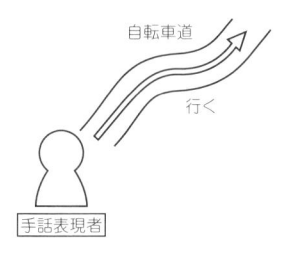

- 手話「［自分の手前から向こう側に向かって］自転車道／［自分の手前から自転車道に沿って］行く」

例 1 -15

① 公園で散歩する。 ② 公園を散歩する。

日本語の意味は？　　　　　　　　　　　　　　　　　問題 1 - 15

次の〔　〕の中から適切なものを選んでください（複数回答可）。

1) プール〔で・を〕泳いでから，ジムへ行った。
2) プールの第3コース〔で・を〕泳ぐ。
3) 彼女は，大声援の中，プール〔で・を〕泳ぎきった。
4) 空〔で・を〕飛ぶ飛行機。
5) 海〔で・を〕走る船。
6) 海〔で・を〕泳ぐ魚。
7) 町〔で・を〕わがもの顔に歩き回る。
8) ロッキー山脈国立公園〔で・を〕少し散歩してきた。
9) 廊下〔で・を〕走らないでください。
10) アメリカで，車が右側〔で・を〕走るのを見て，驚いた。
11) アフリカ〔に・で・を〕旅したとき，おもしろい人と知り合った。

日本語の意味と答え

「『を』は，行為の起点，または経過する場所を表す助詞」と説明すると，「部屋を出る」「山を越える」「溝を跳び越える」などは説明できます。「空を飛ぶ飛行機」では，「空」ではない空港から「空」ではない空港まで「空」を横切って行くから，「空で飛ぶ」ではなく「空を飛ぶ」と言え

問題 1 -15の答え（筆者の答え）
1) で　　2) で・を　　3) を
4) を　　5) を　　6) で・を
7) を　　8) で・を　　9) を
10) を　　11) を

るだろうと思いました。しかし，これらの説明では，「海を走る船」や「城下町を歩く」で「を」を使う理由をうまく説明できないことに気づきました。

「を」には，「本を読む」「穴を掘る」のように，動詞の対象語（目的語）を表す

働きもありますが，これらの動詞は他動詞です。しかし，「海を走る船」や「城下町を歩く」の「走る」や「歩く」は自動詞です。

　いろいろな文を作ってみた結果，「海を走る船」の「を」には，行為を行う場所を示す意味であるように思いました。ただし，単に行為を行う場所というだけでなく，「対象語」のニュアンスを含む場所です。例えば「部屋で調べる」は，調べ物をした場所が部屋という意味になるのに対し，「部屋を調べる」は，調べる対象が部屋という意味になりますが，「海を走る船」や「町を歩く」の「を」には，「部屋を調べる」の「を」に近い雰囲気を感じます。つまり，「走る」や「歩く」は自動詞ですが，その場所を自分の支配下に置くようなニュアンスや，その場所全体で自分の意志によって行為を行う感じがします。筆者としては，「町を歩く」では，「町で歩く」と比べると，町を見物するというような目的をもって，町全体で歩く行為を行うようなイメージを抱きます。

　「アフリカへ旅行する」「アフリカを旅行する」は言えますが，「アフリカで旅行する」「アフリカに旅行する」は言えないことも，理解してほしいと思います。

　「町で歩く」より「町を歩く」が，「廊下で走る」より「廊下を走る」が，「高速道路で走る車」より「高速道路を走る車」が自然に感じられる理由について，以上のように説明しましたが，もっと上手な説明の仕方があるかもしれません。

見てわかる意味の違い

① 公園で散歩する。	② 公園を散歩する。
・①と②の違いの説明は難しいが，①では，散歩した場所が公園であることを説明する ・手話では，「公園」を示し，あいまいな視線の状態で「散歩」の手話を行う	・①と②の違いの説明は難しいが，①では，公園を見物しながら散歩している雰囲気が①と比べて強いことを説明する ・手話では，「公園」を示し，その「公園」を表した場所に視線を向けながら，あるいは「眺める」の手話を付け加えて，公園全体をくまなく歩き回ったりする手話をつける

小学校低学年の教科書より

1章（3） 「を」と「で」「に」の使い分け

以上，例1-14，例1-15で，「を」と「で」「に」の使い分けを扱いました。

●『くじらぐも』や『スイミー』，『スーホの白い馬』に，以下の①，③，⑤，⑦，⑨の文があります。それぞれの「を」を「で」に変えると，どうなるでしょう。
　①「くじらは，青い青い空の中を，元気いっぱい進んでいきました。」
　②「くじらは，青い青い空の中で，元気いっぱい進んでいきました。」
　③「スイミーは泳いだ，暗い海の底を。こわかった。さびしかった。」
　④「スイミーは泳いだ，暗い海の底で。こわかった。さびしかった。」
　⑤「冷たい水の中を，輝く光の中を，みんなは泳ぎ，大きな魚を追い出した。」
　⑥「冷たい水の中で，輝く光の中で，みんなは泳ぎ，大きな魚を追い出した。」
　⑦「白馬に乗って草原をかけ回った楽しさを思い出しました。」
　⑧「白馬に乗って草原でかけ回った楽しさを思い出しました。」
　⑨「先頭を走っていくのは，白馬です。」
　⑩「先頭で走っていくのは，白馬です。」
　①では，「進む」行為は「空の中」で行われますが，①のほうが，くじらが空をぐんぐん進んでいく様子を生き生きとイメージできるでしょう。
　③と⑤，⑦では，「を」のほうが自然でしょう。特に，⑤と⑥，⑦と⑧を比べると，「を」のほうが，生き生きと自由に動き回る様子がイメージできるでしょう。
　⑩は不自然でしょうが，なぜ「を」なのかと尋ねられると，説明が難しいです。「行為の出発点」でもありませんし，「行為の経由する場所」でもないからです。「を」には，その場所を支配するイメージもあることと関連するかもしれません。

●『ゆうだち』と『ふきのとう』に以下の①と②の文が載っています。
　①「たぬきの子も，うさぎの子に気がつくと，ぷいと横を向きました。」
　②「（お日さまは）そこで，南を向いて言いました。」
　この「を」は，「に」や「へ」と言い換えられるでしょうか？　「横に向く」や「横へ向く」はあまり言わないと思いますが，「南に向く」はときどき見かけます。「南へ向く」は微妙です。「を」が一番適切と思われる理由の説明も難しいです。

例 **1**-16

① 山で撮影する。	② 山を撮影する。
③ 山で写真を撮る。	④ 山を写真に撮る。

日本語の意味は？　　　　　　　　　　　　　　　　　問題 1-16

次のそれぞれの写真が撮られる状況は，（ア）〜（エ）のどの文ですか？
（複数回答可）

1)　　　　　　　　　　　　　　2)

平野から遠くの山を撮った感じの写真　　　山の中で撮った感じの写真

（ア）山で撮影する。　　（イ）山を撮影する。
（ウ）山で写真を撮る。　（エ）山を写真に撮る。

日本語の意味と答え

　「写真を撮る」と「山を撮る」の「を」は，対象語を表す「を」であると言えるでしょう。そして，「写真」と「山」の両方を使う場合，「山の写真を撮る」あるいは「山を写真に撮る」とする必要があります。この「に」は，「見舞いに行く」のように行為の目的を表す「に」と言えるでしょう。一方，「山で写真を撮る」の「で」は，場所を表す「で」であり，この「写真」は山の写真とは限りません。

問題 1-16の答え
1)（イ）・（エ）
2)（ア）・（ウ）

見てわかる意味の違い

① 山で撮影する。	② 山を撮影する。
・手話「山［大きく］／場所／カメラに写す」	・手話「山［小さく遠くのほうで］／［山のほうに向かって］カメラに写す」
山　場所 写真を撮る 手話表現者 「写真を撮る」ときの視線はあいまいに	山 写真を撮る 手話表現者 「写真を撮る」ときの視線は，「山」を見ながら

③ 山で写真を撮る。	④ 山を写真に撮る。
・①と同じ	・②と同じ

　他に，「壁を塗る」「壁に塗る」「ペンキを塗る」「ペンキで塗る」はいずれも正しい文ですが，「壁」と「ペンキ」の両方を使う場合，「壁にペンキを塗る」または「壁をペンキで塗る」と言い換える必要があります。上記の例文は，これと似ているように思います。

1章　場所に関わる助詞：に，で，へ，を，から，まで，等

例 1 -17

① 店<u>で</u>予約する。　　② 店<u>を</u>予約する。

日本語の意味は？
問題1-17

次の〔　〕の中から適切なものを選んでください（複数回答可）。
1) 親睦会をしたいので，店〔で・に・を〕予約しておいてください。
2) 「飛行機のチケット，どこで予約したの？」「うん，京都駅〔で・に・を〕予約したんだ。京都駅を歩いていて思い出したから，あわてて駅前にある旅行会社へ行って予約したんだ」

日本語の意味と答え

　「で」は，その行為をした場所を表すことが多いです。そして，「を」は，行為の対象を表すことが多いです。
　「店で予約する」は，予約という行為をした場所が「店」という意味で，「店を予約する」は，「店を使う」と予約する意味です。

問題1-17の答え
1) を　　2) で

見てわかる意味の違い

① 店<u>で</u>予約する。	② 店<u>を</u>予約する。
・手話「店／**場所**／予定／約束」	・手話「店／抑える」 ・手話「店／使う／約束／得る」（店を使うことを約束する意）

69

例 1-18

| ① 会社での理解を広げる。 | ② 会社への理解を広げる。 |

日本語の意味は？

問題1-18

次の〔 〕の中から適切なものを選んでください（複数回答可）。
1) 自分の聞こえの状況を適切に説明することによって、職場〔で・へ〕の理解を広げることが大切である。
2) 聾学校〔で・へ〕の理解を広げるために、当校では、地域の人々も参加できる交流会を企画した。

日本語の意味と答え

あるとき、「職場への理解を広げよう」と「職場での理解を広げよう」のどちらが適切かが話題になりましたが、「Aへの理解を広げる」は、Aに対する自分や社会の理解を広げる意味で、「Aでの理解を広げる」は、Aという集団の中で何かに対する理解を広げる意味です。

問題1-18の答え
1) で　　2) へ

見てわかる意味の違い

① 会社での理解を広げる。	② 会社への理解を広げる。
・手話「会社／場所／知る（わかる）／広がる」	・手話「会社／**会う**（「対して」の意）／知る（わかる）／広がる」

例 1-19

①-1 目に見える状態	①-2 目が見える状態
②-1 目に見えにくい障害	②-2 目が見えにくい障害

日本語の意味は？　　　　　　　　　　　　　問題 1-19

次の〔　〕の中から適切なものを選んでください（複数回答可）。

1) 彼は，手術を受けて，目〔で・に・が・の〕見えるようになった。
2) 紫外線は，目〔で・に・が・の〕見えないけれど，数値として目〔で・に・が・の〕見えるようにする機械がある。
3) 生まれて間もない子猫は，目〔で・に・が・の〕見えるようになるのは，いつからですか？
4) 成果が目〔で・に・が・の〕見えるグラフにすると，やる気が出てきた。
5) 彼の敗北は，目〔で・に・が・の〕見えているよ。
6) 子犬のからだは，目〔で・に・が・の〕見えて大きくなってきた。
7) 彼は，生まれつき目〔で・に・が・の〕見えにくい障害がある。
8) 聴覚障害は，目〔で・に・が・の〕見えにくい障害である。
9) 夜歩いていたら，あの2つの小さな光が，一瞬動物の目〔で・に・が・の〕見えた。

日本語の意味と答え

「目に見える」は，はっきりわかるという意味と，確実に予測できる意味があります。ですから，「紫外線を目に見えるようにする」は，紫外線がどれぐらいあるかが見てわかるように数値化するなどの意味です。この「に」は，場所や到着点を表す「に」ではないかと

問題 1-19 の答え
1) が　　2) に，に
3) が　　4) に　　5) に
6) に　　7) が・の
8) に　　9) に

思います。「人間の耳に聞こえる音の範囲」という文の「に」も，場所や到着点を表す「に」ではないかと思います。

なお，「目が見えない人」は「目の見えない人」と言い換えることができます（例3-3参照）。

それから，「一瞬動物の目に見えた」は，「あのひもがヘビに見えた」の「〜に見える」であり，「動物の目かと思った」という意味です。

「目に見えない小さな生物」という表現を，「視力がない（何かを見る力がない）小さな生物」のことだと思っている聴覚障害児がいるかもしれません。

見てわかる意味の違い

①-1 目に見える状態	①-2 目が見える状態
・手話「見る／知る（わかる）／様子（状態）」 ・手話「はっきり／知る（わかる）／様子（状態）」	・手話「見る／できる（可能）／様子（状態）」

②-1 目に見えにくい障害	②-2 目が見えにくい障害
・手話「知る（わかる）／難しい（できない）／障害（折る）」 ・手話「**見えない（見ていない）**／障害（折る）」	・手話「見る／**難しい（できない）**／障害（折る）」 ・単に「視覚障害」とする

1章 場所に関わる助詞：に，で，へ，を，から，まで，等

例 1-20

① その村で,こんな言い伝えがある。　② その村に,こんな言い伝えがある。

日本語の意味は？　　　　　　　　　　　　　　　　　　　　問題 1-20

次の〔　〕の中から適切なものを選んでください（複数回答可）。
1) その村〔で・に〕は，こんな言い伝えがあるそうだ。
2) 彼〔で・に〕は，こんなおもしろいエピソードがある。
3) あの祭り〔で・に〕は，昔からこんな言い伝えがあるそうだ。
4) その村〔で・に〕は，祭りに関して昔からこんな言い伝えがあるそうだ。

日本語の意味と答え

　例1-2で，「［場所］に［具体物］がある」と「［場所］で［行為］がある」を基本として覚えるとよいと述べました。それで，「村に池がある」「村で祭りがある」などと言います。

問題1-20の答え
1) で・に　　2) に
3) に　　4) で・に

　「言い伝え」や「エピソード」「噂」などは，「具体物」と「行為」のどちらともはっきり言えないので，「その村〔で・に〕は，こんな言い伝えがある」では，「で」と「に」のいずれかが正しいと言い切れないように思います。しかし，「彼〔で・に〕は，こんなエピソードがある」や「あの祭り〔で・に〕は，こんな言い伝えがある」では，「に」が答えです。この「に」は，場所を意味するというより，「～に関して」を意味するように思います。

見てわかる意味の違い

① その村で,こんな言い伝えがある。	② その村に,こんな言い伝えがある。
・手話「それ／村／場所／これ／話／言われる／言われる」 ・手話「それ／村／場所／これ／話／ある」	■「に」が場所を示す場合，手話「それ／村／場所／これ／話／ある」 ■「に」が「〜に関して」の意味の場合，手話「それ／村／**関係（〜について）**／これ／話／ある」

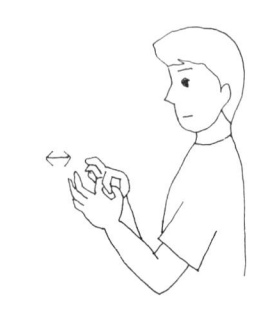

　小学校の国語の教科書の『スーホの白い馬』に，「**どうしてこういう馬頭琴ができたのでしょうか。（　）には，こういう話があるのです。**」という文がありますが，（　）には「そこ」と「それ」のどちらが入るでしょうか。答えは，「それ」です。場所を意味するなら「そこ」が答えとなるでしょうが，この「に」は「〜に関して」の「に」なので，「それ」，つまり，「馬頭琴」または「馬頭琴ができた理由」が入るのだろうと思います。

　他に「**三年とうげには，昔からこんな言い伝えがありました。**」という文がありますが，この「に」も「〜に関して」の「に」だろうと思います。この「言い伝え」は，「三年とうげ」に関するものです。そして，「言い伝え」を知っている人たちが「三年とうげ」に住んでいる人たちならば，「で」は可能かもしれませんが，「言い伝え」を知っている人たちが「三年とうげ」以外の場所に住む人たち（が中心）であれば，「に」になるだろうと思います。実際，「彼の会社でこんな噂がある」と聞くと，「彼の会社の中で流れている噂」を思い浮かべますが，「彼の会社にこんな噂がある」と聞くと，「彼の会社に関してちまたで流れている噂」を思い浮かべます。

2章 時間に関わる助詞

に，で，から，まで，等

　1章で述べたように，時間を表す助詞についても，その意味の違いは図式で説明できるものが多いように感じていますので，手話表現の一例を載せるのと並行して，筆者なりのイメージを図式化したものを載せてみました。

【それぞれの助詞のイメージ】　-----▶ は時間の流れ，　——▶ は行為を表わす

■「に」と「で」の使い分け

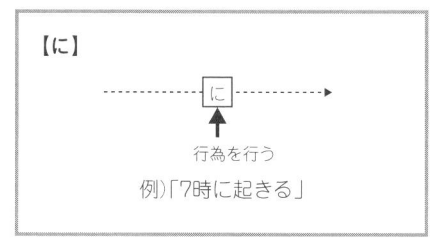

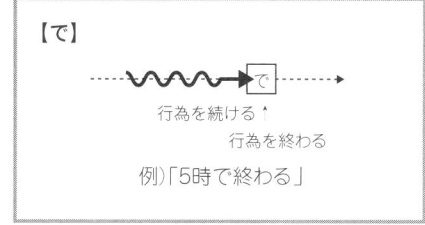

【に】
↑ 行為を行う
例）「7時に起きる」

【で】
行為を続ける ↑
行為を終わる
例）「5時で終わる」

■「から」と「まで」，「までに」の使い分け

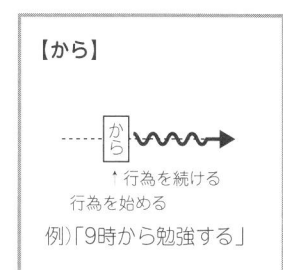

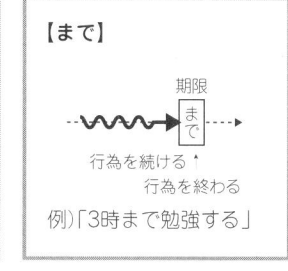

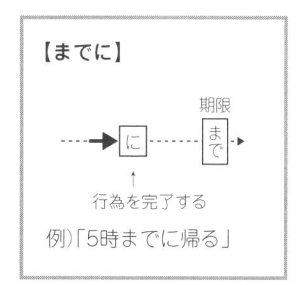

【から】
↑ 行為を続ける
行為を始める
例）「9時から勉強する」

【まで】
期限
行為を続ける ↑
行為を終わる
例）「3時まで勉強する」

【までに】
期限
行為を完了する
例）「5時までに帰る」

2章で扱う例文

例 2-1
① 東京で，一日(いちにち)雨が降った。
② 東京で，一日(ついたち)に雨が降った。

例 2-2
① 3時に終わる。
② 3時で終わる。

例 2-3
①-1 3日に辞める。
①-2 3日で辞める。
②-1 3月に退職する。
②-2 3月で退職する。

例 2-4
① 本を1時間読む。
② 本を1時間で読む。

例 2-5
① 1時間に3個作る。
② 1時間で3個作る。

例 2-6
① 3日に作る。
② 3日間作る。
③ 3日で作る。
④ 3日間で作る。

例 2-7
① 百歳のときに亡くなる。
② 百歳で亡くなる。
③ 中学生のときに，そんなことを考えた。
④ 中学生のとき，そんなことを考えた。

例 2-8
① 3月20日にその商品の販売が打ち切られると決定された。
② 3月20日でその商品の販売が打ち切られると決定された。
③ 20日にその商品の販売が打ち切られると決定された。
④ 20日でその商品の販売が打ち切られると決定された。

例 2-9
① この年（2000年）に，風疹に感染した。
② この年（40歳）で，風疹に感染した。

例 2-10
① 事故が起きたあとにしたこと
② 事故が起きたあとでしたこと

例 2-11
①-1 ベルが鳴るまで掃除する。
①-2 ベルが鳴るまでに掃除する。
②-1 母が留守の間勉強する。
②-2 母が留守の間に勉強する。
③-1 午前中買い物をする。
③-2 午前中に買い物をする。

例 2-12
① 9時に寝る。
② 9時までに寝る。
③ 9時まで寝る。

例 2-13
① 夜中までに電話をかけてくる。
② 夜中にまで電話をかけてくる。

例 2-14
①-1 9時から始める。
①-2 9時より始める。
②-1 以前から改善に努めてきた。
②-2 以前より改善に努めてきた。
③-1 以前から改善されていた。
③-2 以前より改善されていた。

例 2-15
① 10分を超える。
② 10分超える。

例 2 -16
① 時間が早く過ぎる。
② 約束の時間を過ぎる。
③ 楽しい時間を過ごす。

例 2 -17
① 9時より10分前に来てください。
② 9時10分より前に来てください。
③ 9時10分前に来てください。

例 2 -18
① 昨日新聞を読んだ。
② 昨日の新聞を読んだ。

例 2 -19
①-1 海を前に，彼は大声で歌った。
①-2 海の前で，彼は大声で歌った。
②-1 料理を前に，彼は言った。
②-2 料理の前に，彼は言った。
③-1 プールを前に，彼は言った。
③-2 プールの前に，彼は言った。
③-3 プールの前で，彼は言った。

例 ❷-1

| ① 東京で，一日(いちにち)雨が降った。 | ② 東京で，一日(ついたち)に雨が降った。 |

日本語の意味は？　　　　　　　　　　　　　　　　　　　問題2-1(1)

次の文の中の「一日」を「一日中」と言い換えられるのは（ア）～（エ）のどれですか？（複数回答可）
　（ア）一日は，24時間あります。
　（イ）今日は，一日読書にふけった。
　（ウ）春の一日，野原に出かけた。
　（エ）三月一日に卒業式があった。

日本語の意味は？　　　　　　　　　　　　　　　　　　　問題2-1(2)

1)「一日」が「3月1日」などの日付を意味するのは，（ア）（イ）のどちらですか？
2)「一日」を「ついたち」と読めるのは，（ア）（イ）のどちらですか？
　（ア）東京で，一日雨が降った。
　（イ）東京で，一日に雨が降った。

日本語の意味と答え

　問題2-1(1)で，（ア）～（エ）のいずれも「いちにち」「ひとひ」「いちじつ」と読んでも間違いではないようですが，筆者としては，（ア）（イ）（ウ）は「いちにち」，（エ）は「ついたち」と読む人が多いように感じます。「ついたち」と読めるのは，日付を意味する（エ）だけです。（ア）は「午前0時から午後12時まで」，（イ）は「朝から夕方あるいは晩まで」（必ずしも24時間全部でなくてよい），（ウ）は「ある日」，（エ）は「月の最初の日」を意味します。
　「一日中」は，「朝から夕方あるいは晩までの間ずっと」または「24時間中」の

> 問題2-1(1)の答え
> 　（イ）
> 問題2-1(2)の答え
> 　1)（イ）　　2)（イ）

意味です。

　「に」には,「7時に起きる」のように,行為を行う具体的な時刻や日付,年,時代などを示す働きがあるので,「1日に〜する」とあれば,この「1日」は日付を表しているとわかります。

見てわかる意味の違い　　　　　　現実に見られる表現例を含む,以下同様

① 東京で,一日(いちにち)雨が降った。

朝から晩まで
一日中
降る

・「一日間」を表す手話単語を使う

② 東京で,一日(ついたち)に雨が降った。

暦
| 1日 | 2日 | 3日 | 4日 | 5日 |
↑
降る

・「1／日」または日付「○月1日」を表す手話表現を使う

または

例 ②-2

① 3時に終わる。　　　　② 3時で終わる。

日本語の意味は？
問題2-2

次の〔　〕の中から適切なものを選んでください（複数回答可）。
1) これ〔に・で〕終わります。起立，礼。
2) 式は，3時〔に・で〕終わる予定です。
3) 式は，3時〔に・で〕始める予定です。
4) 捜索は，5時〔に・で〕打ち切ります。

日本語の意味と答え

「3時に終わる」は，単に「終わる」という行為が行われる時刻が3時であると述べただけであり，「3時で終わる」は，3時にそれまで続けられていたある行為が終わることを表します。つまり，3時までの時間があるまとまりをもったものとして感じられます。ですから，動詞が「始める」の場合は，「3時で始める」と言えないことになります。

問題2-2の答え
1) で　　2) に・で
3) に　　4) に・で

「これで終わります」と言うので，「これで始めます」も言えると思っていた生徒が，聾学校で過去に見られました。

見てわかる意味の違い

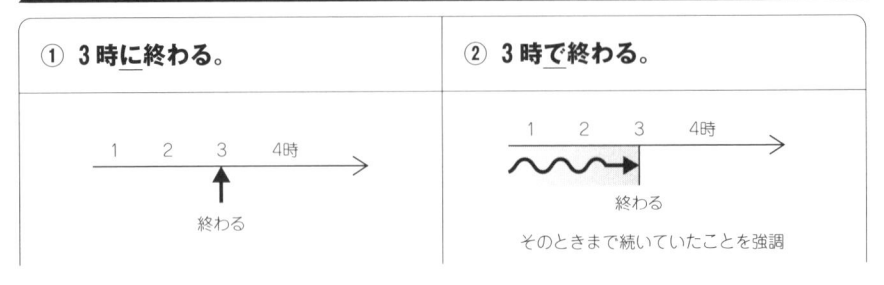

① 3時に終わる。	② 3時で終わる。
1　2　3　4時 ↑ 終わる	1　2　3　4時 終わる そのときまで続いていたことを強調

・手話「3時／**終わる**」

・①と同じ手話表現
・手話「3時／**まで**（**終わる**）」

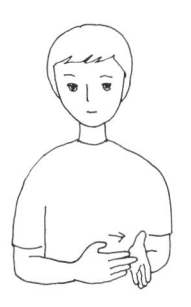

・この「に」は，「**時**」の手話の意味があると説明する

・この「で」は，「**解決**」「**まで(ずーっと)**」の手話の意味があると説明する

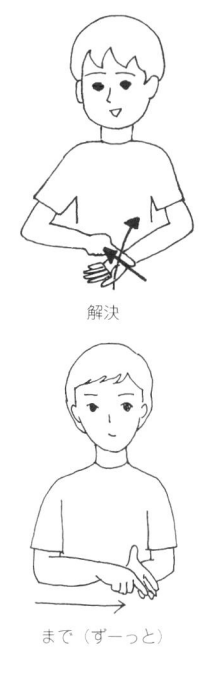

解決

まで（ずーっと）

　①と②は，ほとんど同じ意味ととらえてよいので，手話表現が同じになってもかまわないと思います。

例 ②-3

①-1　3日に辞める。	①-2　3日で辞める。
②-1　3月に退職する。	②-2　3月で退職する。

日本語の意味は？　　　　　　　　　　　　　　　　　　　問題 2-3 (1)

次の〔　〕の中から適切なものを選んでください（複数回答可）。
1)「彼女は，いつ退職するの？」「3日〔に・で〕退職されるらしいよ」
2) 彼は，わずか3日〔に・で〕辞めたらしいよ。
3) 彼は，3日間〔に・で〕辞めたらしいよ。
4) 彼は，3月〔に・で〕退職されるらしい。
5) 彼は，3月いっぱい〔に・で〕退職されるらしい。

日本語の意味は？　　　　　　　　　　　　　　　　　　　問題 2-3 (2)

「受付は5月で終了する」の意味として，次のどちらが自然ですか？
　　（ア）5月の途中で終了する。
　　（イ）5月末日で終了する。

日本語の意味と答え

　「3時」は一瞬ですから，「3時に終了する」と「3時で終了する」は，ほとんど同じ意味になります。しかし，「3月」は，幅があります。筆者としては，「3月に退職する」は，3月であればいつでも退職してもよいが，「3月で退職する」は，どちらかと言えば3月末日まで勤めてから退職する，というイメージを抱いています。「3月末で」

問題 2-3 (1) の答え
　1) に・で
　2) で　　3) で
　4) に・で　5) で
問題 2-3 (2) の答え
　（イ）

の意味をはっきり伝えたい場合は、「3月末に（で）退職する」「3月いっぱいで退職する」と言います。「3月いっぱいに退職する」とは言いません。

「3日間で」を「3日（みっか）で」と言えるので、「3日で辞める」は「○月3日に辞める」意味と「3日間で辞める」意味があります。

しかし、「3月（さんがつ）で辞める」の場合、期間の長さを意味するときは通常「3ヶ月（さんかげつ）」を使うので、これは通常「○年3月で辞める」意味になります。

見てわかる意味の違い

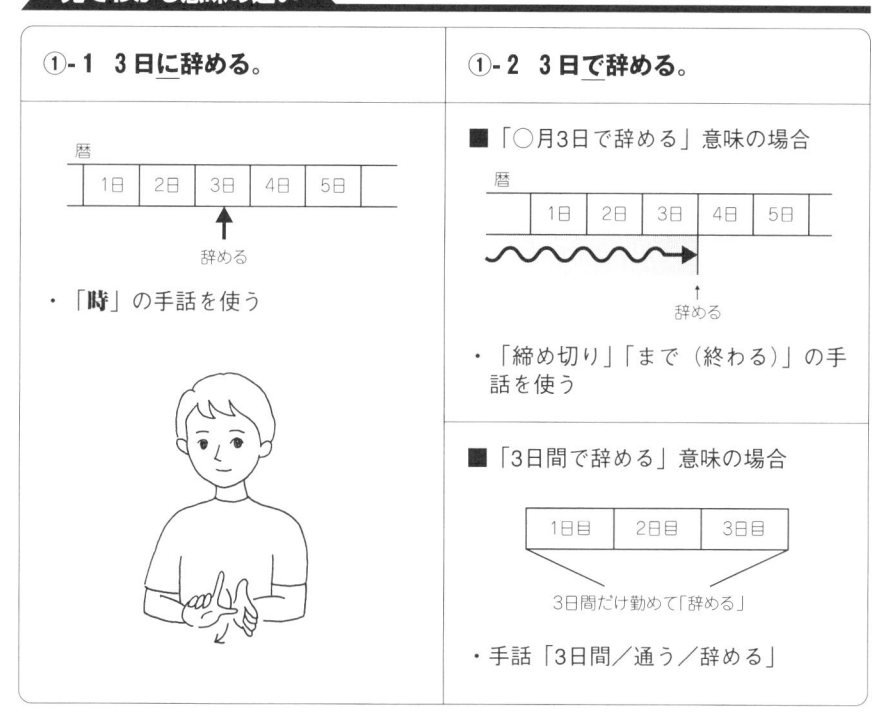

①-1 3日に辞める。

暦
| 1日 | 2日 | 3日 | 4日 | 5日 |

↑
辞める

・「時」の手話を使う

①-2 3日で辞める。

■「○月3日で辞める」意味の場合

暦
| 1日 | 2日 | 3日 | 4日 | 5日 |

〜〜〜〜→
↓
辞める

・「締め切り」「まで（終わる）」の手話を使う

■「3日間で辞める」意味の場合

| 1日目 | 2日目 | 3日目 |

3日間だけ勤めて「辞める」

・手話「3日間／通う／辞める」

②-1 3月に退職する。

・「辞める」のは、「3月」であれば何日でも可
・「時」の手話を使って意味を説明する

②-2 3月で退職する。

・どちらかと言えば、「3月いっぱいで（3月末に）辞める」というイメージがある
・「締め切り」「まで（終わる）」の手話を使って、意味を説明する

例 2-4

① 本を1時間読む。　　　② 本を1時間で読む。

日本語の意味は？　　　　　　　　　　　　　　　　　　問題 2-4

次の〔　〕の中から適切なものを選んでください（複数回答可）。
1) 今日は〔1時間・1時間で〕本を読んだ。続きは，明日読もう。
2) 彼は，あの本を〔1時間・1時間で〕読み終えてしまった。
3) 彼だったら，〔1時間・1時間で〕本箱を作れるだろう。
4) 昨日は〔1時間・1時間で〕勉強できたが，今日は全く勉強できなかった。
5) 昨日は，朝からスケート場へ行って，滑る練習をした。帰る頃には，何とか〔5分間・5分間で〕滑れるようになった。
6) 彼は，スポーツ万能だ。スケートは初めてだと言っていたのに，たった〔5分間・5分間で〕滑れるようになっていた。すごいなあ。

日本語の意味と答え

「終わる」「仕上げる」などは完了を表す動詞で，「続ける」「継続する」などは継続を表す動詞ですが，「読む」のように，完了と継続の両方の意味にとらえられる動詞も多いです。

問題 2-4の答え	
1) 1時間	2) 1時間で
3) 1時間で	4) 1時間
5) 5分間	4) 5分間で

「1時間読む」は，1時間本を読む作業を続ける意味であり，通常その本を読了する必要性はありません。しかし，「1時間で読む」であれば，「で」は「期間」を強調したり限定したりする意味がある助詞なので，この「1時間で読む」は，1時間で「本を読む」という作業が終わった，「本を読む作業」に要した時間が1時間であった，という意味になります。では，「5分間滑れるようになる」と「5分間で滑れるようになる」の違いはわかるでしょうか？前者は，「5分間滑る」ことができるようになった意味で，後者は，「滑れるようになる」のにかかった時間が5分間という意味です。手話表現の仕方については，筆者の著書『よく似た日本語とその手話表現　第2巻』の例14-7を参照してください。

2章 時間に関わる助詞：に，で，から，まで，等

見てわかる意味の違い

① 本を1時間読む。

```
   A           B
  ┌─ 1時間 ─┐
  ～ 読む ～→
```

本をAのときから読み始めたかどうか，Bのときで読み終わったかどうかは，問題とならない

・手話は，単に「本／1時間／読む」でよいだろう

② 本を1時間で読む。

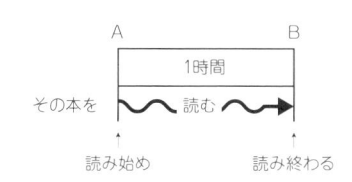

```
   A           B
  ┌─ 1時間 ─┐
その本を ～ 読む ～→
  読み始め     読み終わる
```

・手話「本／1時間／読む／**終わる**or**解決**」

終わる

解決

・「本を読むのに要した時間は1時間」などと言い換えて手話表現する

例 ❷ − 5

| ① 1時間に3個作る。 | ② 1時間で3個作る。 |

日本語の意味は？　　　　　　　　　　　　　　　　　　問題2-5(1)

次の〔　〕の中から適切なものを選んでください（複数回答可）。
1) 彼は，集中して，たった1時間〔に・で〕20個もの製品を作った。
2) その機械は，すごい。1時間〔に・で〕20個の製品を作る速さなんだよ。
3) この方法だと，1時間〔に・で〕ホームページが作れるらしい。
4) 先週から一日〔に・で〕500通近い迷惑メールが来て，困っている。
5) 昨夜の雨はすごかった。1時間〔に・で〕20ミリ降ったんだって。

日本語の意味は？　　　　　　　　　　　　　　　　　　問題2-5(2)

次の文の中の「一月」は何と読みますか？
1) 去年の一月に500枚の原稿を書いた。これが今までの最高記録だ。
2) 秋に，彼が「この一月で原稿を500枚書いたよ」と言った。
3) 彼は，一月に原稿を500枚のペースで，小説を書いている。

日本語の意味と答え

「1時間で」は，「この1時間という長さの中で」というように，「期間の長さ（短さ）」を強調している感じです。「1時間に」は，上記の問題の文の場合，「1時間あたり」という意味です。

「1時間で20ミリ」は，例えば「10から11時までの間に20ミリ降った」意味です（それ以外の時間帯では，1時間に20ミリ降っても降らなくてもよいですが，筆者としては，ある1時間だけ20ミリ降ったという意味に解釈することが多いように思います）。

問題2-5 (1) の答え
　1) で　　2) に・で
　3) で　　4) に
　5) に・で

問題2-5 (2) の答え
　1) いちがつ
　2) ひとつき
　3) ひとつき

「1時間に20ミリ」は，「10時から11時までの1時間に20ミリ降った」であれば，「1時間で20ミリ」と同じ意味ですが，「昨夜は，一晩中1時間に20ミリ降った」であれば，「9〜10時，10〜11時，11〜12時……のどの時間帯も，1時間あたり20ミリ降った」という意味になります。

　簡単に言うと，「1時間で3枚のプリントをやり終える」「1日で10個の製品を作りあげる」のように，完了を意味する動詞のときは「で」を使うことが多く，「1時間に3枚のペースで，プリントをやり続ける」「1日に100個のペースで，毎日袋詰めをする」のように，継続を意味する場合は「に」を使うことが多いように思います。

　暦の日付を意味する「一月」は，通常「いちがつ」と読みます。そして，期間を意味する「一月」は，通常「ひとつき」と読みます。ですが，期間を意味する場合は，「一ヶ月（いっかげつ）」のほうが多く使われるように思います。

見てわかる意味の違い

① **1時間に3個作る。**

1時間	1時間	1時間
3個	3個	3個

1時間に3個ずつ作る

・時間に余裕があれば「1時間／3個／1時間／3個／作る **続く（続ける）**」，時間に余裕がなければ「1時間／3個／速さ／作る」とするなど工夫する

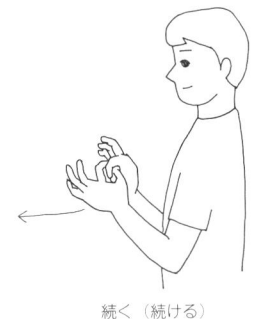

続く（続ける）

② **1時間で3個作る。**

1時間
3個

1時間費やして3個作る

・「1時間／3／作る」とする
・「1時間／**間**／3／作る」として，期間の長さを強調する

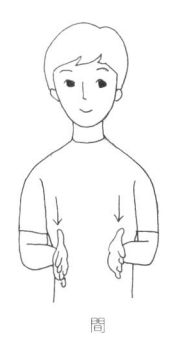

間

例 ②-6

① 3日に作る。	② 3日間作る。
③ 3日で作る。	④ 3日間で作る。

日本語の意味は？　　　　　　　　　　　　　　　　　問題2-6(1)

「彼は，8月4日から6日までの3日間かかって，椅子を作りあげた」というとき，次のどの文が該当しない表現になりますか？（複数回答可）
　（ア）彼は，椅子を3日に作った。
　（イ）彼は，椅子を3日間作った。
　（ウ）彼は，椅子を3日で作った。
　（エ）彼は，椅子を3日間で作った。

日本語の意味は？　　　　　　　　　　　　　　　　　問題2-6(2)

次の〔　〕の中から適切なものを選んでください。
　1）妹は，「袋詰めを〔3日間・3日間で〕手伝わされた」と言った。
　2）妹は，最近編み物ばかりしていたが，昨日「見て，このマフラー。〔3日間・3日間で〕作りあげたのよ。すごいでしょ」と言った。
　3）彼は，たった〔3年間・3年間で〕働いただけで，退職してしまった。
　4）彼は，たった〔3年間・3年間で〕退職してしまった。

日本語の意味と答え

　日付を表す「3日」は，数字が含まれているので，通常「に」がつきます。
　「3日で」は，「3日間で」と同じ意味であり，この「で」には，「これだけの期間に限定して」という意味がこめられています。なお，「3日間（みっかかん）で」は，「3日（みっか）で」

問題2-6（1）の答え
　（ア）
問題2-6（2）の答え
　1）3日間　　2）3日間で
　3）3年間　　4）3年間で

と言い換えられます（「3日（さんにち）で」とは通常言わないと思います）。「15日間で」は「15日で」と言い換えられます。また，「3年間で」は「3年で」，「3週間で」は「3週で」と言い換えられますが，「3時間で」は「3時で」とは言い換えられません。「3ヶ月間（さんかげつかん）で」は「3ヶ月（さんかげつ）で」と言い換えられますが，「3月（さんがつ）で」とは言い換えられません。

「4日から6日までの3日間作った」と「4日から6日までの3日間で作った」を比べると，後者のほうが，「たった3日間で作ったんだよ！」というように期間の長さ（短さ）を強調している感じがします。

見てわかる意味の違い

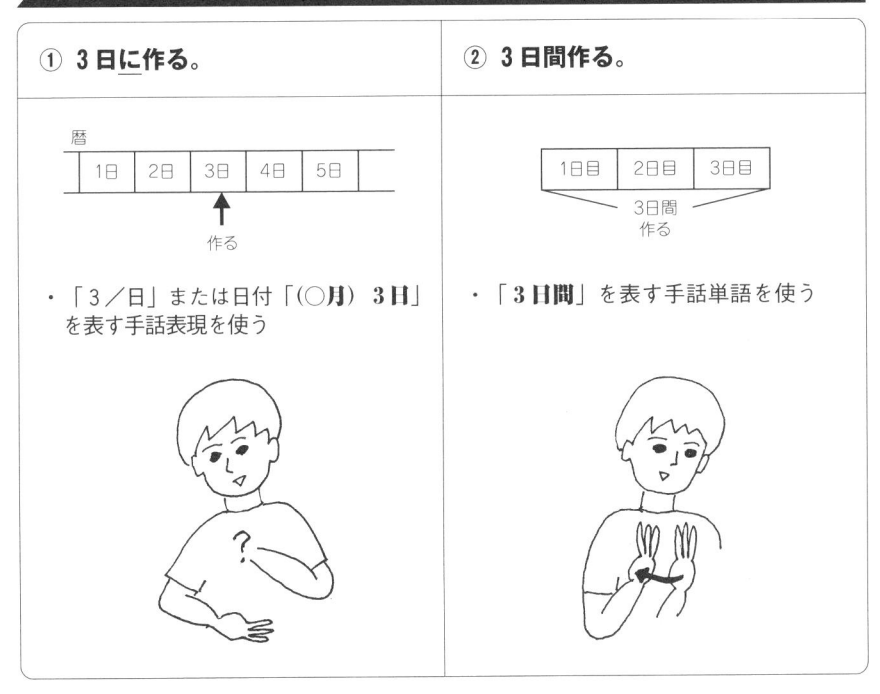

① **3日に作る。**

暦					
	1日	2日	3日	4日	5日

↑
作る

・「3／日」または日付「（○月）3日」を表す手話表現を使う

② **3日間作る。**

1日目	2日目	3日目

3日間
作る

・「3日間」を表す手話単語を使う

③ 3日で作る。

1日目	2日目	3日目

3日周

↑作り始める　　↑作り終わる

- 「3日間」で1つの仕事をやり終えていることを強調している
- 手話表現は④と同じ

④ 3日間で作る。

- 「3日間」という手話単語自体で「間」を意味するが、それに「**間**」という手話単語を付け加えることにより、この期間の長さを強調する

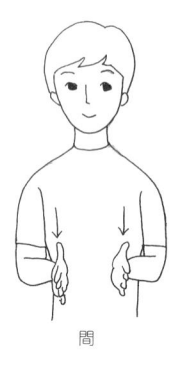

間

- または、「3日間／作る／**解決**」というように、3日間で作り上げたことを強調する

解決

例 **②-7**

①-1 百歳のときに亡くなる。	①-2 百歳で亡くなる。
②-1 中学生のときに，そんなことを考えた。	②-2 中学生のとき，そんなことを考えた。

日本語の意味は？　　　　　　　　　　　　　　　　　問題2-7(1)

（ア）〜（ソ）の中で，適切な言い方はどれですか？（複数回答可）
- （ア）百歳亡くなる。
- （イ）百歳に亡くなる。
- （ウ）百歳のときに亡くなる。
- （エ）百歳のときで亡くなる。
- （オ）百歳で亡くなる。
- （カ）2010年亡くなる。
- （キ）2010年に亡くなる。
- （ク）2010年のときに亡くなる。
- （ケ）2010年のときで亡くなる。
- （コ）2010年で亡くなる。
- （サ）昨年亡くなる。
- （シ）昨年に亡くなる。
- （ス）昨年のときに亡くなる。
- （セ）昨年のときで亡くなる。
- （ソ）昨年で亡くなる。

日本語の意味は？　　　　　　　　　　　　　　　　　問題2-7(2)

次の〔　〕の中から自然な表現を選んでください（複数回答可）。
1) 彼は，子どもの〔ときに・とき〕，ふっくらした体つきだったそうです。
2) 私は，子どもの〔ときに・とき〕，京都市内に引っ越した。
3) 私が赤ちゃんの〔とき・ときに〕，祖父は交通事故で亡くなったと聞いた。
4) あなたは，赤ちゃんの〔とき・ときに〕，よく泣いて，みんなでかわるがわる抱っこしたものよ。

日本語の意味と答え

「百歳で亡くなる」「2010年に亡くなる」「昨年亡くなる」が最も自然でしょう。「のときに」は,「百歳」と「2010年」にはつけられますが,「昨年」にはつけられません。「昨年に亡くなる」の言い方は可能であり,「昨年のある時点で亡くなる」意味が強調されています。

> 問題2-7 (1)の答え
>   (ウ)・(オ)・(キ)・(ク)・(サ)・(シ)
> 問題2-7 (2)の答え
>   1) とき　　2) ときに・(とき)
>   3) ときに・(とき)　　4) とき

「子どものとき」と「子どものときに」の違いは,例2-11も参照してください。ある期間の間行為が何回も行われる場合は「とき」が多く使われます。ある期間の中のある時刻を示す場合は「ときに」が多く使われますが,「とき」も使える場合があります。

見てわかる意味の違い

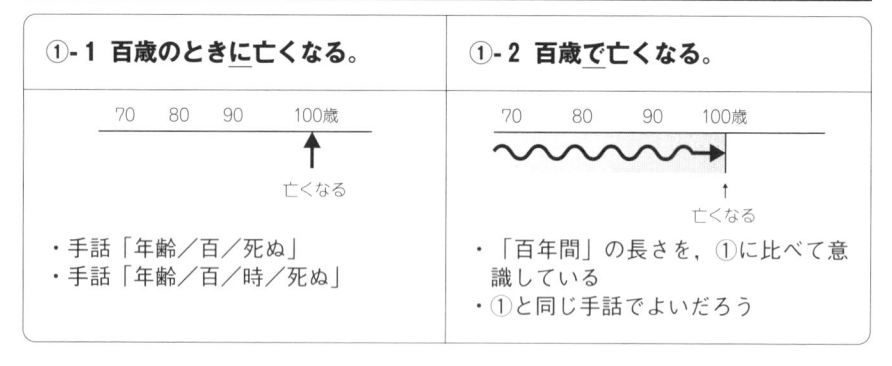

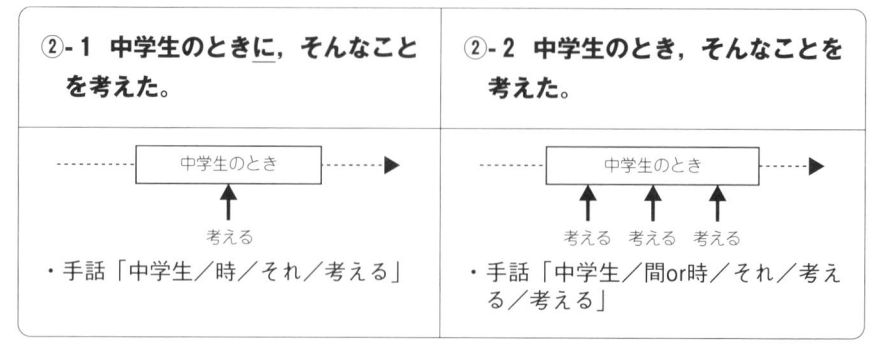

①-1 百歳のときに亡くなる。

70　80　90　100歳
　　　　　　　↑
　　　　　　亡くなる

・手話「年齢／百／死ぬ」
・手話「年齢／百／時／死ぬ」

①-2 百歳で亡くなる。

70　80　90　100歳
～～～～～～～→
　　　　　　↑
　　　　　亡くなる

・「百年間」の長さを,①に比べて意識している
・①と同じ手話でよいだろう

②-1 中学生のときに,そんなことを考えた。

・・・・[中学生のとき]・・・▶
　　　　　　↑
　　　　　考える

・手話「中学生／時／それ／考える」

②-2 中学生のとき,そんなことを考えた。

・・・・[中学生のとき]・・・▶
　　↑　　↑　　↑
　考える 考える 考える

・手話「中学生／間or時／それ／考える／考える」

例 2 − 8

① 3月20日にその商品の販売が打ち切られると決定された。	② 3月20日でその商品の販売が打ち切られると決定された。
③ 20日にその商品の販売が打ち切られると決定された。	④ 20日でその商品の販売が打ち切られると決定された。

日本語の意味は？　　　　　　　　　　　　　　　　　　　問題 2 - 8

次の状況のとき，適切なものは（ア）～（エ）のどれですか？（複数回答可）

1) 3月20日の午前に，関係者が集まって相談し，「もうその商品の販売は，4月以降やめよう」と決定されたとき
2) 関係者が集まって相談し，「その商品の販売は，3月20日までは続けるが，それ以降はやめよう」と決定されたとき
3) 関係者が集まって相談し，「その商品は，販売期間がまだわずか20日間だけだが，いろいろと問題が出てきたので，販売期間は20日間だけとしよう」と決定されたとき

（ア）3月20日にその商品の販売が打ち切られると決定された。
（イ）3月20日でその商品の販売が打ち切られると決定された。
（ウ）20日にその商品の販売が打ち切られると決定された。
（エ）20日でその商品の販売が打ち切られると決定された。

日本語の意味と答え

「3時でやめる」と「3時にやめる」は，客観的事実としては同じなので，「3月20日で打ち切られる」と「3月20日に打ち切られる」は同じ意味と言えます。

その一方で，「3月20日に打ち切られると決定された」という文では，「20日に」が「打ち切られる」にかかるのであれば，「3月20日で打ち切られる」と同じ意味になりますが，「20日に」が「決定された」にかかるのであれば，「3月20日の時点

93

で決定された」という意味になります。このように「3月20日に打ち切られると決定された」は、どちらの意味になるかわかりにくいので、「3月20日以降販売をしない」という意味であれば、誤解を避けるために「3月20日で販売が打ち切られると決定された」と言うほうがよいでしょう。

さらに、「20日で販売が打ち切られる」は、「3月20日に販売をやめる」意味と、「20日間販売しただけで打ち切られる」の意味があり、紛らわしいです。後者の意味の場合は、誤解を避けるために、「20日間で販売が打ち切られる」というように「間」をつけるほうがよいでしょう。

> 問題2-8の答え
> 1）（ア）・（ウ）
> 2）全てOK
> 3）（エ）

見てわかる意味の違い

① 3月20日にその商品の販売が打ち切られると決定された。	② 3月20日でその商品の販売が打ち切られると決定された。
■「3月20日に決定された」意味の場合 暦　| 18日 | 19日 | 20日 | 21日 | 　　　　　　　　　　↑ 　　　　　　　　決定する ・手話では、「3月20日に決めたのは何かというと、その商品の販売を終了すること」というように言い換える	暦　| 18日 | 19日 | 20日 | 21日 | 　　　　　　　　　　↑ 　　　　　　販売が打ち切られる ・「3月20日に販売終了する」意味なので、「売る／終わる／いつ／3月20日／決める」（「販売終了はいつかというと20日と決まった」意）、または、「3月20日／売る／終わる／（間をおく）／決める」のように間をおく手話表現を用いる
■「3月20日に販売終了する」意味の場合、②と同じ	

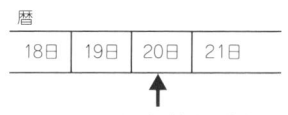

③ 20日にその商品の販売が打ち切られると決定された。	④ 20日でその商品の販売が打ち切られると決定された。
・①と同じ	■「20日間で」という意味の場合 ┌──────────┐ │ 20日間 │ └──────────┘ 　↑　販売　↑ 　始める　　終わる ・「売る／間／20／日／（だけ）／決める」（「販売期間は20日間（だけ）と決まった」意）
	■「○月20日で販売終了」の意味の場合，②と同じ

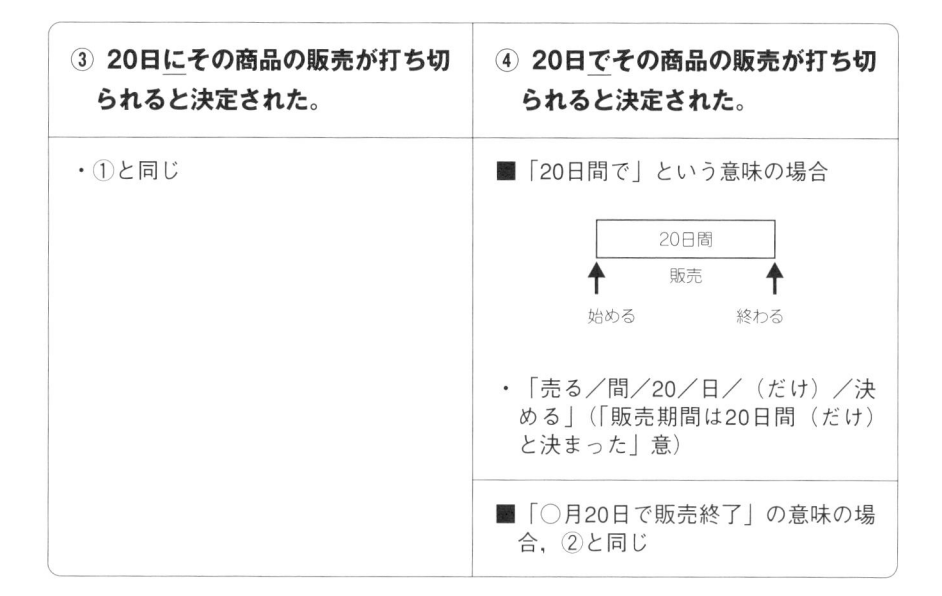

「1日間」「3日間」を表す手話単語はあるが，「25日間」の手話はどうしたらよいのかと聞かれたら，筆者は「25／（日）／間」とするのがよいかなと答えています。

例 2 – 9

① この年（2000年）に，風疹に感染した。

② この年（40歳）で，風疹に感染した。

日本語の意味は？　　　　　　　　　　　　　　　　　　　　問題2-9

次の〔　〕の中から適切なものを選んでください（複数回答可）。
1)「この年〔に，で〕，風疹にかかってしまった」「えー，あなた，まだ風疹にかかっていなかったの?!」
2) この年〔に，で〕，日本では風疹が大流行した。
3) あの子は，あの年〔に，で〕，こんな問題が解けるんだって。すごい！
4) この年〔に，で〕よく売れた物の１つに，電動式自転車がある。

日本語の意味と答え

「年（とし）」は，「2010年」などの「西暦や年号の年」，「20歳」などの「年齢」の意味があります。

問題2-9の答え
1) で　　2) に
3) で　　4) に

「百歳に死ぬ」とは言えず，「百歳で死ぬ」と言う必要があることからわかるように，「年齢」を意味するときは「この年で」を使います。

「この年に，風疹に感染した」の「年」は，ある年（例えば2000年）のことであり，その年（2000年）を指さして，「この年に風疹に感染した」と述べています。「この年で，風疹に感染した」の「年」は，年齢のことであり，その年齢を意識して「この年齢で感染した」と述べています。

「この年で，風疹に感染した」は，通常風疹は子どもの間に感染するものなので，「えー，もう○歳（例えば40歳）にもなるのに，今さら感染するなんて驚きだ」という感情がこめられています。逆に，「この子，この年でこの問題が解けたんだよ」は，「まだ小さいのに。通常この年齢ではこの問題は解けないのに」という感情がこめられています。

見てわかる意味の違い

① この年（2000年）に，風疹に感染した。

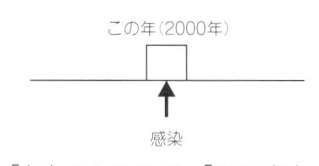

この年（2000年）

↑
感染

・「年」のところで，「2010年」などを表すときに使う「**年**」を使う

② この年（40歳）で，風疹に感染した。

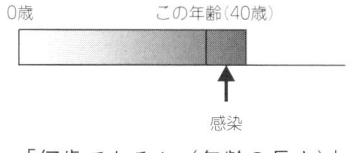

0歳　　　　　　この年齢（40歳）

↑
感染

・「何歳であるか（年齢の長さ）」を意識して言っている
・「年」のところで，「**年齢**」を表す手話単語を使う

【補足】

「〜間」「〜間に」「〜間で」を適切に使い分けられるでしょうか？　以下の例文を，手話でどのように区別して表せばよいでしょうか？　筆者も，短時間で手話表現を区別するのは難しいと思います。

・1年間留学した高校生
・この1年間に留学した高校生
・この1年間で留学した高校生
・この1年間苦しかった。
・この1年間に来場した人数は，500人です。
・この一年間でここまで伸びるとは思わなかった。

以下は，前ページの例文に関わる問題です。〔　　〕の中から適切なものを選んでください（複数回答可）。

1) 本校では，毎年留学する生徒が多い。〔1年間・1年間に・1年間で〕約30名留学している。
2) 本校では，留学する生徒が最近急増している。この〔1年間・1年間に・1年間で〕10名留学した。
3) 彼は，〔1年間・1年間に・1年間で〕香港に留学した。
4) アメリカの中学校に入学した田中さんは，「これからの〔3年間・3年間で・3年間に〕どうなることやら」と思った。
5) 田中さんは，「自分は，これからの〔3年間・3年間で・3年間に〕，あそこまで記録が伸ばせるだろうか」と思った。
6) 今後の〔1年間・1年間で・1年間に〕生まれた子どもは，この制度の恩恵に浴することになる。
7) この村では，この〔1年間・1年間で・1年間に〕生まれた子どもの数は523人であり，前年度より126人多い。
8) この村では，毎年〔1年間・1年間で・1年間に〕約30人の子どもが生まれている。
9) これからの〔1年間・1年間で・1年間に〕，がんばってください。

答えは以下のようになると思います。
1) 1年間に　　2) 1年間で・1年間に　　3) 1年間　　4) 3年間・3年間で
5) 3年間で　　6) 1年間・1年間に　　7) 1年間で・1年間に　　8) 1年間に
9) 1年間

例 ❷-10

① 事故が起きたあと<u>に</u>したこと　② 事故が起きたあと<u>で</u>したこと

日本語の意味は？　　　　　　　　　　　　　　　　　　　　　　　問題 2-10

次の〔　〕の中から適切なものを選んでください（複数回答可）。
1) 事故が起きたあと〔に・で〕，真っ先に何をすべきか？
2) 事故が起きたあと〔に・で〕，いくら悔いても，手遅れである。
3) 事故が起きたあと〔に・で〕，被害者が加害者に損害賠償を要求した。
4) 大きな災害や事故が起きたあと〔に・で〕，PTSD（心的外傷後ストレス障害）に悩む人々の例が報告されている。
5) この本は，読んだあと〔に・で〕ほのぼのとした気分になれる本だよ。

日本語の意味と答え

　「事故が起きたあとにしたこと」と「事故が起きたあとでしたこと」は全く同じ意味だと思う人も多いかもしれません。
　場所を意味する「で」と「に」について，「京都でホテルに泊まる」という文からわかるように，「で」は，ある程度幅のあるイメージを伴い，「に」は，点的なイメージを伴うように思います。それと同じ意味で，「〜したあとに」

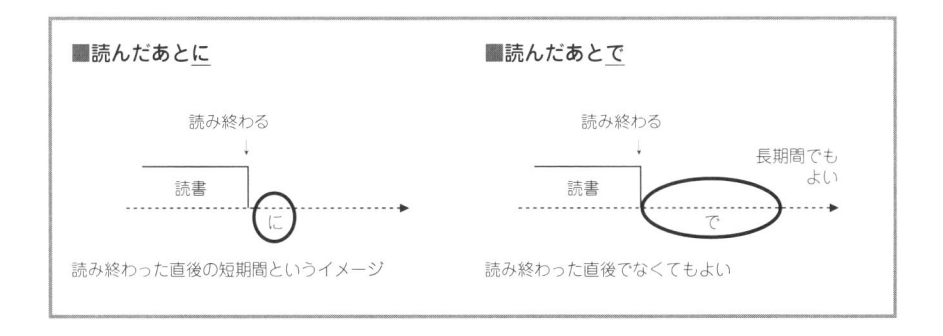

問題 2-10の答え
1) に　　2) に・で
3) で　　4) に・で
5) に

■読んだあとに　　　　　　　　　　■読んだあとで

読み終わる　　　　　　　　　　　　読み終わる　　　　　　　長期間でもよい

読書　　　　　　　　　　　　　　　読書
　　　　に　　　　　　　　　　　　　　　　　で

読み終わった直後の短期間というイメージ　　読み終わった直後でなくてもよい

と「〜したあとで」とでは,「〜したあとに」のほうが「〜したあと」という時点に限定されているというイメージがあります。言い換えると,「AしたあとにBした」は,「AしたあとでBした」と比べると,「A」と「B」のつながりが強い感じがします。

見てわかる意味の違い

① 事故が起きたあとにしたこと

- 「事故」と「したこと」の間のつながりは,②に比べて強い。「したこと」は,事故の直後からという感じが強い
- 手話「事故／現れる／将来（〜する後）／する（実行）」
- 手話「事故／現れる／**時**／する（実行）」

② 事故が起きたあとでしたこと

- 「事故」と「したこと」の間のつながりは,①に比べて弱い。「したこと」は,事故の直後ではなく,少し間をおいて,という感じが強い
- 手話「事故／現れる／**将来（〜する後）**／する（実行）」

「あとにしてよ」と「あとでしてよ」の使われ方も,微妙に異なります。

例 ②-11

①-1 ベルが鳴るまで掃除する。	①-2 ベルが鳴るまでに掃除する。
②-1 母が留守の間勉強する。	②-2 母が留守の間に勉強する。
③-1 午前中買い物をする。	③-2 午前中に買い物をする。

日本語の意味は？　　　　　　　　　　　　　　　問題2-11(1)

次の〔　〕の中から適切なものを選んでください（複数回答可）。
1) ベルが鳴る〔まで・までに〕，掃除を続けなさい。
2) ベルが鳴る〔まで・までに〕，掃除を終わりなさい。
3) 母が出かけている〔間・間に〕，彼はずっとテレビを見ていた。
4) 母が出かけている〔間・間に〕，祖母から電話がかかってきた。

日本語の意味は？　　　　　　　　　　　　　　　問題2-11(2)

次のそれぞれの状況のとき，適切なものは（ア）～（ウ）のどれですか？
（複数回答可）
1) 彼女が，朝早くから買い物に行き，昼すぎにやっと買い物が終わった場合
2) 彼女が，朝から買い物に行ったり区役所や図書館へ行ったりして，午後は家でゆっくり読書をした場合
　　（ア）彼女は，午前中買い物をした。
　　（イ）彼女は，午前中に買い物をした。
　　（ウ）彼女は，午前中に買い物をすませた。

日本語の意味と答え

「ベルが鳴るまで掃除する」は，ベルが鳴り出す瞬間まで掃除を続ける意味で，「ベルが鳴るまでに掃除する」は，ベルが鳴り出したときには掃除を終わっている

意味です。これは，「に」がある一点の場所や時間を意味することと関連しています。

「〜間」と「〜間に」，「午前中」と「午前中に」，「〜とき」と「〜ときに」も，この「に」のもつ点的なイメージでとらえると，意味の違いが理解できるでしょう。「〜間」「〜中」「〜時」などはある幅をもった期間ですが，それに「に」が加わると，その幅をもった期間の中のある一点である行為をする意味になります。

```
問題 2-11 (1) の答え
  1) まで    2) までに
  3) 間      4) 間に
問題 2-11 (2) の答え
  1) (ア)
  2) 全てOK
```

筆者としては，「午前中買い物をした」と聞くと「午前中ずっと買い物していた」というイメージを抱き，「午前中に買い物をした」と聞くと，「午前の何時から何時までかはわからないが，短時間買い物をした」というイメージを抱きます。

見てわかる意味の違い

①-1 ベルが鳴るまで掃除する。

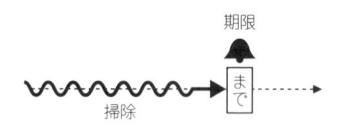

期限
掃除 → まで

・手話「ベルが鳴る／まで（終わる）／掃除／**続く（続ける）**」

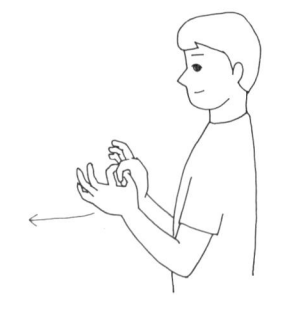

①-2 ベルが鳴る<u>までに</u>掃除する。

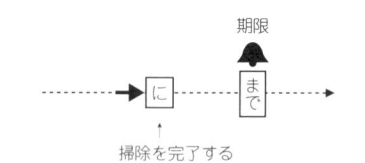

期限
→ に → まで
掃除を完了する

・手話「ベルが鳴る／まで（**終わる**）／掃除／終わる」

2章　時間に関わる助詞：に，で，から，まで，等

②-1 母が留守の間勉強する。	②-2 母が留守の間に勉強する。
・手話「母／留守／**間**／勉強」	・手話「母／留守／**時**／勉強」 ・手話「母／留守／間／勉強／終わる」

③-1 午前中買い物をする。	③-2 午前中に買い物をする。
・手話「午前／間／買い物」 ・ていねいに説明する必要があるとき，手話「午前／**まで（ずーっと）**／買う」	・手話「午前／買い物」 ・ていねいに説明する必要があるとき，手話「午前／買う／**終わる**」

例 2-12

| ① 9時に寝る。 | ② 9時までに寝る。 | ③ 9時まで寝る。 |

日本語の意味は？　　　　　　　　　　　　　　　　　　　　問題2-12（1）

次のそれぞれで，自然な言い方は（ア）〜（ウ）のどれですか？（複数回答可）
1)（ア）9時に続ける。　（イ）9時までに続ける。　（ウ）9時まで続ける。
2)（ア）9時に終わる。　（イ）9時までに終わる。　（ウ）9時まで終わる。

日本語の意味は？　　　　　　　　　　　　　　　　　　　　問題2-12（2）

次の〔　　〕の中から適切なものを選んでください（複数回答可）。
1)「あなたは，いつも何時に寝ているの？」「遅くとも〔9時・9時に・9時までに・9時まで〕寝ると決めているよ」
2) 今朝は，ゆっくり〔9時・9時に・9時までに・9時まで〕寝た。
3) 今晩，ぴったり〔7時・7時に・7時までに・7時まで〕来てください。
4)「8日までに提出してください」と言われたとき，8日に提出するのは，〔可・不可〕である。

日本語の意味と答え

　「続ける」という動詞は明らかに継続を示す動詞で，「終わる」という動詞は明らかに瞬間を示す動詞です。そして，「9時まで」は，9時までの期間を意味することばなので，継続を示す動詞を使う必要があります。一方，「9時に」は，9時

問題2-12（1）の答え
　1)（ウ）　2)（ア）・（イ）
問題2-12（2）の答え
　1) 9時までに　2) 9時まで
　3) 7時に　4) 可

ぴったりのときにその行為が行われ，「9時までに」は9時までのいつかはわからないが，それまでにその行為が終わる必要があるので，継続を示す動詞は使えませ

ん。したがって，「9時に続ける」「9時までに続ける」「9時まで終わる」は，不自然な言い方になります。

「寝る」という動詞は，継続を示すとも瞬間を示すとも言えます（「寝る」が，「眠る」と同義であれば継続を示し，「寝床につく」と同義であれば瞬間を示します）。それで，「9時まで寝る」「9時までに寝る」「9時に寝る」のいずれも不自然な言い方ではありません。同様に「起きる」についても，「7時に起きる」「7時までに起きる」「7時まで起きる」は，いずれも可能ですが，意味が違います。

それから，「8日まで」と言うとき，「8日」は含まれますが，無用な誤解を避けたいときは，「8日の夕方5時まで」とか「8日までに提出すること。8日になってもよい」と言うとよいでしょう。

見てわかる意味の違い

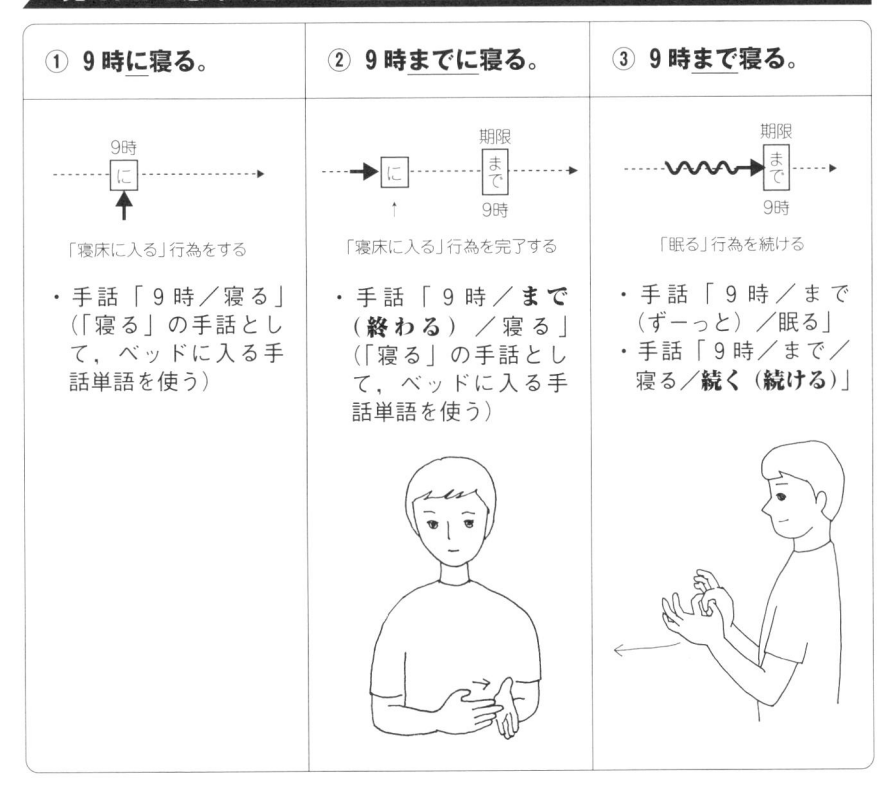

① 9時に寝る。	② 9時までに寝る。	③ 9時まで寝る。
「寝床に入る」行為をする	「寝床に入る」行為を完了する	「眠る」行為を続ける
・手話「9時／寝る」（「寝る」の手話として，ベッドに入る手話単語を使う）	・手話「9時／まで（終わる）／寝る」（「寝る」の手話として，ベッドに入る手話単語を使う）	・手話「9時／まで（ずーっと）／眠る」 ・手話「9時／まで／寝る／続く（続ける）」

「最初にきちんとやれはよかった」と「最初からきちんとやればよかった」の違いもわかるでしょうか。

例 ②-13

| ① 夜中<u>までに</u>電話をかけてくる。 | ② 夜中<u>にまで</u>電話をかけてくる。 |

日本語の意味は？　　　　　　　　　　　　　　　　　　問題2-13(1)

次の〔　〕の中から適切なものを選んでください（複数回答可）。
 1) 私は，夜寝るのが遅いから，夜中〔までに・にまで〕電話をかけてくだされればよいです。では，電話をお待ちしております。
 2) あの人，ストーカーみたい。夜中〔までに・にまで〕電話をかけてくるのよ。もうたまらないわ。

日本語の意味は？　　　　　　　　　　　　　　　　　　問題2-13(2)

次の〔　〕の中から適切なものを選んでください（複数回答可）。
 1) これ〔まで・までに・にまで〕判明したことをまとめます。
 2) まさかここ〔まで・までに・にまで〕やるとは。なんてひどい奴だ。
 3) 今回は，ここ〔まで・までに・にまで〕しておきましょう。
 4) 被害が，ここ〔まで・までに・にまで〕及ぶとは，想定外だった。
 5) 小さな会社をここ〔まで・までに・にまで〕大きくしたとは，あいつは大した奴だ。
 6) そんな〔まで・までに・にまで〕，私のことを考えてくださっていたとは，大感激です。

日本語の意味と答え

　「夜中までに」の「までに」は，例2-12の「9時までに寝る」の「までに」と同じ意味です。
　「夜中にまで」の「まで」は，「子どもにまで笑われる」の「まで」と同じ意味です。すなわち，「子どもにまで笑われる」は，「子ども」という限定的な例を示して，他の場合を推測させる使い方です。ですから，「あの人は，日中だけでなく夜

中でもかまわず電話をかけてくる。ひどいでしょ！」と言いたいとき、「夜中にまで電話をかけてくる」と言います。

「まで」「までに」「にまで」の使い分けも、説明の仕方が難しいですが、聴覚障害児にも使い分けられるようになってほしいと思います。

> 問題2-13（1）の答え
> 　1）までに　　2）にまで
> 問題2-13（2）の答え
> 　1）までに　　2）まで
> 　3）までに　　4）まで・にまで
> 　5）まで・までに　　6）にまで

見てわかる意味の違い

① 夜中<u>までに</u>電話をかけてくる。	② 夜中<u>にまで</u>電話をかけてくる。
・手話「夜中／**まで（終わる）**／電話がかかる」（「夜中まで電話で話す」という文と区別したいときは、「終わる」という手話を最後に付け加える）	・手話「夜中／電話がかかる」（「困っている」表情をつけながら）

小学校3年生の国語の教科書に、「**木の枝の細かい所にまで、みんな灯がともって……**」という文があります。これは、上の「夜中にまで」の「にまで」と似た働きです。「細かい所」が「限定的な例」として示され、他の場合を推測させています。

例 2-14

①-1 9時から始める。	①-2 9時より始める。
②-1 以前から改善に努めてきた。	②-2 以前より改善に努めてきた。
③-1 以前から改善されていた。	③-2 以前より改善されていた。

日本語の意味は？　　　　　　　　　　　　　　問題 2-14

次の〔　〕の中から適切なものを選んでください（複数回答可）。
1) 明日午前9時〔から・より〕始めたいと思います。
2) 明日午前9時〔から・より〕11時まで研修を行います。
3) 以前〔から・より〕ご指摘を受けて改善に努めてまいりました。
4) この部品を変えたから，以前〔から・より〕良くなったと思う。
5) この頃仕事が忙しいので，以前〔から・より〕テレビを見なくなったような気がする。

日本語の意味と答え

「から」と「より」は，ほぼ同じ意味と思ってよいようですが，「より」のほうが堅苦しい感じがします。また，「から」は，「まで」とセットであるようです。

問題 2-14の答え
1) から・より　2) から
3) から・より　4) より
5) より

「以前より改善に努めてきた」は，「～してきた」という文から「以前から」という意味にとらえるのが自然でしょう。しかし，「以前より改善されていた」では，「以前と比べて今は良くなっている」意味なのか，「以前から改善された状態であった」意味なのかよくわかりません（どちらかと言えば，前者の意味にとらえる人が多いような気がしますが）。

2章 時間に関わる助詞：に，で，から，まで，等

見てわかる意味の違い

①-1　9時から始める。	①-2　9時より始める。
・手話「9時／から／始める（始まる）」	

②-1　以前から改善に努めてきた。	②-2　以前より改善に努めてきた。
・手話「過去（～する前）／から／回復／努力／続く（続ける）」など	

③-1　以前から改善されていた。	③-2　以前より改善されていた。
・手話「過去（～する前）／から／回復／様子（状態）」など	■「以前と比べて，改善された」意味の場合，手話「過去（～する前）／もっとor比べる／良い／変わる（～になる）」など
	■③-1と同じ意味の場合，③-1と同じ手話表現でよい

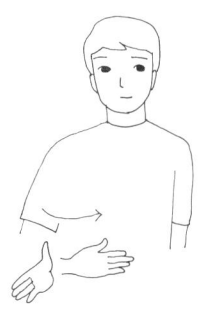

　誤解が生じる可能性を考えて，公文書では，「より」は何かと比較するときに使い，「から」が使える文では「より」ではなく「から」を使う方向に向かっていると聞いたことがあります。

109

例 2-15

① 10分を超える。　　　　② 10分超える。

日本語の意味は？　　　　　　　　　　　　　　　　　　　問題 2-15

次の〔　〕の中から適切なものを選んでください（複数回答可）。
1) 約束の〔10分を・10分〕超えているよ。そろそろ終わりにしてくれ。
2) 30分間だけと約束したのに，もう〔10分を・10分〕超えている。

日本語の意味と答え

「A＋m」（Aをm超過する）とするとき，「10分を超える」では「A＝10分」の意味であり，「10分超える」は「m＝10分」の意味です。

問題 2-15の答え
1) 10分を　　2) 10分

見てわかる意味の違い

① 10分を超える。

・手話「左手でCを作る／右手で左手のCを指さす／10分／[右手で]超える（オーバー）」

② 10分超える。

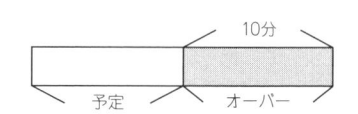

・手話「左手でCを作る／右手で左手のCより大きいCを作る／超えた部分を指さす／10分」

「約束の2時10分を過ぎた」と「約束の2時を10分過ぎた」の違いもわかるでしょうか。

例 2 -16

| ① 時間が早く過ぎる。 | ② 約束の時間を過ぎる。 | ③ 楽しい時間を過ごす。 |

日本語の意味は？　　　　　　　　　　　　　　　　　　　　問題2-16

次の〔　〕の中から適切なものを選んでください（複数回答可）。
1) 楽しかったので，時間〔が・を〕あっと言う間に〔過ぎた・過ごした〕。
2) 貴重な時間〔が・を〕むだに〔過ぎて・過ごして〕しまった。
3) 約束の時間〔が・を〕10分〔過ぎた・過ごした〕が，彼はまだ来ない。
4) 年を取ると，時間〔が・を〕早く〔過ぎる・過ごす〕ように感じるらしい。
5) 私は，〔毎日が・毎日を・毎日〕のんびりと〔過ぎて・過ごして〕いるよ。

日本語の意味と答え

「過ぎる」は自動詞で，「過ごす」は他動詞なので，「～が過ぎる」「～を過ごす」が基本となります。この「を」は目的語を表す「を」です。

問題2-16の答え
1) が，過ぎた　　2) を，過ごして
3) を，過ぎた　　4) が，過ぎる
5) 毎日を・毎日，過ごして

「過ぎる」は自動詞なので，「約束の時間を10分過ぎる」の「を」は，目的語を表すのではなく「川を渡る」の「を（通過点）」と似ています。また，「暮らす」は自動詞なので，「毎日を楽しく暮らす」の「を」は，「公園を散歩する」の「を」に似ています。「毎日を楽しく暮らす」と「毎日楽しく暮らす」の違いはほとんどないでしょう。

見てわかる意味の違い

① 時間が早く過ぎる。	② 約束の時間を過ぎる。	③ 楽しい時間を過ごす。
・手話「時／速い／経過」	・手話「約束／時間／過ぎる（遅刻）or 超える（オーバー）」	・手話「楽しい／時／生活or経験or経過」

例 2-17

| ① 9時より10分前に来てください。 | ② 9時10分より前に来てください。 | ③ 9時10分前に来てください。 |

日本語の意味は？　　　　　　　　　　　　　　　問題 2-17

次のそれぞれは,「何時何分に来てください」という意味ですか？（分単位まで正確に言えないときは,幅をもたせて答えてください）
1) 9時より10分前に来てください。
2) 9時10分より前に来てください。
3) 9時10分前に来てください。

日本語の意味と答え

「9時より10分前」というのは,「9時」を基準としてそれより10分前ですから, 8時50分のことです。

「9時10分より前」というのは,「9時10分」を基準としてそれより前のことですから, 9:09以前のことです。

問題 2-17の答え
1) 8:50　　2) 9:09以前
3) 8:50

そして,「9時10分前」というのは,「9時より10分前」の「8時50分」のことです。「9時の10分前」のように「の」が隠れているような感じがします。ですが, たくさんの聴覚障害児が「9時6〜9分のこと」と思っているようです（聴者の中にもいるようです）。それで, 誤解を避けるために, 新聞やテレビ・ラジオのニュースでは,「9時10分前」を「8時50分」と言うようにしているようです。

「9時より10分前」と言えば誤解は減るでしょうが, なぜ「9時10分前」と言うのか, それは筆者にもわかりません。筆者も子どものとき,「そういうものだから, そう覚えなさい」と言われたものでした。

2章　時間に関わる助詞：に，で，から，まで，等

見てわかる意味の違い

① 9時より10分前に来てください。	② 9時10分より前に来てください。	③ 9時10分前に来てください。
		・①と同じ手話
・手話「9時／10分／**前**（時計の「0」から「10」の位置に向かって，2本指を傾ける）／来る／求める」	・手話「9時／10分／**前（少し）**（時計の「2」から「0」の位置に向かって，2本指を少し傾ける)来る／求める」	

　マラソン大会で，「スタートは10分後だよ」と手話で生徒に伝えたとき，「あれ，今の手話は，『スタートの10分後』と同じ手話になっていないかな」と思ったことがあります。

113

例 2-18

| ① 昨日新聞を読んだ。 | ② 昨日の新聞を読んだ。 |

日本語の意味は？　　　　　　　　　　　　　　　　　　　　　　　問題 2-18

次の〔　〕の中から適切なものを選んでください（複数回答可）。
1) 今朝，〔昨日・昨日の〕新聞を見て，初めてそれを知ったんだよ。
2) 〔昨日・昨日の〕新聞を見て，それを知り，昨晩は眠れなかった。
3) 手術の後〔数日間・数日間の〕痛みが出ると聞いて，不安だった。
4) すごく痛かった。この〔数日間・数日間の〕痛みは生涯忘れられないよ。

日本語の意味と答え

「昨日新聞で見た」では，「昨日（に）」という意味なので，見た日は「昨日」です。それに対して，「昨日の新聞で見た」では，新聞を見たのは「今日」です。この「昨日の」は，「新聞」を修飾しています。ですが，両方とも同じ手話表現になる人が多いと思います。

> 問題 2-18の答え
> 1) 昨日の　　2) 昨日
> 3) 数日間　　4) 数日間の

見てわかる意味の違い

① 昨日新聞を読んだ。	② 昨日の新聞を読んだ。
・手話「昨日／新聞／読む」	・手話「今日／（少し間）／昨日／新聞／読む」 ・手話「昨日／郵便が来る／新聞／（今日）／読む」

他にも，「来週引っ越す」と「来週に引っ越す」の両方とも言えるのに，「明日引っ越す」は言えても「明日に引っ越す」は言えない理由など，説明が難しいものが多いこと，また，それを聴児は自然に使い分けられるようになっていることに驚かされます。

例 ❷-19

①-1 海を前に，彼は大声で歌った。	①-2 海の前で，彼は大声で歌った。
②-1 料理を前に，彼は言った。	②-2 料理の前に，彼は言った。

③-1 プールを前に，彼は言った。	③-2 プールの前に，彼は言った。	③-3 プールの前で，彼は言った。

日本語の意味は？　　　　　　　　　　　　　　　　　　　　問題 2-19(1)

次のそれぞれの文が意味するものを，(ア)
(イ) から選んでください（複数回答可）。
1) 海を前に，彼は大声で歌った。
2) 海の前で，彼は大声で歌った。

日本語の意味は？　　　　　　　　　　　　　　　　　　　　問題 2-19(2)

次のそれぞれの文に入るものを，(ア)(イ) から選んでください（複数回答可）。
1) 料理を前に，彼は（　　）と言った。
2) 料理の前に，彼は（　　）と言った。
　　(ア)「この豆腐，賞味期限が迫っているから，早く使う必要があるな」
　　(イ)「え，今日のおかず，これだけなの？」

日本語の意味は？　　　　　　　　　　　　　　　　　　　　問題 2-19(3)

次のそれぞれの文の中の「プール」が意味するものを，(ア)「場所としてのプール」，(イ)「水泳（の時間など）」から選んでください（複数回答可）。
1) プールを前に，彼は言った。　　2) プールの前に，彼は言った。
3) プールの前で，彼は言った。

日本語の意味と答え

　「走る」は自動詞なので，例1－14で説明したように，「廊下を走る」の「を」は通過点や行為の行われる場所を意味しており，目的格を示す「を」ではありません。そして，「手紙を片手に走る」の「を」は，通過点ではなく，「手紙を片手に持って走る」のように，「持って」などのことばが隠された言い方です。また，「辞書を片手に本を読ん

> 問題2-19（1）の答え
> 　1）（イ）　　2）（ア）・（イ）
> 問題2-19（2）の答え
> 　1）（ア）・（イ）　　2）（ア）
> 問題2-19（3）の答え
> 　1）（ア）・（イ）　　2）（イ）
> 　3）（ア）

だ」という文は，「～を」が2回出てきますが，不自然ではありません。「辞書を片手に持って本を読む」という意味です。他にも「希望を胸に入学する」「大渋滞を横目に歩く」などの文があります。

　「試合を前に調整する」は「試合の前に調整する」と同じ意味で，「定年を前に退職する」は「定年の前に退職する」と同じ意味と考えられますが，「この試合を最後に引退する」は，「この試合の最後に引退する」と言い換えられません。「この仕事を最後に足を洗う」と「この仕事の最後に足を洗う」も，同じ意味ではありません。

　「海を前に，彼は歌った」は，海を自分の目の前にして歌う，つまり自分が海に対面して歌う，という意味です。そして，「海の前で，彼は歌った」は，単に自分が海の前にいたらよいのであって，自分がどこを向いているかは問われません。

　「料理の前に，彼は言った」は，調理を始める前にという意味です。「～の前で」は場所（物の位置）を表し，「～の前に」は時間（ある時刻）を表すと覚えると，「料理の前に」の「料理」は行為を意味するとわかるでしょう。そして，「料理を前に，彼は言った」は，料理（調理された食べ物）を目の前に見ている意味と，料理を始める前にという意味があります。

　「プール」には「泳ぐ場所」としての意味と，それから転じて「水泳」としての意味がありますが，以上の説明が理解できれば，「プールを前に，彼は言った」「プールの前に，彼は言った」「プールの前で，彼は言った」の意味の違いも理解できるでしょう。

見てわかる意味の違い

①-1 海を前に，彼は大声で歌った。	①-2 海の前で，彼は大声で歌った。
・「海と向かい合って」という意味なので，「迫る（近づく）」の手話を使う	・手話「海／前／場所」（場所としての「前」と時間としての「前」は，表す方向を反対にすることが多いが，ここでは，話し手あるいは「彼」は，海ではないほうに立っていると考えると，以下のように表すのが自然なように思う）

②-1 料理を前に，彼は言った。	②-2 料理の前に，彼は言った。
・意味に合わせて「料理を見て」「料理を始める前に」などと言い換える	・「料理を始める前に」と言い換える

③-1 プールを前に，彼は言った。	③-2 プールの前に，彼は言った。	③-3 プールの前で，彼は言った。
・意味に合わせて，③-2と③-3の手話を使う	・「泳ぐ前に」と言い換える	・「プール（左手でプールの角を表し，右手で泳ぐしぐさをする）／［プールの前のところで］場所」の手話を使う

　東北の大震災の後，「未曾有の災害を前に，私たちにできることは何か」という文を見かけましたが，これは「大地震が起きたが，復興のために私たちにできることは何か」という意味です。これを，「大地震が起きる前にできること（つまり地震に対する準備など）」と解釈するのは誤りです。

小学校低学年の教科書より
2章　時間を表す助詞の使い分け

　時間を表すことばにつく助詞を，小学校低学年の国語の教科書から抜き出しましたが，場所を表すことばと比べて，時間を表すことばは少なかったです。

● 『たんぽぽのちえ』に，以下の①の文が載っています（ただし，読点を省略）。
　①「**それまで**倒れていた花の軸がまた起き上がります。」
　②「**それまでに**倒れていた花の軸がまた起き上がります。」
　①と②とで，意味はどう違うでしょうか。①の「それ」は，「倒れていた期間」の最後を意味します。②は，「それまでに」が「起き上がる」を修飾する場合，「起き上がる」行為が終了するリミットを意味します。「それまでに」が「倒れる」を修飾する場合は，「それ」という瞬間には「倒れる」行為を終了していたという意味であり，実質的に①と同じ意味になります。

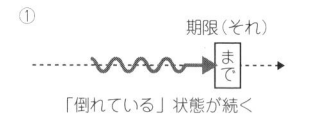

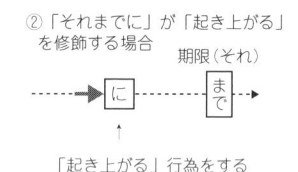

●以下のような文で，その助詞を使う理由は何かを考えてみるとよいでしょう。
・そして，次の日には，走るようになります。
・風のある日には，綿毛の落下傘は，遠くまで飛んでいきます。
・今まで，誰も，お手紙，くれなかったんだぜ。
・昔から，羊や牛や馬などを飼って，暮らしていました。
・帰る途中で，子馬を見つけたんだ。
・日は，一日一日と過ぎていきました。
・その最中に，殿様は，みんなに見せてやることにしました。
・はじめに，……。次に，……。そのうちに，……。ありの行列は，砂糖のかたまりがなくなるまで続きました。
・春には，……。秋には……。
・その日から，おじいさんは，ごはんも食べずに，ふとんにもぐりこみ，……。

3章 主体に関わる助詞
が，で，の，から，に，等

　「彼が歌った」と「彼は歌った」では，両方とも「歌った人」は「彼」です。ですが，「が」は格助詞，「は」は副助詞とされています。後者の「は」については，本章ではふれず，8章でふれます。

　なお，動詞の多くは，「彼が彼女をほめる」「彼が彼女に本をあげる」「彼は彼女にしかられる」のように，行為を行う主体と行為が向かう対象をセットで扱います。

　その中で，「あげる」「くれる」「もらう」の授受構文や「〜される」という受け身文，「〜させる」という使役文は，行為を行う主体と行為が向かう対象につく助詞の使い分けが難しいものが多いので，これらは4章で取り上げます。

　また，「彼に話す」と「彼と話す」，「彼に相談する」と「彼と相談する」のように，行為が向かう対象につく助詞によって，意味が変わる場合がありますが，これらについては，5章で取り上げます。

3章で扱う例文

例 3 - 1
①-1　私たちが考える。
①-2　私たちで考える。
②-1　家族が行く。
②-2　家族で行く。

例 3 - 2
①-1　2人が名前をつける。
①-2　2人で名前をつける。
①-3　2人に名前をつける。

②-1　ひとりが動く。
②-2　ひとりで動く。
②-3　ひとりでに動く。

例 3 - 3
①-1　目が黒い犬
①-2　目の黒い犬
②-1　黒い 目の大きい 犬
②-2　黒い目の 大きい 犬
②-3　黒い目の大きい犬

③-1 黒い目の大きいおとなしい犬
③-2 黒い目の大きくておとなしい犬

例3-4
①-1 それは，彼が係に渡したもの。
①-2 それは，彼から係に渡したもの。
②-1 それは，彼が係に渡されたもの。
②-2 それは，彼から係に渡されたもの。

例3-5
①-1 あなたはわかるかな？
①-2 あなたにわかるかな？
②-1 あなたは彼をしかれるかな？
②-2 あなたに彼をしかれるかな？
③-1 彼はしかれるかな？
③-2 彼にしかれるかな？
③-3 彼がしかられるかな？
③-4 彼にしかられるかな？

例3-6
①-1 彼がよいと思う。
①-2 彼のがよいと思う。
②-1 行くがよい。
②-2 行くのがよい。

例 3－1

①-1 私たちが考える。	①-2 私たちで考える。
②-1 家族が行く。	②-2 家族で行く。

日本語の意味は？　　　　　　　　　　　　　　　問題 3-1

「沖縄へ旅行に行くの？」に対する彼の答えが，次のそれぞれであるとき，（ア）彼も家族と一緒に行く，（イ）彼は家族と一緒に行かない，のどちらの意味になるでしょうか？
 1) 彼が「家族が行くんだ」と答えたとき
 2) 彼が「家族で行くんだ」と答えたとき

日本語の意味と答え

　「私たちが考える」と「私たちで考える」は，事実としては同じ意味になりますが，「で」は，「私たち」という範囲を限定している感じです。

問題 3-1 の答え
　1)（イ）　　2)（ア）

　ですが，「家族が行く」と「家族で行く」は，少し意味が異なります。通常，「家族で行く」と言うと，「自分」も含まれますが，「家族が行く」と言うと，「自分」以外の家族だけが行く意味になります。

見てわかる意味の違い　　　　現実に見られる表現例を含む，以下同様

①-1 私たちが考える。	①-2 私たちで考える。
・手話「私たち／考える」	・手話は，①-1 と同じ ・あえて①-1 との違いを説明する場合，手話「私たち／だけ／考える」

②-1 家族が行く。	②-2 家族で行く。
・手話「家族［自分は含まれないことを示すように，やや自分から離れたところで表す］／**行く（集団で）**」	・手話「家族［自分も含まれることを示すように，自分のすぐそばで表す］／［「集まる」手話をそのまま使って］行く（自分を含む集団で）」
	・②-1との違いを説明するときは，「自分も一緒に行く」と付け加える
・②-2との違いを説明するときは，「自分以外の家族が行く」と付け加える	

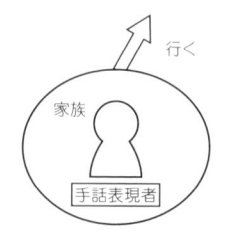

　「みんなが来たよ」と「みんなで来たよ」とでは，意味はどう違うかわかるでしょうか。「みんなが〜する」では，通常自分は含まれず，「みんなで〜する」では，自分は含まれます。「家族が行く」と「家族で行く」の違いに似ています。

3章 主体に関わる助詞：が，で，の，から，に，等

例 3 − 2

①-1 2人が名前をつける。	①-2 2人で名前をつける。	①-3 2人に名前をつける。
②-1 ひとりが動く。	②-2 ひとりで動く。	②-3 ひとりでに動く。

日本語の意味は？　　　　　　　　　　　　　　　問題 3 - 2

次の〔　〕の中から適切なものを選んでください（複数回答可）。

1) 両親は，2人〔が・で・に・でに・にで〕「太郎」「次郎」と名前をつけた。
2) 2人〔が・で・に・でに・にで〕その人形につける名前を考えた。
3)「その名前，誰が考えたの？」「僕たちが2人〔が・で・に・でに・にで〕考えたんだよ」
4) 彼は「あれが，ひとり〔が・で・に・でに・にで〕動く扉だよ。みんな気味悪がっているよ」と言った。
5) それも，「ひとり〔が・で・に・でに・にで〕動いて，社会が変わった事例」です。
6) 誰の助けも借りずに，早くひとり〔が・で・に・でに・にで〕働けるようになりたい。

日本語の意味と答え

「やる」や「する」は幅広い意味をもつ動詞です。「一人がやる」「一人でやる」「一人がする」「一人にする」「一人でする」「一人が動く」「一人で動く」「ひとりでに

問題 3 - 2 の答え
1) に　　2) が，で　　3) で
4) でに　　5) が　　6) で

動く」の意味の違いがわかる力を，聴覚障害児にも獲得してほしいと思います。

「ひとりでに」は，「自然に，おのずから」の意味なので，生徒が「一人」という手話でなく「自然に」の手話で表すと，「意味を理解しているな」とわかります。

見てわかる意味の違い

①-1 2人が名前をつける。	①-2 2人で名前をつける。	①-3 2人に名前をつける。
・「2人が，誰かに名前をつける」ことを表す。①-2は，「2人だけで」を強調している感じなので，「2人だけで」「2人一緒に」などと付け加えたりする		・「誰かが，2人の名前をつける」ことを表す ・「会う（「対して」の意）」の手話を付け加える

②-1 ひとりが動く。	②-2 ひとりで動く。	②-3 ひとりでに動く。
・手話「一人／活動」	・手話「**自分一人**／活動」 	・手話「**自然**／活動」 
	・手話「一人／**だけ**／活動」 	・手話「**ひじてつ**／活動」（「勝手に動く」意） 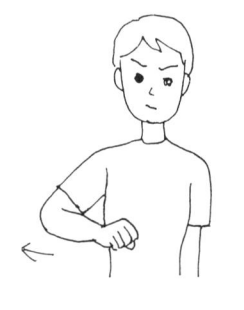

例 3-3

①-1 目が黒い犬	①-2 目の黒い犬

②-1 黒い 目の大きい 犬	②-2 黒い目の 大きい 犬	②-3 黒い目の大きい 犬

③-1 黒い目の大きいおとなしい犬	③-2 黒い目の大きくておとなしい犬

日本語の意味は？　　　　　　　　　　　　　　　　　問題 3-3

次のそれぞれの言い方は，右の（ア）～（ウ）のどの犬についてのものですか？　なお，（ア）～（ウ）はいずれもおとなしい犬とします。また，「／」は，そこで読点や間を入れられる意味です。

1) 黒い／目の大きい／犬
2) 黒い目の／大きい／犬
3) 黒い目の大きい／犬
4) 目の大きい黒い犬
5) 目が大きい黒い犬
6) 目が大きくて黒い犬
7) 黒い目が大きい犬
8) 黒い目が大きいおとなしい犬
9) 黒い目の大きいおとなしい犬
10) 黒い目の大きくておとなしい犬
11) 黒い目が大きくておとなしい犬

(ア)
目：黒で小さい
白い毛　大型

(イ)
目：青で大きい
黒い毛　小型

(ウ)
目：黒で大きい
白い毛　小型

日本語の意味と答え

「目が黒い犬」と「目の黒い犬」は、全く同じ意味です。他にも「気持ちがよい朝」と「気持ちのよい朝」、「父が愛した絵」と「父の愛した絵」なども同じ意味です。

> 問題3-3の答え
> 1)（イ） 2)（ア） 3)（ウ）
> 4)（イ） 5)（イ） 6)（イ）・（ウ）
> 7)（イ）・（ウ） 8)（イ）・（ウ）
> 9) 全てOK 10)（ア） 11)（ウ）

「黒い目の大きい犬」について、「黒い／目の大きい／犬」のように区切って考えれば「毛が黒く、目が大きい犬」の意味であり、「黒い目の／大きい／犬」のように区切って考えれば「黒い目で、からだが大きい犬」の意味になります。また、「黒い目の大きい犬」と「目が大きい黒い犬」は、「大きい目で、毛が黒い犬」という意味になります。

「目の大きい黒い犬」と「目が大きい黒い犬」は、「大きい目で、毛が黒い犬」という意味になります。

「目が大きくて黒い犬」は、「目が大きくて、毛が黒い犬」と「大きい目、黒い目をもつ犬」の意味のどちらにもとれます。

「黒い目が大きい犬」の場合、「毛が黒く、目が大きい犬」と「黒い目、大きい目をもつ犬」の意味のどちらにもとれます。ただし、筆者としては、「黒い目が大きい犬がいる」のような文では、「～が～がいる」という文を避けるので、「目が大きい」をひとかたまりの句としてとらえ、「毛が黒く、目が大きい犬」という意味にとらえることが多くなるだろうと感じています。つまり、「目が黒い犬」と「目の黒い犬」は全く同じ意味だと先述しましたが、日本語では、同じ助詞が重なることを避ける傾向が見られるので、例えば「目が青い少女が描いた絵が売れた」という文は、「目の青い少女が描いた絵が売れた」「目が青い少女の描いた絵が売れた」のように、一部の「が」を「の」に変えて「が」の回数を減らすことが多いだろうと思います。

「黒い目が大きいおとなしい犬」「黒い目の大きいおとなしい犬」という文では、「大きい」のは「目」か「からだ」かはあいまいです。「目が大きい」はひとかたまりの句としてとらえるので、「黒い目が大きいおとなしい犬」の場合は、「（毛が）黒い／目が大きい／おとなしい犬」と「［黒い目］が大きい／おとなしい犬」の意味のどちらにも取れます。そして、「黒い目の大きいおとなしい犬」の場合は、「黒い目の／（からだが）大きい／おとなしい／犬」と「（毛が）黒い／目の大きい／

おとなしい／犬」「[黒い目] の大きい／おとなしい／犬」の意味のいずれにも取れます。

「黒い目の大きくておとなしい犬」という文では，「大きい」のは通常「からだ」であり，「黒い目の／（からだが）大きくて／おとなしい犬」という意味になると思います。

「黒い目が大きくておとなしい犬」という文では，「大きい」のは通常「黒い目」であり，「[黒い目] が大きくて／おとなしい／犬」という意味になると思います。

これらの言い方は，口で言う場合，区切りのところで間をはっきりとると，意味が正確に伝わりやすいでしょう。

見てわかる意味の違い

①-1 目が黒い犬	①-2 目の黒い犬
・手話「目／黒い／犬」	

②-1 黒い目の大きい犬	②-2 黒い目の大きい犬	②-3 黒い目の大きい犬
・誤解を避けるために「からだ／黒い／目／大きい／犬」と表す ・「１つめ／黒い／と（２つめ）／目／大きい／犬」のように，「１つめ…２つめ…」の言い方を使う	・誤解を避けるために「目／黒い／からだ／大きい／犬」と表す ・「１つめ／黒い／目／と（２つめ）／大きい／犬」のように，「１つめ…２つめ…」の言い方を使う	・誤解を避けるために「目／[目を左手で指さしながら右手で]黒い／[目を左手で指さしながら右手で]大きい／犬」と表す ・「目／１つめ／黒い／と（２つめ）／大きい／犬」のように，「１つめ…２つめ…」の言い方を使う

③-1 黒い目の大きいおとなしい犬	③-2 黒い目の大きくておとなしい犬
・②-1と②-3のいずれと同じ意味になるかを（別の材料から）判断して，それに「おとなしい」の手話を付け加えて表す ・例えば「目が黒くて大きい，そしておとなしい犬」を意味する場合は，「**1つめ**／目が黒くて大きい／**と（2つめ）**／おとなしい／犬」のように表す。	・手話「**1つめ**／目／黒い／（少し間）／**と（2つめ）**／からだ／大きい／（少し間）／**3つめ**／おとなしい／犬」

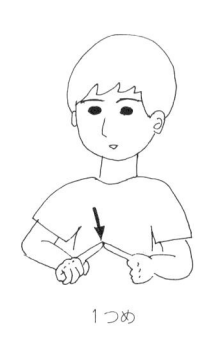

1つめ　　と（2つめ）　　3つめ

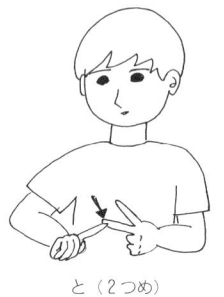

　③-2のように，いろいろな形容詞がつく場合，最初から「犬の特徴は，1つめ，目が黒い，2つめ，からだが大きい，3つめ，おとなしい」と表すほうが，より正確に伝わるでしょう。手話では，「1つめ…，2つめ…，3つめ…」のような説明の仕方がよく使われます。

　なお，「の」はいろいろな意味をもつので，「A会社の本」は，「A会社の所有する本」「A会社について述べた本」「A会社が出版した本」などと，わかりやすく言い換えるほうがよいでしょう。

3章　主体に関わる助詞：が，で，の，から，に，等

例 3-4

| ①-1 それは，彼が係に渡したもの。 | ①-2 それは，彼から係に渡したもの。 |
| ②-1 それは，彼が係に渡されたもの。 | ②-2 それは，彼から係に渡されたもの。 |

日本語の意味は？　　　　　　　　　　　　　　問題 3-4

本が話し手の「息子」から「係の人」へ渡った意味になるのは，（ア）〜（エ）のどれですか？（複数回答可）　なお，話し手が自分の息子に敬語を使用することはありません。
　（ア）その本は，息子が係の人に渡したものです。
　（イ）その本は，息子から係の人に渡したものです。
　（ウ）その本は，息子が係の人に渡されたものです。
　（エ）その本は，息子から係の人に渡されたものです。

日本語の意味と答え

　「彼が彼女に渡す」と「彼から彼女に渡す」は同じ意味ですが，「から」のほうが，起点，つまり「彼」を強調しているように思います。

問題 3-4 の答え
　　（ア）・（イ）・（エ）

　「彼が彼女に渡す」と「彼から彼女に渡す」
は同じ意味です。「彼が彼女に渡される」については，この「渡される」が受け身を表すのであれば，「彼が彼女から渡される」と同じ意味になりますが，「渡される」が敬語を意味するのであれば，「彼が彼女に渡される」は「彼が彼女に渡す」や「彼から彼女に渡す」と同じ意味になります。要するに，「から」は物のやりとりの起点を表すと覚えるとよいでしょう。もし，「が」と「から」は同じ意味と覚えると，「彼が彼女に渡される（受け身の場合）」は「彼から彼女に渡される（敬語の場合）」と同じ意味と間違って解釈してしまうことになります。

「A」「B」は人を表すとする。「渡される」は受け身形とすると，以下のようになる。

■物がAからBへ行く意味　　　　■物がBからAへ行く意味

　AがBに渡す。　　　　　　　　　BがAに渡される。

　AからBに渡す。

　BがAから渡される。

見てわかる意味の違い

①-1 それは，彼が係に渡したもの。

彼 → 係の人（渡す）

・手話「それ／本／彼／係／［彼から係へ］**与える（あげる）**orあげる（人へ渡す）」

①-2 それは，彼から係に渡したもの。

彼 → 係の人（渡す）

・①-1 と同じ
・「**から**」の手話を補う

②-1 それは，彼が係に渡されたもの。

■「渡される」が受け身を表す場合

彼 ← 係の人（渡す／渡される）

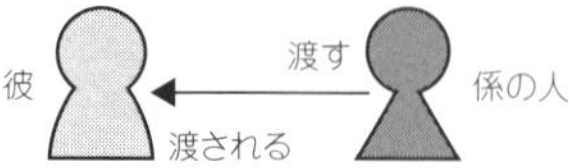

②-2 それは，彼から係に渡されたもの。

■「渡される」が受け身を表す場合

彼 → 係の人（渡す／渡される）

・手話「それ／彼［自分に近いところで］／係［自分から離れたところで］／［係から彼へ］もらう」	・手話「それ／彼［自分から離れたところで］／係［自分に近いところで］／［彼から係へ］渡す」 ・「から」の手話を使う
■「渡される」が敬語を表す場合 お渡しになる ①-1と同じ（敬意を表す表情やしぐさを付け加える）	■「渡される」が敬語を表す場合，①-2と同じ（敬意を表す表情やしぐさを付け加える）

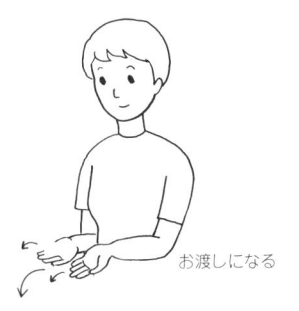

例 3-5

①-1 あなたはわかるかな？	①-2 あなたにわかるかな？
②-1 あなたは彼をしかれるかな？	②-2 あなたに彼をしかれるかな？
③-1 彼はしかれるかな？	③-2 彼にしかれるかな？
③-3 彼がしかられるかな？	③-4 彼にしかられるかな？

日本語の意味は？　　　　　　　　　　　　　　　　　　問題 3-5

次のしかる人→しかられる人はそれぞれ，（ア）〜（エ）のどれですか？
1) あなたは彼をしかれるかな？　2) あなたに彼をしかれるかな？
3) 彼はしかれるかな？　4) 彼にしかれるかな？
5) 彼がしかられるかな？　6) 彼にしかられるかな？
　（ア）私（話し手）　　（イ）あなた
　（ウ）彼　　　　　　　（エ）彼以外の人

日本語の意味と答え

「あなたはわかるかな？」と「あなたにわかるかな？」は同じ意味ですが，後者のほうが自然です。この「に」は「主語」を表すと言えますが，それができるのは「〜できる」意味を含む動詞（わかる，見える，聞こえる，読める，など）のあたりに限定されるようです。そして，

問題 3-5 の答え
　しかる人→しかられる人
1)（イ）→（ウ）　2)（イ）→（ウ）
3)（ウ）→（エ）　4)（ウ）→（エ）
5)（エ）→（ウ）
6)（ウ）→（ア）・（エ）

「彼にしかられる」の「に」は「（間接）目的語」を表します。

「しかれる」と「しかられる」について，「しかることができる」という可能の意味になるのは「しかれる」であり，「しかる」の受け身形は「しかられる」です。

「（親友が困っている。）私ができることは何だろう」という文を見ましたが，

「私にできることは何だろう」のほうが自然な言い方です。

見てわかる意味の違い

①-1 あなたはわかるかな？	①-2 あなたにわかるかな？
・手話「あなた／知る（わかる）／かな？」	

②-1 あなたは彼をしかれるかな？	②-2 あなたに彼をしかれるかな？
・手話「あなた／彼／［あなたが彼を］しかる／できる／かな？」	

あなた → 彼
しかる

③-1 彼はしかれるかな？	③-2 彼にしかれるかな？
・手話「彼／［彼が他人を］しかる／できる／かな？」	

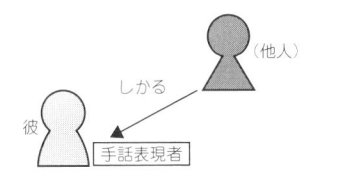

彼 → （他人）
しかる

③-3 彼がしかられるかな？	③-4 彼にしかられるかな？
・手話「彼／［彼が］しかられる／かな？」	・手話「彼／［私や誰かが彼から］しかられる／かな？」

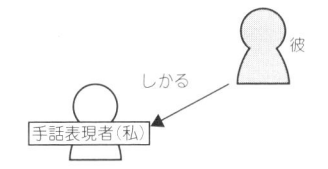

（他人）→ 彼　しかる　手話表現者

彼 → 手話表現者（私）　しかる

例 ③ - 6

①-1 彼がよいと思う。	①-2 彼のがよいと思う。
②-1 行くがよい。	②-2 行くのがよい。

日本語の意味は？　　　　　　　　　　　　　　　　　　問題3-6(1)

次の〔　〕の中から適切なものを選んでください（複数回答可）。
1)「今度の会長，誰がよいかな？」「田中くん〔が・のが〕よいと思うよ」
2)「これらの絵の中でどれがよいかな？」「田中くん〔が・のが〕よいと思うよ」
3) 田中くん〔が・のが〕それでよいなら，田中くんの好きにさせたらよい。
4) 王様は，大将に「行く〔が・のが〕よい」と言った。
5) 彼女は，「気が進まないだろうけど，行く〔が・のが〕よいと思うわ」とアドバイスしてくれた。

日本語の意味は？　　　　　　　　　　　　　　　　　　問題3-6(2)

次の〔　〕の中から適切なものを選んでください（複数回答可）。
1) 私は，どこでもすぐに眠れる〔の・こと〕が特技です。
2) 私の特技は，どこでもすぐに眠れる〔の・こと〕です。
3) 私は，どこでもすぐに眠る〔の・こと〕ができる。
4) 私は，どこでもすぐに眠れる〔の・こと〕を，彼女に話した。
5) 彼がくすりと笑った〔の・こと〕が見えた。
6) あなたは，彼が入院した〔の・こと〕を知っていますか？
7) 彼は，彼女が泣きやむ〔の・こと〕を，辛抱強く待った。
8) 私が彼に渡した〔の・こと〕は，そのカバンです。

日本語の意味と答え

これは，名詞化する働きのある「の」や，「行くがよい」という特殊な命令形に関する問題です。

「彼の本はここにある。あなたの本はどこ？」は，「彼の本はここにある。あなたのはどこ？」のように，名詞を省いて「の」とすることができます。また，「本を読むことが好き」の「こと」は，「本を読むのが好き」のように「の」に変える

> 問題 3 - 6 (1)の答え
>   1) が　 2) のが　 3) が
>   4) が　 5) のが
> 問題 3 - 6 (2)の答え
>   1) の・こと　 2) こと
>   3) こと　 4) こと　 5) の
>   6) の・こと　 7) の
>   8) の

ことができます。しかし，問題 3 - 6 (2) を見れば わかるように，「の」＝「こと」ではありません。

「行くがよい」は，王様のような身分の高い人が使う命令形です。「行くのがよい」は，「行くことがよい」という意味です。

見てわかる意味の違い

①-1 彼がよいと思う。	①-2 彼のがよいと思う。
・手話「彼／[彼を表した親指を指さしながら] 良い／思う／自分を指さす」	・「彼の絵がよい」という意味であれば，手話「彼／絵／良い／思う／自分を指さす」のように，「の」を表す「絵」などのことばを補う

②-1 行くがよい。	②-2 行くのがよい。
・手話「行け」（命令の口調で） ・手話では「行く／良い」としながらも，命令の雰囲気を出す	・手話「行く／良い」（命令ではないので，淡々と述べる雰囲気で）

小学校低学年の教科書より
3章 主体を表す助詞の使い分け

● 『スイミー』に，以下の①の文が載っています。
　①「出てこいよ。みんなで遊ぼう。」
　②「出てこいよ。みんなが遊ぼう。」
　②は不自然です。勧誘のときは，主語はつけないのが原則だからでしょう。

● 同じく，『スイミー』に，以下の①の文が載っています（一部改変）。
　①「みんなが，一匹の魚みたいに泳げるようになったとき，スイミーは言った。」
　②「みんなで，一匹の魚みたいに泳げるようになったとき，スイミーは言った。」
　②の「みんな」にスイミーは含まれますが，①の「みんな」にはスイミーは含まれないように思います。

● 『きつつきの商売』に，以下の①の文が載っています。
　①「今日やっと，初めてみんなで来てみたんですよ。」
　②「今日やっと，初めてみんなが来てみたんですよ。」
　②は不自然です。①の「みんなで」は自分（話し手）を含み，②の「みんなが」は自分（話し手）を含まないという感じがあるからでしょうか（例3−1を参照）。

● 『聞き耳ずきん』に，以下の①の文が載っています（一部改変）。
　①「名医の手にもあまる病気を，こんな若者に，治せるもんかい。」
　②「名医の手にもあまる病気を，こんな若者が，治せるもんかい。」
　①と②はほとんど同じ意味ですが，①のほうが自然に感じられるように思います。

● 同じく，『聞き耳ずきん』に，以下の①の文が載っています（一部改変）。
　①「娘には，若者のきれいな目だけが見えました。」
　②「娘は，若者のきれいな目だけが見えました。」
　③「娘は，若者のきれいな目だけを見えました。」
　②は自然な文ですが，③は不自然です。「きれいな目」は「見る」の対象語ですが，「〜が見える」を「〜を見える」と言い換えることはできないからです。

4章 授受, 受け身, 使役に関わる助詞
が, に, から, を, 等

4章では，授受や受け身，使役に関わる動詞を中心に取り上げます。

(1) 授受動詞と助詞について
　日本で生まれ育った聴児は，幼児期から「あげる」「くれる」「もらう」を「が」「に」などの助詞とともに適切に使いこなしますが，これが難しい聴覚障害児が多く見られます。これらの表現の難しさは，主に以下の4点と関連するようです。
①「主語＝行為主」というストラテジーから見た「もらう」の難しさ
　物の受け渡しでは，通常「Aが差し出す」行為のほうが「Bが受け取る」行為より目立つので，「A」が「行為主」ということになります。「主語＝行為主」というストラテジーしかもっていない子どもは，「AがBにもらう」という文で，「A」＝「物を差し出す行為主」であると解釈するでしょう（例4－1，4－2参照）。
②「ウチ」と「ソト」の使い分けからくる難しさ
　「あげる」「くれる」「もらう」は，「ウチ－ソト」を考慮に入れて使い分ける必要がありますが，いろいろな人との交流の機会が少なければ，そのような関係を考慮に入れた言語表現を獲得するのは難しいでしょう（例4－1，4－2参照）。
③「に」という助詞は到着点を示すのによく使われることからくる難しさ
　「家に着く」「服に付く」「棚に置く」のように，「に」という助詞には「人や物がそこに到着する，くっつく」意味があるので，「母に物をもらう」を見て「物が母に渡る」と誤ってイメージする例が見られるようです（例4－4，4－5参照）。
④手話で「あげる」「くれる」「もらう」のそれぞれを区別して表す難しさ
　「AがBにmをあげる」「AがBにmをくれる」「BがAにmをもらう」は，同じ手話表現になりがちです。特に「私にくれた」と「私がもらった」は，同じ手話になるでしょう（筆者は，口形を見てどちらの文か理解しています）。けれども，「私がくれた」や「私にもらった」は間違いになります。
　聴覚障害児に指導するとき，「A（ウチ）が B（ソト）に m をあげる」のように「公式」として示しても，実際に使いこなせるようになることは難しいです。筆者は，以下のような手順

で指導したことがあります。
① 「私があげる」「私にくれる」「私がもらう」の3つの言い方を，手話とともにからだにたたきこむように覚えさせる。
② 「私が他人に物をあげる」「他人が私に物をくれる」「私が他人に物をもらう」をすらすら使い分けられるようにさせ，「ウチーソト」の関係を理解させる。
③ 「私が母にnしてあげる」「母が私にnしてくれる」「私が母にnしてもらう」のような形の文も作れることを教える。

(2) 受身形と助詞について

受け身の表現も，聴覚障害児にとっては難しいようです。受け身の表現に関わる難しさとして，以下の4点が掲げられると思います。

① 「れる」「られる」のどちらをつければよいかの判断

「受け身，尊敬，自発，可能」を意味する「れる」と「られる」について，日本で生まれ育った聴児は，「叱る」の「受け身」は「叱られる」で，「可能」は「叱れる」，「得る」の「受け身」と「可能」はともに「得られる」，などとすぐにわかりますが，聴覚障害児はこれが難しいようです。もっとも最近は「食べられる」を「食べれる」のように使う人が増えていますが，本書ではその問題にはふれません。

② 「~に」と「~から」の使い分け

「父に呼ばれる」と「父から呼ばれる」は両方とも使える，「車にひかれる」は使えるが「車からひかれる」は使えない，「机は父に作られる」と「机は父から作られる」は両方とも使えない，というような判断が難しいです（例4－7参照）。

③ 「迷惑の受け身」に関わって

「母に手紙を読んでもらう」と「母に手紙を読まれる」は，意味が異なります。「雨が降る」と「雨に降られる」，「母が泣く」と「母に泣かれる」などは，手話では明瞭に区別するのは難しく，せいぜい後者のほうで困った表情を強調するぐらいでしょう（例4－9参照）。

④ 授受表現や使役表現と受け身の表現が重なったもの

「子犬がA家からB家にもらわれる」や「AがBに木を切らされる」など，授受表現や使役表現と受け身表現が組み合わさった文は難しいです（例4－12参照）。

(3) 使役動詞と助詞について

聾学校で「私は飼い犬にケガをされた」と書いた生徒が，「『私は彼に掃除をさせられた』は，彼が私に命令して掃除をさせた意味なので，『私は飼い犬にケガをさせられた』は，飼い犬が私に命令してケガをさせた意味になる」と言ったことがありました。しかし，もちろん「ケガをされた」という言い方はありません。

「教育の大切さを思い知られた」（→○「教育の大切さを思い知らされた」），「不安にさいなむ日々が続く」（→○「不安にさいなまれる日々が続く」）のように，聴覚障害児が使役や受け身文を適切に使い分けることは難しいです。

「母に驚かれた」「母を驚かせた」「母に驚かされた」などを読んで，ぱっと意味が適切につかめる力を，聴覚障害児に身につけさせたいものです。

4章で扱う例文

例 4-1
① 彼が彼女に花をあげた。
② 彼が妹に花をくれた。
③ 彼が彼女に花をもらった。

例 4-2
① 娘が彼に本を送ってあげた。
② 彼が娘に本を送ってくれた。
③ 娘が彼に本を送ってもらった。

例 4-3
①-1 どうしてくれるの。
①-2 どうしてくれよう。
②-1 これ，あげる。
②-2 こんなもの，くれてやる。

例 4-4
①-1 友人から本をもらう。
①-2 友人に本をもらう。
②-1 友人から歌を教わる。
②-2 友人に歌を教わる。
③-1 友人から話を聞く。
③-2 友人に話を聞く。

例 4-5
①-1 （私は）娘から数学を教えてもらう。
①-2 （私は）娘に数学を教えてもらう。
①-3 （私は家庭教師を雇って）娘に数学を教えてもらう。
②-1 学校からお金を寄付してもらう。
②-2 学校にお金を寄付してもらう。

例 4-6
① 母が（娘に）手紙を読んでもらった。
② （私が）母に手紙を読んでもらった。
③ （私は）母に手紙を読まれた。

例 4-7
① 先生からしかられる。
② 先生にしかられる。

例 4-8
① 母に小包を（私の下宿へ）送ってもらった。
② 母から小包が（私の下宿へ）送られてきた。
③ 母に小包が送られてきた。

例 4-9
①-1 雨が降った。
①-2 雨に降られた。
②-1 母が泣いた。
②-2 母に泣かれた。
③-1 妹がケーキを食べた。
③-2 妹にケーキを食べられた。

例 4-10
① 強盗から逃げられた。
② 強盗に逃げられた。

例 4-11
① 母が片付けてくれた。
② 母に片付けてもらった。

例 4-12
① 先生は驚かれた。
② 先生に驚かれた。
③ 先生を驚かせた。
④ 先生に驚かされた。
⑤ 先生は驚かされた。

例 4-13
① 子どもが行く。
② 子どもを行かせる。
③ 子どもに行かせる。

例 4-14
① 手術される。
② 手術を受ける。

例 4-1

| ① 彼が彼女に花をあげた。 | ② 彼が妹に花をくれた。 | ③ 彼が彼女に花をもらった。 |

日本語の意味は？　　　　　　　　　　　　　　　　　　　　問題 4-1(1)

次の（ア）～（カ）の中で，自然な言い方の文はどれですか？（複数回答可）
（ア）私が父にあげる　　（イ）父が私にあげる　　（ウ）私が父にくれる
（エ）父が私にくれる　　（オ）私が父にもらう　　（カ）父が私にもらう

日本語の意味は？　　　　　　　　　　　　　　　　　　　　問題 4-1(2)

次のそれぞれで自然な答え方は（ア）～（ウ）のどれですか？（複数回答可）
1) ここにみかんがあったと思うんだけど，ないよ。どうしたの？
　（ア）弟がよその子どもにあげたのよ。
　（イ）弟がよその子どもにくれたのよ。
　（ウ）よその子どもが弟にもらったのよ。
2) このみかん，どうしたの？
　（ア）よその子どもが弟にあげたのよ。
　（イ）よその子どもが弟にくれたのよ。
　（ウ）弟がよその子どもにもらったのよ。

日本語の意味と答え

　基本的には，Aが（Aの意志によって所有権とともに）Bに物を渡すとき，「<u>A</u>がBに物をあげる」「AがBに物をくれる」「BがAに（Aから）物をもらう」と言い，下線をつけたところに「ウチ（身内の人）」が入ります。
　次ページの図を見ればわかるように，「私が彼に

問題 4-1(1)の答え
　（ア）・（エ）・（オ）
問題 4-1(2)の答え
　1)（ア）
　2)（イ）・（ウ）

■「あげる」「くれる」「もらう」の使い分け

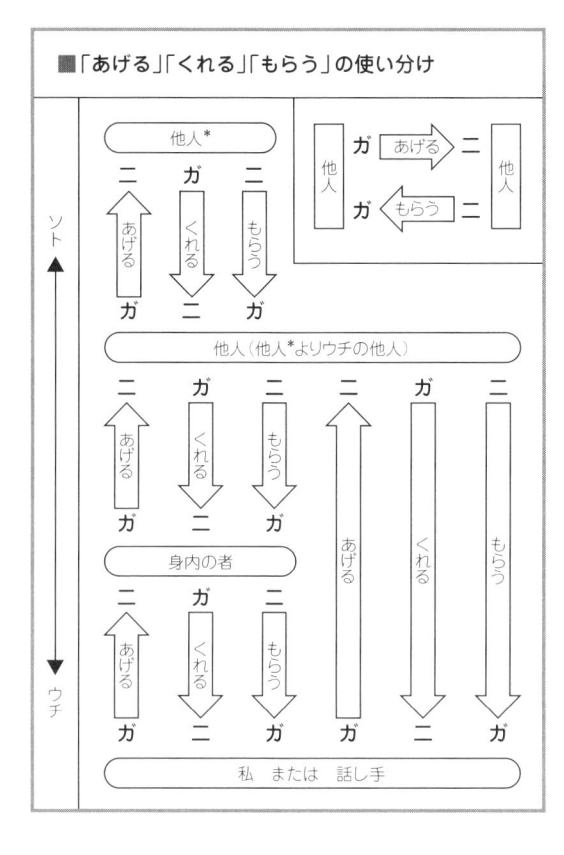

（図：ソト←→ウチの関係を示す授受動詞の使い分け図。他人＊、他人（他人＊よりウチの他人）、身内の者、私または話し手の各層間で「あげる」「くれる」「もらう」と助詞ガ・ニの関係を矢印で示す）

あげる」「彼が私にくれる」「私が彼にもらう」が正しい言い方で，「彼が私にくれる」と「私が彼にもらう」が同じ意味になります。手話や動作も使いながら，「私があげる」「私がもらう」「私にくれる」の言い方と意味を，からだに覚えさせたいものです。それから，「私が母にあげる」「私が母に（母から）もらう」「母が私にくれる」の言い方ができることを教えるとよいでしょう。また，「弟」は「友人」と比べると「身内」なので，「弟が友人にあげる」や「弟が友人にもらう」「友人が弟にくれる」のような言い方ができることを理解させるとよいでしょう。

なお，「ウチ－ソト」の関係のない第三者どうしでは，「あげる」「もらう」はどちらも使えますが，「くれる」は第三者どうしでは使えません。

見てわかる意味の違い　　現実に見られる表現例を含む，以下同様

① 彼が彼女に花をあげた。	② 彼が妹に花をくれた。	③ 彼が彼女に花をもらった。
・手話「彼［自分に近い所で］／彼女［離れた所で］／花／［彼から彼女へ］**与える（あげる）or 渡す**」	・手話「彼［離れた所で］／［自分に近い所で］妹／［彼から妹へ］渡される」	・手話「彼［自分に近い所で］／彼女［離れた所で］／花／［彼女から彼へ］**もらう**or 渡される」

141

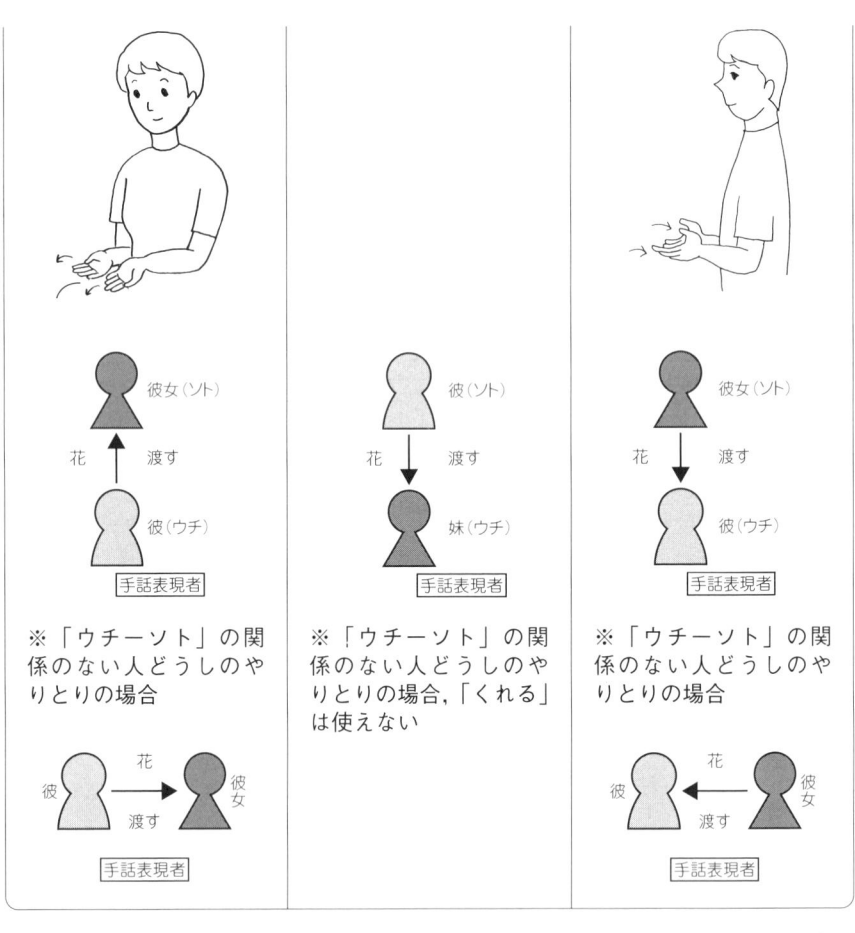

※「ウチーソト」の関係のない人どうしのやりとりの場合

※「ウチーソト」の関係のない人どうしのやりとりの場合,「くれる」は使えない

※「ウチーソト」の関係のない人どうしのやりとりの場合

「あげる」や「くれる」は,基本的に,物の所有者がそれを所有権とともに自分の意志で相手に渡すとき,また,物をもらった側にとって「よい意味」があると話し手が考えるようなときに使われます。それで,以下の文はおかしくなります。

・私は,事務室の人にお金をあげた。(→渡した)
・店員は,品物とレシートを,お客様にくれた。(→渡した)
・先生が宿題をどっさり出してくれて(→くださって),困ったわ。(この場合,「先生から宿題がどっさり出されて,困ったわ」のほうが自然でしょう)

例 4-2

| ① 娘が彼に本を送ってあげた。 | ② 彼が娘に本を送ってくれた。 | ③ 娘が彼に本を送ってもらった。 |

日本語の意味は？　　　　　　　　　　　　　　　　　　　　　問題 4-2

次のそれぞれで，自然な言い方は(ア)〜(カ)のどれですか？（複数回答可）なお，「が」と「は」の違いについては，ここでは考えないでください。

1)「教える人」は「私」と「父」のどちらでもよいとき
　（ア）私が父に教えてあげる。　　（イ）父が私に教えてあげる。
　（ウ）私が父に教えてくれる。　　（エ）父が私に教えてくれる。
　（オ）私が父に教えてもらう。　　（カ）父が私に教えてもらう。

2) 子どものランドセルの代金を払った人が「祖母」のとき
　（ア）子どもは，祖母にランドセルを買ってあげた。
　（イ）子どもは，祖母にランドセルを買ってくれた。
　（ウ）子どもは，祖母にランドセルを買ってもらった。
　（エ）祖母は，子どもにランドセルを買ってあげた。
　（オ）祖母は，子どもにランドセルを買ってくれた。
　（カ）祖母は，子どもにランドセルを買ってもらった。

日本語の意味と答え

「父が私にあげる」「私が父にくれる」「父が私にもらう」は不自然な言い方であり，「私が父にあげる」「父が私にくれる」「私が父にもらう」が自然な言い方です。

> 問題 4-2 の答え
> 1)（ア）・（エ）・（オ）
> 2)（ウ）・（エ）・（オ）

そして，「父が私にくれる」と「私が父にもらう」が同じ意味になります。このことをよく理解できていなければ，この問題も難しいでしょう。

聴覚障害児の作文を見ていると，「祖母が（私に）ランドセルを買ってもらった」

のような間違いがよく見られます。

見てわかる意味の違い

① 娘が彼に本を送ってあげた。	② 彼が娘に本を送ってくれた。	③ 娘が彼に本を送ってもらった。
・手話「娘［自分に近い所で］／彼［離れた所で］／本／［娘から彼へ］送る／与える（あげる）」	・手話「彼［離れた所で］／娘［自分に近い所で］／本／［彼から娘へ］送る／もらう」	・手話「娘［自分に近い所で］／彼［離れた所で］／本／［彼から娘へ］送る／もらう」

（図：①本を送る／あげる　彼←娘（ウチ）　手話表現者）
（図：②本を送る／もらう　彼→娘（ウチ）　手話表現者）
（図：③本を送る／もらう　彼→娘（ウチ）　手話表現者）

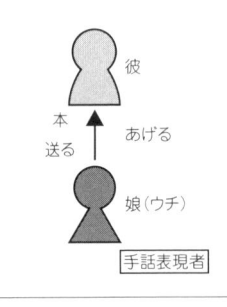

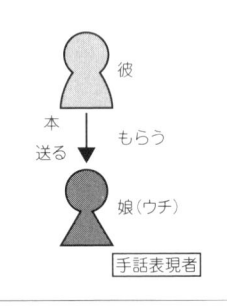

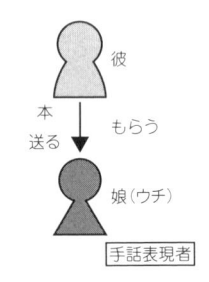

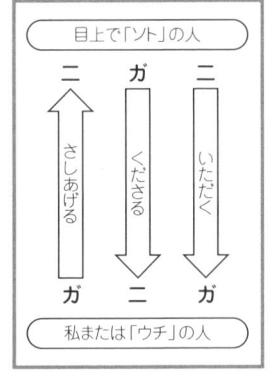

　自分と目上の人との間のやりとりに関わって、「私が先生に差し上げる（＝あげる）」「先生が私にくださる（＝くれる）」「私は先生に（から）いただく（＝もらう）」のような表現も、自由に使えるようになってほしいと思います。

　例えば、私にメールをくれた人たちに対して礼が言いたいときは、「メールをいただいた方々、ありがとうございました」ではなく、「メールをくださった方々、ありがとうございました」とする必要があります。

　自分と目下の人との間のやりとりに関わっては、まず、「あげる」が「やる」になると覚えるとよいでしょう。以前は、「花に水をやる」「犬にエサをやる」が正しい使い方とされていましたが、最近は、「花に水をあげる」「犬にエサをあげる」という言い方でも、「単にていねいに表した文」として許容されるようになっているようです。

（図：目上で「ソト」の人／ニ・ガ・ニ／さしあげる・くださる・いただく／ガ・ニ・ガ／私または「ウチ」の人）

例 4-3

①-1 どうしてくれるの。	①-2 どうしてくれよう。
②-1 これ，あげる。	②-2 こんなもの，くれてやる。

日本語の意味は？　　　　　　　　　　　　　　　　　　　　　問題 4-3

次の下線部の意味に近いのは（ア）（イ）のどちらですか？
1) 危ないじゃないの！　車が傷ついたら，どうしてくれるのよ！
2) おまえは，多大な損害をもたらした。どうしてくれよう。
　　（ア）「おまえは，どんな方法でつぐなってくれるのか？」と詰問している。
　　（イ）脅しの意味も含めて，「おまえをどうしてやろうか。おまえにどんな罰を与えようか」と言っている。

日本語の意味と答え

「AがBに物をくれる」と「BがAに（Aから）物をもらう」は同じ意味で，「B」は「私，身内の者」である必要があります。つまり，この「くれる」は，他人が自分や身内の者に物を与える意味です。

> 問題4-3の答え
> 1)（ア）　　2)（イ）

ところが，例は少ないのですが，「くれる」は，自分が相手に物を与えたりある行為をしたりするときに使われることがあります。相手を見下している雰囲気があり，「くれてやる」のような言い方で使われることが多いです。例えば「欲しけりゃ，くれてやる」は，「欲しいのなら，与えてやる」意味になります。

「どうしてくれるの」の「くれる」は，相手が自分や身内の者に何か（物，行為）を与える意味で，「どうしてくれよう」の「くれる」は，自分が相手に何か（物，行為）を与える意味です。後者の意味の例文として，「成敗（せいばい）してくれよう（こらしめてやろうという意味）」，「目に物見せてくれよう（ひどい目にあわせてやろうという意味）」などがあります。

見てわかる意味の違い

①-1 どうしてくれるの。	①-2 どうしてくれよう。
■「なぜ私にくれるの？」の意味の場合、「[相手から私に] 渡す／なぜ？」という手話で表す	・「こらしめてやろう，思い知らせてやろう」などの気持ちがあることばなので，例えば「あなたはひどい人だ。どんな罰を与えようか」と言う
■「あなたは何をするのか（どんな方法で弁償するのか，など）」という意味の場合，「私は被害を受けたので困っている。あなたはどうするか」などと言う	

②-1 これ，あげる。	②-2 こんなもの，くれてやる。
・手話「これ／与える（あげる）」	・手話「[相手を見下す表情をつけて乱暴に] これ／与える（あげる）or 放る」

　小学校2年生の国語の教科書（『スーホの白い馬』）の中に「**殿様は言いました。『おまえには，銀貨を三枚くれてやる。』**」という文（一部改変）があります。この「くれてやる」は，殿様がスーホを見下しており，「あなたに銀貨を3枚与える」という意味のところを「おまえに銀貨を3枚くれてやる」と言っています。

　筆者は子どものとき，「こらしめてくれよう」を読んで，「これは『こらしめてくれ』の意味だとすると，おかしいな」と思いましたが，いろいろな本を読む中で，この「くれる」は特殊な使われ方だとわかっていきました。

　「たたく」「平手打ちをする」「しかる」「批判する」に該当する手話はありますが，「こらしめる」「やっつける」「思い知らせる」などは，その具体的な方法がはっきり示されていないので，手話表現が難しいです。「めんめ」（親が子をしかるときによく使われるしぐさ）を意味する手話は，「しかる」「罰を加える」のときに使われるので，それが一番よいかなと思いましたが，その一方で，「この手話は，アメリカでの『グッド』を意味する手話（親指を立てる手話）と紛らわしいので，使わないほうがよい」という意見も聞いたことがあります。

4章 授受，受け身，使役に関わる助詞：が，に，から，を，等

例 4-4

①-1 友人から本をもらう。	②-1 友人から歌を教わる。
①-2 友人に本をもらう。	②-2 友人に歌を教わる。
③-1 友人から話を聞く。	③-2 友人に話を聞く。

日本語の意味は？　　　　　　　　　　　　　　　問題 4-4

次の〔　〕の中から適切なものを選んでください（複数回答可）。

1) 私は，友人〔から・に〕本をもらった。
2) 私は，会社〔から・に〕給料をもらった。
3) 私は，それを先生〔から・に〕教わった。
4) 君の話は，先輩〔から・に〕聞いたよ。
5) 私は，犯人がつかまった話を警察官〔から・に〕聞いた。
6) 私は，犯人がつかまった話を警察〔から・に〕聞いた。
7) その理由を彼〔から・に〕聞いたら，彼はていねいに教えてくれた。
8) 私は，事件の経緯を弁護士〔から・に〕聞いて，怒りがこみあげてきた。

日本語の意味と答え

「友人から本をもらう」と「友人に本をもらう」，「友人から教わる」と「友人に教わる」は，同じ意味です。ですが，「会社から給料をもらう」と「会社に給料をもらう」を比べると，前者の「から」のほうが自然に感じられ，「警察から犯人がつかまった話を聞く」と「警察に犯人がつかまった話を聞く」を比べると，前者の「から」のほうが自然に感じられます。いろいろな言い方を検討すると，相手が「人」の場合は，「から」と「に」のどちらも使えるが，相手が「会社」「警察」のように「人」

問題 4-4 の答え
1) から・に　　2) から
3) から・に　　4) から・に
5) から・に　　6) から
7) に　　8) から・に

ではない場合は「から」のほうが自然に感じられることが多いように思います。

それから,「聞く」について,「彼の話を聞く」の「聞く」は「彼から話をされて,それを耳に入れる」意味であり,「彼に理由を聞く」の「聞く」は「質問する・尋ねる」意味です。そして,「彼から聞く」は,「彼から話をされて,それを耳に入れる」意味のことが多く,「彼に聞く」は,「彼に質問する,彼に尋ねる」意味と「彼から話をされて,それを耳に入れる」意味の両方があるように思います。

なお,「友人から本をもらう」と「友人に本をもらう」,「友人から歌を教わる」と「友人に歌を教わる」は同じ意味であると述べましたが,「AがBに〜する」の形の文を受け身に直すとき,「誰に〜する」の「誰に(物の移動先などを意味する)」と混同される危険性が高い場合は,「から」を使うほうがよいでしょう。つまり,「母に説明してもらう」だけでは,「母に頼んで,母から私へ説明してもらった」意味なのか,「私が別の人に頼んで,その人から母に説明した」意味なのかわからないことになります。それで,前者の意味であれば,「母から説明してもらう」のほうが,誤解されることが少なくなるでしょう。

見てわかる意味の違い

①-1 友人<u>から</u>本をもらう。 ①-2 友人<u>に</u>本をもらう。	②-1 友人<u>から</u>歌を教わる。 ②-2 友人<u>に</u>歌を教わる。
友人から 友人に ↓ 渡す　　本を 　　　　(私は)	友人から 友人に ↓ 教える　歌を 　　　　(私は)
・上図の矢印は「友人が本をあげる」行為。この「から」は,行為の起点を示すと言える。また,この「に」は,その行為をしてもらう相手を示すと言える	・上図の矢印は「友人が歌を教える」行為。この「から」は,行為の起点を示すと言える。また,この「に」は,その行為をしてもらう相手を示すと言える

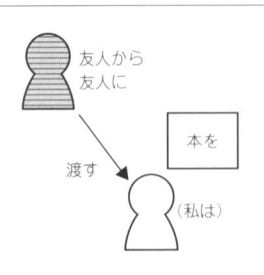

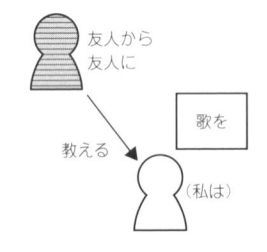

4章 授受，受け身，使役に関わる助詞：が，に，から，を，等

③-1 友人から話を聞く。

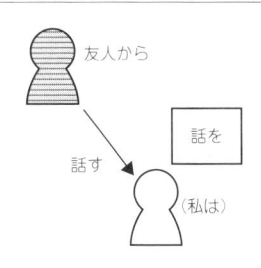

- 上図の矢印は「友人が話をする」行為。この「から」は，行為の起点を示すと言える

- 手話「友達／[友人から私へ] 話す／**聞く（聞こえる）**」

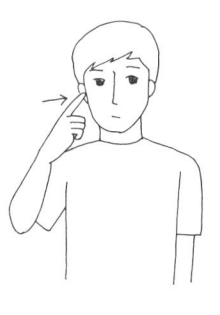

③-2 友人に話を聞く。

■この「聞く」が「質問する，尋ねる」意味の場合

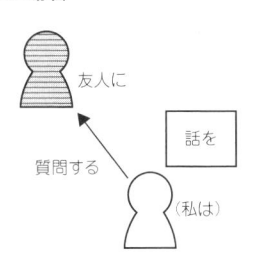

- 上図の矢印は「私が質問をする・尋ねる」行為。つまり，この「に」は，行為の帰着点を示すと言える

- 手話「友達／手話（「話」の意）／[私から友人へ] **尋ねる（質問）**」

■この「聞く」が「話を耳に入れる」意味の場合，③-1と同じ

例 ④-5

①-1 （私は）娘から数学を教えてもらう。	①-2 （私は）娘に数学を教えてもらう。	①-3 （私は家庭教師を雇って）娘に数学を教えてもらう。

②-1 学校からお金を寄付してもらう。	②-2 学校にお金を寄付してもらう。

日本語の意味は？　　　　　　　　　　　　　　　　　　問題4-5(1)

次のそれぞれの状況のとき，田中さんが言ってもおかしくないのは（ア）〜（エ）のどれですか？（複数回答可）

1) 50歳になってから高校に入り直した田中さんは，娘に数学の問題の解き方を教えてもらっている。
2) 田中さんは，娘の成績が良くないのを心配して，大学生になった甥に「娘の家庭教師をしてほしい。特に数学を教えてほしい」と頼んだ。

　　（ア）娘から数学を教えてもらっているのよ
　　（イ）娘に数学を教えてもらっているのよ
　　（ウ）娘が数学を教えてくれているのよ
　　（エ）娘に数学を教えてくれているのよ

日本語の意味は？　　　　　　　　　　　　　　　　　　問題4-5(2)

次のそれぞれの状況のとき，（ア）学校からお金を寄付してもらう，（イ）学校にお金を寄付してもらうのどちらの言い方が適切ですか？

1) 学校に頼んで，学校がどこかにお金を寄付してくれたとき。
2) 後援会に頼んで，後援会が学校にお金を寄付してくれたとき。

日本語の意味と答え

日本語は，主語や目的語を省略した言い方が使われることが多いです。単に「娘に数学を教えてもらう」だけでは，「私は娘に数学を教えてもらう」意味と「（家庭教師を雇って）家庭教師から娘に数学を教えてもらう」意味のどちらかはわからないことになります。けれども，「娘から数学を教えてもらう」では，「娘が私に数学を教える」意味しかありません。

例4-4で，「父からもらう」意味の場合，「父にもらう」とも言えるが，「私は学校からもらう」意味の場合，「学校にもらう」は言いにくいことを述べました。つまり，「学校から寄付してもらう」では，「学校がどこかへ寄付する」意味ですが，「学校に寄付してもらう」では，「誰かが学校へ（に）寄付する」意味になります。

> 問題4-5(1)の答え
> 1) （ア）・（イ）・（ウ）
> 2) （イ）・（エ）
> 問題4-5(2)の答え
> 1) （ア）　　2) （イ）

見てわかる意味の違い

①-1 （私は）娘から数学を教えてもらう。	①-2 （私は）娘に数学を教えてもらう。	①-3 （私は家庭教師を雇って）娘に数学を教えてもらう。
・上図の矢印は「娘が数学を教える」行為。この「から」は，行為の起点を示すと言える。また，この「に」は，その行為をしてもらう相手を示すと言える ・手話では，上図のように，空間を使い分けて，「数学／娘／教わる」または「数学／娘／教わる／もらう」とする		・「私は家庭教師に娘に数学を教えてもらう」とすると，「に」が2回出てくるので，ここでは「家庭教師に」は使いにくい ・手話では，上図のように，空間を使い分けて，「数学／娘／教わる」または「数学／娘／教わる／もらう」とする

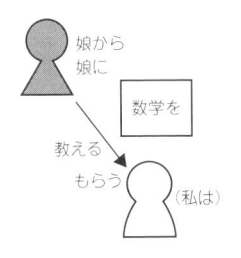

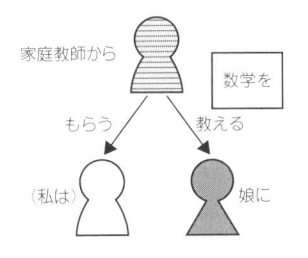

②-1 学校<u>から</u>お金を寄付してもらう。	②-2 学校<u>に</u>お金を寄付してもらう。
[図：学校から→（私は）、お金を寄付する→どこかに、もらう]	[図：誰かから→（私は）、お金を寄付する→学校に、もらう]
・上図の矢印は「学校がお金を寄付する」行為。この「から」は、行為の起点を示すと言える。また、その行為をしてもらう相手が「人」でない場合は、「学校に」とは言えない	・「私は誰かに学校にお金を寄付してもらう」とすると、「に」が2回出てくるので、ここでは「誰かに」は使えない。また、「から」を意味する「に」は、人ではない学校には使えない。とすると、「学校に」の「に」は、行為の帰着点を示す「に」ということになる

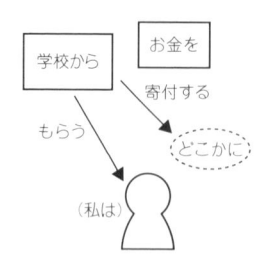

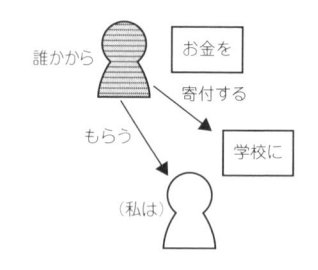

【補足】

■「AはBに物をあげる」を「〜もらう」の形の文に変えるとき
- 「彼は彼女に本をあげる」→ ○「彼女は彼<u>から</u>本をもらう」
    ○「彼女は彼<u>に</u>本をもらう」

■「AはBに〜する」を「〜してもらう」の形の文に変えるとき
- 「彼は彼女に本を買ってあげる」→ ○「彼女は彼<u>から</u>本を買ってもらう」
    ○「彼女は彼<u>に</u>本を買ってもらう」
- 「彼は学校に本を寄付する」→ ○「私は彼<u>から</u>学校に本を寄付してもらう」
    ×「私は彼<u>に</u>学校<u>に</u>本を寄付してもらう」
    ……「〜に」が2つ重なるので×。但し、「私は彼<u>に</u>学校<u>へ</u>本を寄付してもらう」は○。
- 「彼は本を寄付する」→ ○「私は彼<u>から</u>本を寄付してもらう」
    ×「私は彼<u>に</u>本を寄付してもらう」
    ……この「に」は、行為主を表す「に」か寄付先を表す「に」かわからないので×。但し、前後の文章からわかる場合は○。

例 4-6

| ① 母が（娘に）手紙を読んでもらった。 | ②（私が）母に手紙を読んでもらった。 | ③（私は）母に手紙を読まれた。 |

日本語の意味は？　　　　　　　　　　　　　　　　　　　　問題 4-6 (1)

次のそれぞれで適切なものは（ア）〜（エ）のどれですか？（複数回答可）

1) 私は目の手術をして，今，目が見えない。それで，私宛てに来た手紙を，
　　（ア）母が読んでもらった。　　（イ）母に読んでもらった。
　　（ウ）母が読まれた。　　　　　（エ）母に読まれた。

2) 私の留守中に，私宛てに来た手紙を，
　　（ア）母が読んでもらったみたいで，その後，母の様子がおかしい。
　　（イ）母に読んでもらったみたいで，その後，母の様子がおかしい。
　　（ウ）母が読まれたみたいで，その後，母の様子がおかしい。
　　（エ）母に読まれたみたいで，その後，母の様子がおかしい。

日本語の意味は？　　　　　　　　　　　　　　　　　　　　問題 4-6 (2)

下の表の空欄を埋めてください。

元の文	「通常の受け身」文
先生が娘をほめる	娘が先生にほめられる・娘が先生からほめられる
彼が娘を呼ぶ	1)
彼が紙を破る	2)
3)	娘が祖母にかわいがられる・娘が祖母からかわいがられる

日本語の意味と答え

「母が（娘に）手紙を読んでもらう」は，通常母が娘に頼んで手紙を読んでもらう意味です。「（私が）母に手紙を読んでもらう」は，私が母に頼んで手紙を読んでもらう意味です。この2つを「通常の受け身」文と言うことにします。

「（私は）母に手紙を読まれる」は，母が勝手に（私に無断で）手紙を読むという意味です。この「読まれる」は，「迷惑の受け身」です（詳しくは，例4-9を参照してください）。

全ての動詞について，「通常の受け身」文と「迷惑の受け身」文が作れるかというと，そうではありません。例えば，「AはBに似る」「AはBに見える」などは，受け身文は作れません。逆に，「うなされる」などは，受け身形を能動形に直せません。また，「AはBに教わる」については，「教わる」が既に受け身的な意味を含んでいるので，「教わる」をさらに受け身形にすることはできません。

なお，「彼が彼女の頭をなでた」の受け身文を作りなさいと言われて，「彼女の頭は彼になでられた」とする例が見られますが，「彼女は彼に頭をなでられた」とする必要があります。

> 問題 4-6 (1) の答え
> 1) （イ）　　2) （エ）
> 問題 4-6 (2) の答え
> 1) 娘が彼に呼ばれる・娘が彼から呼ばれる
> 2) 紙が彼に（よって）破られる
> 3) 祖母が娘をかわいがる

見てわかる意味の違い

① **母が（娘に）手紙を読んでもらった。**

- 手話「母［自分に近い所で］／手紙／読む／［母が娘から］もらう」

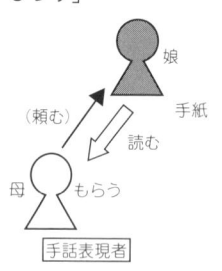

（意味を説明するときは，「母が娘に頼んで」を補足する）

② **（私が）母に手紙を読んでもらった。**

- 手話「母［離れた所で］／手紙／読む／［私が母から］もらう」

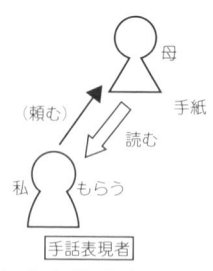

（意味を説明するときは，「私が母に頼んで」を補足する）

③ **（私は）母に手紙を読まれた。**

- 手話「母／手紙／読む／（指さし）／迷惑」
- 手話「母／**ひじてつ**（「勝手に」の意）／手紙／読む［困った表情をつけながら］」

例 4 − 7

① 先生からしかられる。　　② 先生にしかられる。

日本語の意味は？　　　　　　　　　　　　　　　問題 4 - 7

それぞれの状況で，自然な言い方の文には「○」を，自然な言い方だが指定された状況と合わない文には□を，不自然な言い方には「×」をつけてください。自然な言い方かどうか判断に迷う場合は「△」をつけてもかまいません。

1) しかる人：先生　　しかられる人：彼
   (　　) 彼が先生からしかられる。
   (　　) 彼が先生にしかられる。

2) ほめる人：母　　ほめられる人：子
   (　　) 子が母からほめられる。
   (　　) 子が母にほめられる。

3) カミナリを落とす人：彼
   (　　) カミナリが彼から落とされる。
   (　　) カミナリが彼に落とされる。

4) 食べる側：カエル　　食べられる側：魚
   (　　) 魚がカエルから食べられる。
   (　　) 魚がカエルに食べられる。

5) データを使う人：上司
   (　　) データが上司から使われる。
   (　　) データが上司に使われる。

6) 犬小屋を作る人：父
   (　　) 犬小屋が父から作られる。
   (　　) 犬小屋が父に作られる。

7) 彼はわざと財布を落としたのではないとき
   (　) 財布が彼から落とされる。
   (　) 財布が彼に落とされる。
8) 犬が娘に向かってほえるとき
   (　) 娘が犬からほえられる。
   (　) 娘が犬にほえられる。
9) 車が娘にどろをかけるとき
   (　) 娘が車からどろをかけられる。
   (　) 娘が車にどろをかけられる。

日本語の意味と答え

　基本的には，「AがBを〜する」という他動詞を使った能動文から，「（ア）BがAから〜される」「（イ）BがAに〜される」という受け身の文が作れますが，実際には，（ア）と（イ）のいずれかが（あるいは両方とも）不適切になる場合があります。また，「によって」を使ったほうが座りがよくなる場合もあります。

```
問題 4 - 7 の答え
1) 〇, 〇    2) 〇, 〇
3) 〇, □    4) ×, 〇
5) ×, 〇    6) ×, ×
7) ×, ×    8) △・〇
9) △, 〇
```

「から」「に」「によって」のどれがよいかは，動詞によって異なりますが，その見分け方を説明するのは難しいです。

　「彼がカミナリを落とす」を強いて受け身にすると，「カミナリが彼から落とされる」になりますが，筆者としては，「カミナリが彼によって落とされる」のほうが座りがよいように感じます。「カミナリが彼に落とされる」は，彼が誰かからしかられる意味に変わってしまいます。

　「彼が財布を落とす」の場合，「財布が彼から落とされる」と「財布が彼に落とされる」の両方とも不自然です。その理由は，彼に財布を落とす意志がないことと関係するように思います。

　「AがBに〜する」という自動詞を使った文については，「娘は犬からほえられる」より「娘は犬にほえられる」のほうが，また，「娘が車からどろをかけられる」より「娘が車にどろをかけられる」のほうが自然な感じがします。

4章 授受, 受け身, 使役に関わる助詞: が, に, から, を, 等

見てわかる意味の違い

① 先生<u>から</u>しかられる。	② 先生<u>に</u>しかられる。
先生から 先生に しかる（他動詞） 〜られる　　（私は） ・上図の矢印は「先生が私をしかる」行為。この「から」は, 行為の起点を示すと言える ・手話「先生／しかられる」	・この「に」は, その行為をする主体を示すと言える ・手話は, ①-1と同じ

例 4-8

| ① 母に小包を（私の下宿へ）送ってもらった。 | ② 母から小包が（私の下宿へ）送られてきた。 | ③ 母に小包が送られてきた。 |

日本語の意味は？

問題 4-8

次の〔　〕の中から適切なものを選んでください（複数回答可）。

1)「その小包，どうしたの？」「外国に留学した友人〔から・に〕送られてきたんだよ」
2)「その小包，どうしたの？」「田舎の母〔から・に〕送ってもらったんだよ。これはいらないと思って田舎に置いてきたけど，必要になったから」
3)「この小包，何が入っているの？」「それは父〔から・に〕送られてきたものだから，勝手にあけると，父から怒られるよ」
4)「あなたのお母さん〔から・に〕電話がかかってきたよ」「じゃ，私から母にかけ直すわ。ありがとう」
5)「あなたのお母さん〔から・に〕電話がかかってきたよ」「わかったわ。母が帰ってきたら，そう伝えておくわ。ありがとう」

日本語の意味と答え

母が私に小包を送ったとき，「母に小包を送ってもらう」と「母から小包が送られる」の両方とも言えますが，前者のほうが「私が母に頼んでいる」という雰囲気があります。「母から小包を（私の下宿に）送ってもらう」も言えます。

母のところに小包が届いたときは，「母に小包が送られてきた」と言います。この「に」は，帰着点を表す「に」と言えるでしょう。

問題 4-8 の答え
1) から　　2) から・に
3) に　　4) から
5) に

見てわかる意味の違い

① 母に小包を（私の下宿へ）送ってもらった。	② 母から小包が（私の下宿へ）送られてきた。	③ 母に小包が送られてきた。
・手話「小包／母／[母から私へ]送られる」 ・「頼んだ結果」という意味にするために，ていねいにゆっくりと「送られる」の手話を行う ・「私が母に頼んで，小包が送られた」と言い直す	・手話「小包／母／[母から私へ]送られる」 ・「頼んでいなかったが」という意味にするために，ぞんざいにすばやく「送られる」の手話を行う	・手話「小包／母／[誰か他の人から母へ]送られる」

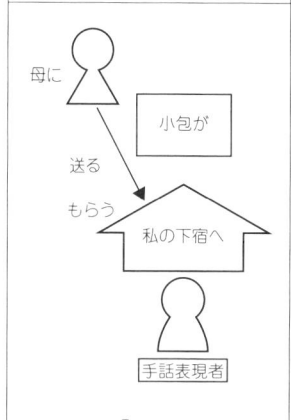

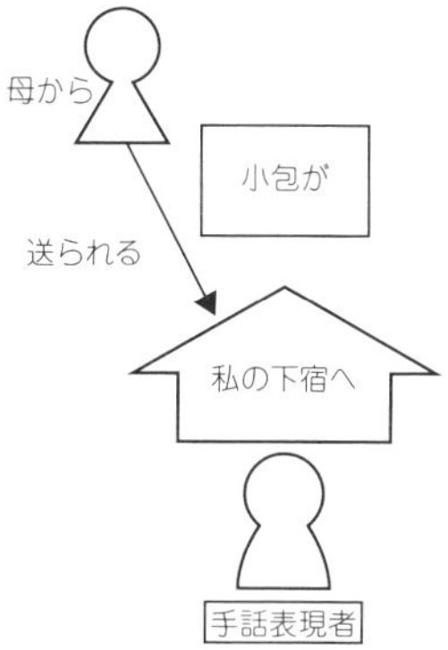

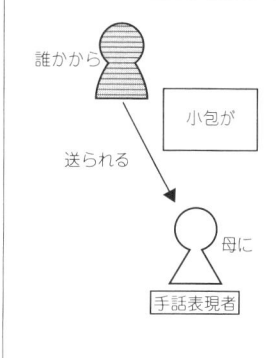

では，「会社に追い返される」と「会社から追い返される」の違いは理解できるでしょうか。「会社に追い返される」には，2通りの意味があることがわかるでしょうか。つまり，「会社に追い返される」には，「会社によって（どこかへ）追い返される」意味と，「(誰かから）会社という場所へ追い返される」意味とがあります。

例 4 - 9

①-1 雨が降った。	①-2 雨に降られた。
②-1 母が泣いた。	②-2 母に泣かれた。
③-1 妹がケーキを食べた。	③-2 妹にケーキを食べられた。

日本語の意味は？

問題 4-9

次の〔　〕の中から適切なものを選んでください（複数回答可）。
1) 昨日は，車が故障したうえに，雨〔が・から・に〕降られて，さんざんだった。
2) 家族でドラマを見ていると，母〔が・から・に〕泣き出したので，皆びっくりした。
3) あの話をしたら，母〔が・から・に〕泣かれたよ。いや，参ったな。
4) 帰宅したら，妹〔が・から・に〕ケーキを食べてしまっていた。
5) 帰宅したら，妹〔が・から・に〕ケーキを食べられてしまっていた。
6) おいしいケーキ〔が・から・に〕食べられて，うれしかった。

日本語の意味と答え

「彼は先生にほめられる」や「家が建てられている」は，「先生が彼をほめる」や「（誰かが）家を建てている」という文を受け身の形に直したものです。これらは，「通常の受け身」文です。「雨が降る」「赤ん坊が泣く」などの「降る」「泣く」は，自動詞なので「通常の受け身」文は作れません。ところが，「雨に降られる」

問題 4-9 の答え
1) に　2) が
3) に　4) が
5) に　6) が

「赤ん坊に泣かれる」のように，「降る」「泣く」という自動詞を受身形にした文があります。これらは，「雨が降る」ことや「赤ん坊が泣く」ことを，自分が迷惑に思ったときに使われます。このような受け身を「迷惑の受け身」と言います。

この「迷惑の受け身」文は，他動詞の場合も作れます。「妹がケーキを食べた」という通常の文を，「ケーキ」を主語とした「通常の受け身」文に変えると，「ケーキは妹によって食べられた」(ただし，日本語では，このように無生物を主語にすることは少ないです) になります。「妹がケーキを食べた」という行為を自分が迷惑に思っているときは，「(私は) 妹にケーキを食べられた」という「迷惑の受け身」文が作れます。

見てわかる意味の違い

①-1 雨が降った。	①-2 雨に降られた。
②-1 母が泣いた。	②-2 母に泣かれた。
③-1 妹がケーキを食べた。	③-2 妹にケーキを食べられた。

- ①-1と①-2，②-1と②-2，③-1と③-2は，同じ状況を意味する。違いは，「迷惑(困惑，戸惑い，あきれた，などの感情を含む)」に思っているかどうかなので，①-1と②-1，③-1は普通の表情で表し，①-2と②-2，③-2では，困った表情や「困る」の手話などを付け加える

なお，「食べられる」は，「このキノコは食べられるか？」のように，「可能」を意味することがあります。「食べられる」が使われた文を見て，その「食べられる」が，「通常の受け身」，「迷惑の受け身」，「可能」のいずれを表すかを判断できる力を，聴覚障害児にも身につけてほしいと思います。

それから，「迷惑の受け身」と言いましたが，「母に泣かれた」などの文を見て，「母が泣いた」ことを「迷惑」に思っていると単純に思わないようにしてほしいです。文や状況にもよりますが，単に困った，弱った，あきれた，責任を感じる，驚いたなどのような状況の場合もあります。ですから，「母にプレゼントをしたら，泣かれたよ」「その話をしたら，周りの人に驚かれたよ」という文も作れます。

例 **4 −10**

| ① 強盗<u>から</u>逃げられた。 | ② 強盗<u>に</u>逃げられた。 |

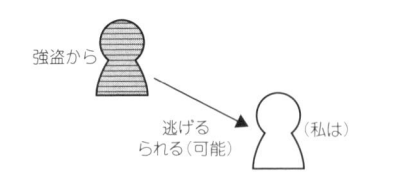

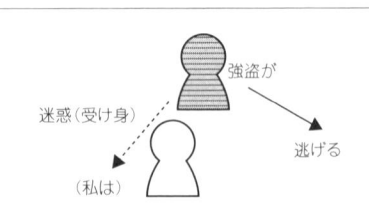

日本語の意味は？

問題 4 - 10

次の〔　　〕の中から適切なものを選んでください（複数回答可）。
1) 彼女は，何とか強盗〔から・に〕逃げられた。危ないところだった。
2) 彼は，強盗を追いかけたが，だめだった。彼は「強盗〔から・に〕逃げられた」と叫んだ。

日本語の意味と答え

「逃げられる」は，「逃げることができる」という「可能」の意味と，「逃げる」を受け身の形にした意味があります。「〜を逃げる」とは言えないので，「逃げる」は，他動詞ではなく自動詞です。ですから，「逃げられる」が受け身の意味であるなら，この文は「迷惑の受け身」になります。

問題 4 -10の答え
1）から　2）に

「AはBから逃げる」は，Aが「逃げる人」で，Bが「追いかける人」です。このとき「AはBに逃げる」とは言えません。この「B」が「警察」「母のところ」など場所を意味することばになると，「AがBのところへ逃げる」意味になります。

見てわかる意味の違い

① 強盗<u>から</u>逃げられた。	② 強盗<u>に</u>逃げられた。
・この「から」は行為の起点を表すので，「から」の手話を使う	・「強盗／逃げる」という手話になるが，「迷惑」の意味を表情に表す

例 4-11

① 母が片付けてくれた。　　② 母に片付けてもらった。

日本語の意味は？　　　　　　　　　　　　　　　問題 4-11

次のそれぞれの文で，適切なものを（ア）（イ）から選んでください（複数回答可）。

1) 昨日，　(ア) 母が本を買ってくれたよ。
　　　　　(イ) 母に本を買ってもらったよ。

2) ピアノの発表会の場所がわからず，迷っていると，
　　　　(ア) 知らないおばさんが「あっちよ」と教えてくれた。
　　　　(イ) 知らないおばさんに「あっちよ」と教えてもらった。

3) 私は，(ア) 先生が教えてくれたとおりに，　笛を吹いてみた。
　　　　(イ) 先生に教えてもらったとおりに，

4) (ア) そのイチョウの木は毎年たくさんのぎんなんを落としてくれる。
　 (イ) そのイチョウの木に毎年たくさんのぎんなんを落としてもらう。

日本語の意味と答え

例4－2などで，「AはBに〜してくれる」は「BはAに〜してもらう」と言い換えられると述べましたが，厳密には，違いがあります。つまり，私がAにお願いしてそうしてもらったときは，「Aは私に〜し

> 問題4-11の答え
> 1)（ア）・（イ）　2)（ア）
> 3)（ア）・（イ）　4)（ア）

てくれる」と「私はAに〜してもらう」の両方とも言えますが，私がAにお願いしたわけではないときは，「私はAに〜してもらう」は使いにくいです。つまり，「Aは私に〜してくれる」は，私がAにお願いしたわけではないが，Aがそうしてくれたことをありがたく思っているときに，よく使われるようです。特に，Aが無生物であり，Aの「行為」をありがたく思っている場合，「Aは〜してくれる」がよく使われます。「イチョウの木はたくさんの実を落としてくれる」，「ふるさとの自然

は，私の心をなごませてくれる」などがその例です。

ですから，私が母にお願いして片付けてもらった場合は，「母が片付けてくれた」と「母に片付けてもらった」の両方とも使えますが，私が母にお願いしたのではなく，私が母の行為をありがたく思っているときは，「母が片付けてくれた」を使います。もし私が母の行為をあまりありがたく思っていないときは，「母が片付けた」「母によって片付けられた」「母に片付けられた」のような言い方になるでしょう。

見てわかる意味の違い

① 母が片付けてくれた。	② 母に片付けてもらった。
■「私」が「母」にお願いしていない場合 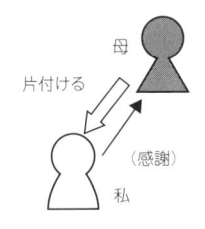	■「私」が「母」にお願いした場合
（図：母が片付ける→私、感謝）	（図：私が頼む→母が片付ける→私、感謝）
・②と同じ手話になっても差し支えないときは，そうする ・②との違いを説明したいときは，「私は頼んでいなかったけれど，母が片付けた。ありがたかった」と言い換える	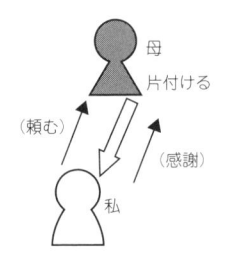 ・手話「母／整理／もらう」 ・①との違いを説明したいときは，「私が頼んで，母は片付けた。ありがたかった」と言い換える
■「私」が「母」にお願いした場合，②と同じ	

例 4-12

4章 授受, 受け身, 使役に関わる助詞：が, に, から, を, 等

① 先生は驚かれた。　　② 先生に驚かれた。

③ 先生を驚かせた。　④ 先生に驚かされた。　⑤ 先生は驚かされた。

日本語の意味は？　　　　　　　　　　　　　　　　　問題 4-12

次の〔　　〕の中から適切なものを選んで，記号で答えてください（複数回答可）。

1) 太郎くんの立派なリポートは，先生〔（ア）は驚かれる・（イ）に驚かれる・（ウ）を驚かせる・（エ）に驚かされる・（オ）は驚かされる〕ものであった。

2) 太郎くんは立派なリポートを書いたので，先生〔（ア）は驚かれた・（イ）に驚かれた・（ウ）を驚かせた・（エ）に驚かされた・（オ）は驚かされた〕。

3) 太郎くんの立派なリポートに，先生〔（ア）は驚かれた・（イ）に驚かれた・（ウ）を驚かせた・（エ）に驚かされた・（オ）は驚かされた〕。

4) 太郎くんのリポートは立派な内容だったので，先生〔（ア）は驚かれた・（イ）に驚かれた・（ウ）を驚かせた・（エ）に驚かされた・（オ）は驚かされた〕。

5) 同窓会で，教え子たちは，95歳という高齢にもかかわらず研究や執筆活動を続けておられる先生〔（ア）は驚かれた・（イ）に驚かれた・（ウ）を驚かせた・（エ）に驚かされた・（オ）は驚かされた〕のだった。

6) 同窓会で，教え子たちの活躍ぶりに，先生〔（ア）は驚かれた・（イ）に驚かれた・（ウ）を驚かせた・（エ）に驚かされた・（オ）は驚かされた〕。

日本語の意味と答え

「驚く」は自動詞なので，「迷惑の受け身」しか作れませんが，「驚く」の受け身形は「驚かれる」です。「驚く」に敬語を意味する助動詞「れる・られる」をつけると「驚かれる」となり，受け身形と同じです。一方，「驚かす」は他動詞です。

```
問題 4 -12の答え
 1)（ウ）
 2)（ア）・（イ）・（ウ）・（オ）
 3)（ア）・（オ）
 4)（ア）・（イ）・（ウ）・（オ）
 5)（エ）    6)（ア）・（オ）
```

「先生は驚かれた」の「驚かれた」が敬語とすれば，それは「先生が驚いた」意味です。「妻は先生に驚いた」を「迷惑の受け身」に直すと，「先生は妻に驚かれた」になるので，「驚かれた」を受け身とすれば，「先生は〜に驚かれた」の「〜に」を省略した形と解釈することができます。「先生はバラの花束を買って帰り，妻に驚かれた」「彼女はとてもきれいになって，周りの人に驚かれた」のように使われます。

「驚かす」は使役形です。「AはBを驚かす」では，「驚いた人」は「B」です。「その知らせは先生を驚かせた」と「先生はその知らせに驚かされた」，「先生はその知らせに驚いた」は同じ現象です。

「私は子どもの成長に驚いた」と「私は子どもの成長に驚かされた」は，ほぼ同じ意味ですが，「驚かされた」のほうが「自分の意志でコントロールできない」という雰囲気があるでしょう。この「驚かされた」は，使役受け身文です。

「〜は驚かれた」「〜に驚かれた」「〜を驚かせた」「〜に驚かされた」「〜は驚かされた」を使った短文が作れる力を，聴覚障害児に培わせたいものです。

見てわかる意味の違い

① 先生は驚かれた。	② 先生に驚かれた。
■「驚かれた」が敬語の場合，「驚いた」人は「先生」である。「先生は（知らせに）驚かれた」の一部であると考えると，意味がわかりやすいだろう ・手話「先生／驚く」（先生を敬う表情やしぐさをつける）	・「驚いた」人は「先生」である。「（生徒は入賞し，）先生に驚かれた」という受け身文を能動文に書き換えると「先生は生徒の入賞に驚いた」となる，と考えると意味がわかりやすいだろう ・手話「先生／驚く」

- ■「驚かれた」が受け身の場合，「驚いた」人は「先生」以外の人である。「先生は（花を買って帰ったので，妻に）驚かれた」の一部であると考えると，意味がわかりやすいだろう
- 手話では，「先生が何かをして，他の人が驚いた」ことを表す

③ 先生を驚かせた。	④ 先生に驚かされた。	⑤ 先生は驚かされた。
・「驚いた」人は「先生」である。「（そのニュースは）先生を驚かせた」の一部であると考えると，意味がわかりやすいだろう ・手話「先生／驚く」 ・「そのニュースを聞いて，先生は驚いた」のように言い換えて手話表現する	・「驚いた」人は「先生」以外の人である。「教え子は，高齢なのに元気な先生に驚かされた」という受け身文を能動文に書き換えると，「高齢なのに元気な先生は，教え子を驚かせた」となる，と考えると意味がわかりやすいだろう ・「先生が〜ので，私は驚いた」のように言い換えて手話表現する	・「驚いた」人は「先生」である。「先生はそのニュースに驚かされた」という受け身文を能動文に書き換えると，「そのニュースは先生を驚かせた」となる，と考えると意味がわかりやすいだろう。「先生は驚いた」とほぼ同じ意味になる ・手話「先生／驚く」 ・「そのニュースを聞いて，先生は驚いた」のように言い換えて手話表現する

　小学校の国語の教科書に「**大豆のよいところに気づき，食事に取り入れてきた昔の人々のちえに驚かされます。**」という文があります。「**人々のちえに驚かされます。**」を「人々のちえに驚きます」としても，意味はあまり変わらないでしょうが，「驚かされる」を使うほうが自然に感じます。「彼のよいところに気付いた」と「彼のよいところに気付かされた」も，意味はあまり変わらないのですが，「気付かされる」や「驚かされる」のほうが，自分の意図や意志と関係なく，「気付く」ことや「驚く」ことを余儀なくされるという雰囲気があります。

例 ④-13

| ① 子どもが行く。 | ② 子どもを行かせる。 | ③ 子どもに行かせる。 |

日本語の意味は？　　　　　　　　　　　　　　　　　　　　　　問題 4-13(1)

次の文の中で「せる・させる」がついている動詞（食べる，読む等）は，他動詞です。〔　〕の中から適切なものを選んでください（複数回答可）。
1) 先生は，太郎くん〔を・に〕本を読ませた。
2) 先生は，友だちの積み木をこわした太郎くん〔を・に〕謝らせた。
3) 私〔を・に〕言わせていただくと，あれはこういうことになります。
4) 言いたい奴〔を・に〕は，言わせておけ。
5) 母親が赤ちゃん〔を・に〕食べさせている。
6) 母親は，子ども〔を・に〕野菜〔を・に〕食べさせた。
7) 彼は，部下〔を・に〕経過〔を・に〕報告させた。
8)「勉強しなさい」と言わずに，子ども〔を・に〕勉強させる方法があれば，教えてほしい。

日本語の意味は？　　　　　　　　　　　　　　　　　　　　　　問題 4-13(2)

次の文の中で「せる・させる」がついている動詞（立つ・行く等）は，自動詞です。〔　〕の中から適切なものを選んでください（複数回答可）。
1) 先生が子どもたち〔を・に〕笑わせた。
2) 先生が子どもたち〔を・に〕立たせた。
3) 母は，倒れた人形〔を・に〕立たせた。
4) 子どもが行きたがるので，子ども〔を・に〕行かせることにしたわ。
5) 祖母の家へ届け物があったので，子ども〔を・に〕行かせた。
6) それを聞いて，彼は，思わず「私〔を・に〕行かせてください」と言った。

7) 彼は，父に「私〔を・に〕，東京に行かせてください」と頼んだ。
8) 彼は，父に「私〔を・に〕，東京へ行かせてください」と頼んだ。
9) 母親は，子ども〔を・に〕公園で遊ばせた。
10) 犬〔を・に〕風〔を・に〕慣れさせるには，どうしたらいいだろうか。

日本語の意味は？　　　　　　　　　　　　　　　　問題 4 - 13 (3)

例のように，使役文を作ってみてください。
　　例）妹が泣いた。　　　　→　兄は，妹を泣かせた。
　　1) 弟が驚いた。　　　　　→　姉は，（　　　　　　）。
　　2) 娘が英語を勉強した。　→　母親は，（　　　　　　）。
　　3) 娘が勉強した。　　　　→　母親は，（　　　　　　）。
　　4) 娘が靴を洗った。　　　→　母親は，（　　　　　　）。

日本語の意味は？　　　　　　　　　　　　　　　　問題 4 - 13 (4)

「母親は，子どもにズボンをはかせた」という文が意味するものを，（ア）（イ）から選んでください（複数回答可）。

（ア）　　　　　　（イ）

日本語の意味と答え

　問題 4 - 13 (1) は，「AはBにCをnさせる」のような他動詞の使役形を使った文に関わる問題です。使役の対象者には「に」がつくことがわかるでしょう。これは，「〜を」という目的格をもつ他動詞で，使役の対象者に「を」をつけると，「を」が2回使われることになるので，それを避けるため，という説明ができるでしょう。ただし，2) について，「謝る」は他動詞ですが，「に」だけでなく「を」も使えるようです。実際「子を謝らせない親」という言い方もあります。「太郎に謝らせる」だけだと，「太郎が誰かに謝る」意味なのか「誰かが太郎に謝る」意味

なのかあいまいなため、「先生が太郎を謝らせる」というように「〜を」を使うことによって、「太郎が友だちに謝る」意味であることをはっきりさせることができます。さらに、「勉強させる」についても、「子どもに勉強させる」と「子どもを勉強させる」は両方とも自然な言い方です。

　問題 4 - 13（2）は、「A は n させる」のような自動詞の使役形を使った文に関わる問題ですが、使役の対象者に「を」と「に」のどちらをつけるとよいのか迷う人が多いだろうと思います。外国人に対する日本語指導では、自動詞を使役にするときは、使役の対象者

> 問題 4 -13(1)の答え
> 　1) に　　2) を・に　　3) に
> 　4) に　　5) に　　6) に，を
> 　7) に，を　　8) を・に
> 問題 4 -13(2)の答え
> 　1) を　　2) を　　3) を
> 　4) を・に　　5) を・に
> 　6) を・に　　7) を
> 　8) を・に　　9) を・に
> 　10) を・に
> 問題 4 -13(3)の答え
> 　1) 弟を驚かせた
> 　2) 娘に英語を勉強させた
> 　3) 娘を勉強させた・娘に勉強させた
> 　4) 娘に靴を洗わせた
> 問題 4 -13(4)の答え
> 　（ア）・（イ）

には「を」をつけるとよいと教えている人もいるようです。実際、問題 4 - 13（2）の答えを見ると、「を」が全ての問題の答えになっています。その一方で、「自動詞の使役文では、〈ニ格使役〉が『許可・放任』の用法で、〈ヲ格使役〉は『強制・命令』になる」という意見も見られます。つまり、「子どもを行かせる」では、「子ども」を自らの支配下に置いており、「行く」という行為は「強制」の内容になるのに対し、「子どもに行かせる」では、「子ども」は主格から独立的であり、「行く」という行為は「許可」の内容になる（「放任」を意味するときもある）、という意味です。筆者も、「強制」を意味する場合は「を」を多く使い、「許可」を意味する場合は「に」を多く使うような気がします。しかし、「子どもを行かせる」と「子どもに行かせる」は同じ意味だと言う人も見られるようです。

　問題 4 - 13（2）で、「を」だけが答えとなる文を拾ってみると、「1）先生が子どもたちを笑わせる」「2）先生は子どもたちを立たせる」がありますが、これらの文では、笑うことや立つことを「許可」の意味にとらえることはできないでしょう。「3）母は人形を立たせる」については、「人形」には意志がないので、「許可」の意味はあり得ないでしょう。それから、「7）私を東京に行かせてください」では、もし「私に東京に行かせてください」とすると、「〜に」が 2 回重なるので、

「許可」のような意味があるとしても「私を東京に行かせてください」とするほうがよいでしょう。

以上のように考えると，次のようにまとめられると思います。ただし，自動詞については，最初は，「を」を使うとだけ覚えさせてもよいと思います。

■他動詞→「人に～させる」（強制・許可・放任）
　例）「彼が本を読む」→「彼に本を読ませる」
■自動詞→「人を～させる（強制）」
　　　　　「人に～させる（強制・許可・放任）」
　例）「彼が行く」→「彼を行かせる」「彼に行かせる」
　（ただし，無生物が対象の場合は「を」を使う。例）「人形を立たせる」）

見てわかる意味の違い

① 子どもが行く。	② 子どもを行かせる。	③ 子どもに行かせる。
・手話「子ども／行く」	・手話「子ども／行く／［私が子どもに］**命令**」	■強制の意味の場合は，②と同じ ■許可の意味の場合は，手話「子ども／行く／［私が子どもに］**認める**」

■放任の意味の場合，手話「子ども／行く／捨てる（放っておく）」

【補足】

問題4-13（3）の続きとして，下記のような問題があったとすれば，答えはどうなるかを考えてみました。

> 例のように，使役文を作ってみてください。
> 　　例）妹が泣いた。　　　　　　　　→　兄は，妹を泣かせた。
> 　　5）彼女が赤ん坊を風呂に入れた。　→　彼は，（　　　　　　）。
> 　　6）太郎が友だちに謝った。　　　　→　先生は，（　　　　　　）。
> 　　7）家来は命令に従った。　　　　　→　王様は，（　　　　　　）。
> 　　8）彼女が赤ちゃんに服を着せた。　→　彼は，（　　　　　　）。
> 　　9）隊長が兵隊たちを並ばせた。　　→　将軍は，（　　　　　　）。

　筆者としては，「5）彼は，（彼女に赤ん坊を風呂に入れさせた）。6）先生は，（太郎に友だちに謝らせた？）。」「7）王様は，（家来を命令に従わせた）。王様は，（家来に命令に従わせた？）。」「8）彼は，（彼女に赤ちゃんに服を着せさせた？）。」と考えました。つまり，「？」をつけた文には，不自然さを感じます。「彼は，彼女に赤ん坊を入浴させた」「先生は太郎を論し，太郎は友だちに謝った」「王様は，家来に『命令に従え』と言った」「彼は，彼女に頼んで，赤ちゃんに服を着せてもらった」のような文に直す人が多いと思います。

　また，「9）将軍は，（隊長に兵隊たちを並ばせた）。」となり，「将軍は隊長に兵隊たちを並ばせさせた。」とは言わないように思います。「隊長が兵隊たちに並ばせた」という問題文自体が，既に使役文です。

172

例 4-14

① 手術される。　　　② 手術を受ける。

日本語の意味は？　　　　　　　　　　　　　　　　問題 4-14

適切な言い方を，（ア）（イ）から選んでください（複数回答可）。

1) （ア）街は，敵に攻撃された。
　　（イ）街は，敵の攻撃を受けた。
2) （ア）留学中に，自分が手術されるとは思いもしなかった。
　　（イ）留学中に，自分が手術を受けるとは思いもしなかった。
3) （ア）君，早く検査されたほうがいいよ。
　　（イ）君，早く検査を受けたほうがいいよ。
4) （ア）輸入された食品は，税関で検査されている。
　　（イ）輸入された食品は，税関で検査を受けている。
5) （ア）徴兵検査で，身長，体重，病気の有無などが検査された。
　　（イ）徴兵検査で，身長，体重，病気の有無などが検査を受けた。

日本語の意味と答え

　受身文は，「～れる・られる」の助動詞を使うことが多いですが，「～を受ける」の形でも受け身の意味を表すことができます。

　では，「攻撃される」と「攻撃を受ける」は同じ意味かと聞かれると，現象としては同じですし，「攻撃」に修飾語がなければ，どちらを使ってもかまわない文が多いようです。

　しかし，「手術される」と「手術を受ける」を比べると，「いきなり手術されてしまった」「じっくり考えて，手術を受けると決めた」などの文からも感じられるように，どちらかと言えば「受ける」のほうが，「自分の意志や働きかけがある」というニュアンスがあるように思います。

問題 4-14の答え
1)（ア）・（イ）
2)（ア）・（イ）
3)（イ）　　4)（ア）
5)（ア）

「検査される」と「検査を受ける」については,「肝臓が詳しく検査された」や「彼は肝臓の検査を受けた」からわかるように,「検査される」の主語は物体となり,「検査を受ける」の主語は人間となることが多いようです。

見てわかる意味の違い

① **手術される。**	② **手術を受ける。**
・手話「手術／**受ける**」（筆者としては,「もらう」の手話に比べて「受ける」の手話のほうが強制的・外圧的に感じる）	・手話「手術／受けるor**もらう**」（筆者としては,「受ける」の手話に比べて「もらう」の手話のほうが自分の意志で受けた意味があるように感じる）

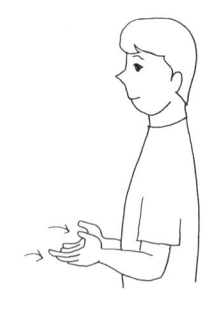

【補足】
　「彼は中傷された」という文を読んで違和感を感じ,「○○する」という形の動詞について,「○○される」と「○○を受ける」の言い方が可能かを考えてみたところ, 以下のようにいろいろな例があることに気付きました。これらを使い分ける力を聴覚障害児に獲得させるにはどうすればいいのだろうかと, 改めて思いました。
・「○○される」と「○○を受ける」の両方が可能→「攻撃」「批判」など
・「○○される」は可能,「○○を受ける」は言えない→「強制」「殺害」など
・「○○を受ける」は可能,「○○される」と言えるかは微妙あるいは言えない
　→「中傷」「治療」など
・「○○される」や「○○を受ける」と言えるかは微妙あるいは言えない→
　「勉強」「怪我」など

小学校低学年の教科書より
4章　授受，受け身，使役に関わる助詞の使い分け

● 『サンゴの海の生きものたち』に，以下の文が載っています。

「大きな魚たちは，体や口の中についた虫を，ホンソメワケベラが取って，きれいに掃除してくれるのを知っているからです。」

これは，複文です。①「体や口の中についた虫を取るのは誰か」，②「『体や口』というのは誰の体と口か」，③「掃除をするのは誰か」，④「知っているのは誰か」と尋ねられて，適切に答えられるでしょうか。①と③の答えは「ホンソメワケベラ」で，②と④の答えは「大きな魚たち」です。つまり，「ホンソメワケベラが虫を取って掃除してくれる」という名詞節があることを正しく読み取る必要があります。

● 授受構文に関して，以下のような例がありました（一部改変）。①～⑨の「くれる」を「もらう」に変えると，また，⑩～⑬の「もらう」を「くれる」に変えると，どんな文になるでしょうか。ただし，文を作りにくいものもあると思います。

① 「誰も，ぼくにお手紙なんかくれたことがないんだ。」
② 「誰かが，きみにお手紙をくれるかもしれないだろう。」
③ 「夢で，白馬が教えてくれたとおりに，骨や皮などを組み立てていきました。」
④ 「娘の病気を治してくれた人には，ほうび，望みどおり。」（という看板が，長者の家の前に立てられている）
⑤ 「『かげおくり』って遊びをちいちゃんに教えてくれたのは，お父さんでした。」
⑥ 「おじさんは，ちいちゃんを抱いて走ってくれました。」
⑦ 「おばちゃんは，ちいちゃんの手をつないでくれました。」
⑧ 「（モチモチの木）実をいっぱい振り落としてくれる。」
⑨ 「じさまは，すぐに目をさましてくれる。」
⑩ 「よそへ行くときは，お母さんに，口にくわえて運んでもらうのです。」
⑪ 「若者は，ばあさまにもらったずきんをかぶってみました。」
⑫ 「その娘さんからは，前に，粟粒をもらったことがあるよ。」
⑬ 「豆太は，じさまについてってもらわないと，一人じゃ小便もできないのだ。」

「AがBにCをしてくれる」と「BがAにCをしてもらう」は同じ意味であると考えると，答えは以下のとおりです。

①「ぼくは，誰にも（誰からも）お手紙なんかもらったことがないんだ。」
②「きみは，誰かに（誰かから）お手紙をもらうかもしれないだろう。」
③「夢で，白馬に教えてもらったとおりに，骨や皮などを組み立てていきました。」
④は，複文です。「人（医者など）が娘の病気を治す」と「長者が人（医者など）に望みどおりのほうびをあげる」が組み合わさった意味です。ですから，あえて「もらう」を使うと，「娘の病気を治してもらえたら，その人に，ほうび，望みどおり。」となるでしょう。もし，「娘の病気を治してもらった人には，ほうび，望みどおり。」とすると，「長者は（人（医者など）に）娘の病気を治してもらう」意味ですから，「娘の病気を治してもらった人」は「長者」のことになってしまいます。
⑤「『かげおくり』って遊びをちいちゃんが教えてもらったのは，お父さんでした。」はおかしいです。④と似ていると言えるでしょう。
⑥「おじさんは，（ちいちゃんに）ちいちゃんを抱いて走ってくれました。」という意味だと考えて，「ちいちゃんは，おじさんに自分を抱いて走ってもらいました。」という文を作ってみましたが，ちいちゃんが「自分を抱いて走ってください」とおじさんに頼んだわけではないので，不自然さを感じます（例4－12を参照）。
⑦「おばさんは，（ちいちゃんに）ちいちゃんの手をつないでくれました。」という意味だと考えて，「ちいちゃんは，おばさんに（自分の）手をつないでもらいました。」という文を作ってみましたが，これも⑥と同様に不自然さを感じます。
⑧「（モチモチの木に）実をいっぱい振り落としてもらう。」とすると，違和感を感じます。
⑥～⑧の結果から，「BがAにCをしてもらう」という文は全て，「AがBにCをしてくれる」という文に直せるわけではないことがわかります。特に⑥や⑦を見ればわかるように，BがAにCすることを頼んだわけではないが，Aの行為をBがありがたく思っているときに，「もらう」ではなく「くれる」が使われるようです。また，⑧を見ればわかるように，Aが無生物の場合は，「BがAにCをしてもらう」より「AがBにCをしてくれる」のほうが自然でしょう。このような文として，他に，「自然が私をいやしてくれた」「庭の花が心をなごませてくれる」などがあります。
⑨「じさまにすぐに目をさましてもらう。」（「少し違和感を感じる」と言う人がいるだろうと思います。）
⑩「よそへ行くときは，お母さんが，口にくわえて運んでくれるのです。」
⑪「若者は，ばあさまがくれたずきんをかぶってみました。」
⑫「その娘さんは，前に粟粒をくれたことがあるよ。」

⑬「豆太は，じさまがついてってくれないと，一人じゃ小便もできないのだ。」
なお，例4−11も参照してください。

●その他，物の受け渡し，受け身や使役などに関わって，以下の文がありましたが，意味を正しく理解できているでしょうか。助詞を適切に使い分けられるでしょうか。
・強い動物に襲われても，お母さんや仲間たちと一緒に逃げることができます。
・お日さまに起こされて，春風は，大きなあくび。
・花と軸を静かに休ませて，種に，たくさんの栄養を送っているのです。こうして，たんぽぽは，種をどんどん太らせるのです。
・このように，たんぽぽは，いろいろなちえを働かせています。
・大きな魚に食べられてしまうよ。
・そして，かえるくんからのお手紙を，がまくんに渡しました。
・お手紙をもらって，がまくんは，とても喜びました。
・スーホは，歌がうまく，他の羊飼いたちに頼まれて，よく歌を歌いました。
・ほうっておいたら，夜になって，おおかみに食われてしまうかもしれない。
・スーホは，大ぜいになぐられ，けとばされて，気を失ってしまいました。
・スーホは，友だちに助けられて，やっとうちまで帰りました。
・白馬をとられた悲しみは，どうしても消えません。
・（小だいは）おおかた，満ち潮のときに，大ざめにでも追われて，逃げこんだのでしょう。
・大豆がそれほど食べられていることは，意外と知られていません。
・他の作物に比べて，こんなに多くの食べ方が考えられたのは，大豆が味もよく，畑の肉といわれるくらいたくさんの栄養を含んでいるからです。
・大豆のよいところに気づき，食事に取り入れてきた昔の人々のちえに驚かされます。

5章 対象や相手に関わる助詞
を，に，と，が，等

　行為が向かう対象にどんな助詞がつくかによって，微妙に意味が変わってくる場合があります。これについて，本章で取り上げてみます。

　「に」には，行為・作用の行われる対象や相手を示す働きがあるとされています（「人によくかみつく犬」「彼に伝える」）。受け身や使役の相手や対象を示す働きもあります（「犬にかまれる」「子どもに箱を作らせる」）が，これについては，4章を参照してください。

　「を」には，行為の向かう方向や相手を意味する「を」（「前を見る」「彼をたたく」）や，行為や作用の目的や対象を表す「を」（「家を建てる」「水を飲む」）などがあります。では，「お湯をわかす」と「水をわかす」の違い，「米を炊く」と「ごはんを炊く」の違いを，どのように説明すればよいでしょうか。

　一方，「彼に同情する」の「に」は，同情する行為が向かう先を意味し，「彼をたたく」の「を」は，たたくという行為が向かう先を意味し，「彼と結婚する」は，結婚するという行為の相手を意味します。これらの「を」「に」「と」の使い分けも難しいです。また，「彼に相談する」と「彼と相談する」は，両方とも言えますが，意味が異なります。このような助詞の使い分けがスムーズにできるような力を，聴覚障害児に身につけさせたいものです。

5章で扱う例文

例5-1
①-1　人が集まる。
①-2　人を集める。
②-1　ドアがあく。
②-2　ドアをあける。
③-1　お金が残る。
③-2　お金を残す。
④-1　お金がなくなる。
④-2　お金をなくす。

例5-2
① 金閣寺が見たい。
② 金閣寺を見たい。

例5-3
①-1 私は彼女が好きだ。
①-2 私は彼女を好きだ。
②-1 彼が好きなのは彼女だ。
②-2 彼を好きなのは彼女だ。

例5-4
①-1 先輩に話す。
①-2 先輩と話す。
②-1 先輩に会う。
②-2 先輩と会う。
③-1 バイクが車にぶつかる。
③-2 バイクが車とぶつかる。

例5-5
①-1 子どもに教える。
①-2 子どもを教える。
②-1 子どもに預ける。
②-2 子どもを預ける。
③-1 彼に訴える。
③-2 彼を訴える。
④-1 手話通訳者に依頼する。
④-2 手話通訳者を依頼する。
⑤-1 子どもに注意する。
⑤-2 子どもを注意する。
⑥-1 彼に頼る。
⑥-2 彼を頼る。
⑦-1 天才に育てる。
⑦-2 天才を育てる。

例5-6
①-1 母にたずねる。
①-2 母をたずねる。
②-1 家にうかがう。
②-2 家をうかがう。

③-1 家におとずれる。
③-2 家をおとずれる。
④-1 作品にさわる。
④-2 作品をさわる。

例5-7
①-1 子どもに教える。
①-2 子どもを教える。
①-3 英語を教える。
①-4 子どもに英語を教える。
②-1 壁に塗る。
②-2 壁を塗る。
②-3 ペンキを塗る。
②-4 ペンキで塗る。
②-5 壁にペンキを塗る。
②-6 壁をペンキで塗る。

例5-8
① 係に伝える。
② 係まで伝える。
③ 係にまで伝える。

例5-9
①-1 〜の力が強い。
①-2 〜の力に強い。
②-1 アルカリ性が強い。
②-2 アルカリ性に強い。

例5-10
① 英語を勉強する。
② 英語の勉強をする。

例5-11
① 水をわかす。
② 湯をわかす。

例5-12
①（私は）太郎くんより重い。
②（私より）太郎くんのほうが重い。

例 5-1

①-1 人が集まる。	①-2 人を集める。
②-1 ドアがあく。	②-2 ドアをあける。
③-1 お金が残る。	③-2 お金を残す。
④-1 お金がなくなる。	④-2 お金をなくす。

日本語の意味は？　　　　　　　　　　　　　　　問題 5-1(1)

次の〔　〕の中で適切なものはどちらですか？
1) 店の前で，みんな一列に〔並んで・並べて〕，順番を待っている。
2) 子どもが，何台かのミニカーを一列に〔並んで・並べて〕遊んでいる。

日本語の意味は？　　　　　　　　　　　　　　　問題 5-1(2)

例のように，（　）に適切な動詞を入れてください。
　例）　葉っぱが落ちる。　　→　葉っぱを落とす。
　1) 家が建つ。　　　　　　→　家を（　　　）。
　2) 火が（　　　）。　　　→　火をつける。
　3) コップが割れる。　　　→　コップを（　　　）。
　4) 釘が（　　　）。　　　→　釘を抜く。
　5) ドアがひらく。　　　　→　ドアを（　　　）。
　6) 赤ちゃんが生まれる。　→　赤ちゃんを（　　　）。
　7) 水が（　　　）。　　　→　水を流す。
　8) お金が残る。　　　　　→　お金を（　　　）。
　9) 紙飛行機が飛ぶ。　　　→　紙飛行機を（　　　）。
　10) 水が（　　　）。　　 →　水をこぼす。

日本語の意味は？ 問題5-1(3)

次の〔 〕の中で，適切なものはどちらですか？
1) 葉っぱ〔が・を〕落ちる。葉っぱ〔が・を〕落とす。
2) プリント〔が・を〕なくす。プリント〔が・を〕なくなる。
3) チャイム〔が・を〕鳴る。チャイム〔が・を〕鳴らす。
4) 糸〔が・を〕切れる。糸〔が・を〕切る。
5) 棒〔が・を〕折る。棒〔が・を〕折れる。
6) 木の枝〔が・を〕揺らす。木の枝〔が・を〕揺れる。
7) 人〔が・を〕集まる。人〔が・を〕集める。
8) お湯〔が・を〕さます。お湯〔が・を〕さめる。

日本語の意味は？ 問題5-1(4)

次の〔 〕の中で，より適切なものはどちらですか？
1) 妻「今朝出勤の途中，財布〔が・を〕〔落として・落ちて〕，困ったわ」
   夫「えーっ，どこで〔落とした・落ちた〕の？」
   妻「それがわかったら，そこへ探しに行っているわよ」
2) 母が「これは大切な書類だから，きちんと先生に渡すようにと言ったのに，あなたは，それ〔が・を〕〔なくなった・なくした〕の⁉」と言った。
3) 電車で，「〔ドアが閉まります・ドアを閉めます〕ので，ご注意ください」という放送が流れた。

日本語の意味と答え

受け身を表す「れる」や「られる」について，「れる」は五段活用とサ変の一部の動詞の未然形につき，「られる」は上一段活用と下一段活用，カ変，サ変の一部の動詞の未然形につくというように，明瞭なルールが見られます。

ところが，自動詞と他動詞の間には，そのような明瞭なルールは見られないようです。ただし，「-aru」で終わる動詞（五段活用，「集まる」「終わる」など）は自動詞で，それを「-eru」の形（下一段活用，「集める」「終える」など）に変え

> 問題5-1(1)の答え　1) 並んで　2) 並べて
> 問題5-1(2)の答え　1) 建てる　2) つく　3) 割る　4) 抜ける　5) ひらく　6) 生む　7) 流れる　8) 残す　9) 飛ばす　10) こぼれる
> 問題5-1(3)の答え　1) が, を　2) を, が　3) が, を　4) が, を　5) を, が　6) を, が　7) が, を　8) を, が
> 問題5-1(4)の答え　1) を, 落として, 落とした　2) を, なくした　3) ドアが閉まります

	動詞の例			
	自動詞	他動詞	自動詞	他動詞
自動詞と他動詞が存在するもの	並ぶ（五段）	並べる（下一段）	建つ（五段）	建てる（下一段）
	割れる（下一段）	割る（五段）	抜ける（下一段）	抜く（五段）
	落ちる（上一段）	落とす（五段）	生きる（上一段）	生かす（五段）
	笑う（五段）	笑う（五段）	開(ヒラ)く（五段）	開(ヒラ)く（五段）
自動詞のみ	泳ぐ		走る	
他動詞のみ		たたく		ほめる

ると他動詞になる，という傾向は見られます。自動詞と他動詞を使いこなすには，日頃からいろいろな動詞になじむことが大切でしょう。

また，「走る」「泣く」のように自動詞しか存在しないもの，逆に「たたく」「ほめる」のように他動詞しか存在しないものがあります。

さらには，自動詞と他動詞が同じ形のものもあります。例えば，「彼はあははと笑う」の「笑う」は自動詞であり，「彼は彼女を笑う」の「笑う」は他動詞です。

基本的には，「葉っぱが落ちる」のように人の意図に関係なく行われる場合は，「[主語]が＋自動詞。」を使い，「父が葉っぱを落とす」のように人の意図と関係がある場合は，「[主語]が＋[目的語]を＋他動詞。」を使うことになります。

ここで注意しなければならないことは，「『〜を』という句をつけることができるなら，その動詞は他動詞である」という言い方についてです。例えば，「走る」は自動詞であり，それに対する他動詞は存在しません。「廊下を走る」のように，「〜を」という句をつけた言い方が存在するので，「走る」は他動詞だと思う人が見られますが，この「廊下を」の「を」は，通過点を意味する「を」であり，これは目的格を意味する「を」ではありません。

手話表現について，基本的には，「Aが自動詞」（「葉っぱが落ちる」「ドアがあく」）の場合は，「A」の状態を表した手を動かします（葉っぱを表した手が，そのままひらひらと下に落ちる。ドアを表した手が，そのまま自然に開く）。そして，「AがBを他動詞」（「（父が）葉っぱを落とす」「（母が）ドアをあける」）の場合は，「A」

> ■「主語が，自動詞」
> 1) 主語の意志によらない。
>   例）葉っぱが落ちる。
>   ドアがあく。
> 2) 主語の責任は問われない。
>   例）君，財布が落ちたよ。
>
> ■「主語が，目的語を　他動詞」
> 1) 主語の意志による。
>   例）父が葉っぱを落とす。
>   母がドアをあける
> 2) 主語の責任が問われる。
>   例）君，財布を落としたよ。

が「B」に働きかける様子を手で表します（まず「父」を表し，それから葉っぱを何か道具を使ったりして落とす様子を表す。まず「母」を表し，それからドアの取っ手に手をかけて，それをあける様子を表す）。

　しかし，実際には，「お金が残る」と「お金を残す」，「プリントがなくなる」と「プリントをなくす」などは，短い手話で区別して表すことは難しく，同じような手話表現になってしまう例が多く見られます。ほとんどの場面では，同じような手話になっても支障はないと思いますが，実際には，「先生，申込用紙がなくなりました」と言うと，先生から「『なくなった』という言い方はおかしい。君が書類をきちんとしまわなかったからだろう。自分に責任がないかのような言い方をしたらだめだよ。『申込用紙をなくしました』と言いなさい」と注意される，というような場面が見られます。つまり，日本語の世界では，「～がなくなった」と「～をなくした」のどちらを用いるかによって，聞き手がひっかかりを感じたりすることは，よくあることです。そのことも，聴覚障害児には理解してほしいと思います。

　聴覚障害児に対しては，ある程度の年齢までは，「人の意図に関係なく行われる場合は自動詞を使い，人の意図と関係がある場合は他動詞を使う」と説明してもよいでしょうが，ある程度使い方に慣れてきたら，責任を問う気持ちの有無などとの関連でも使い分けが微妙に変わってくることを伝えたいものです。つまり，人が財布を落としたり書類をなくしたりしたとき，責任を問う気持ちがない場合は「財布が落ちた」「書類がなくなった」と言いますが，責任が本人にあると考える場合は，本人がわざと落としたりなくしたりしたのではなくても，「財布を落とした」「書類をなくした」と言うことが多いことを，聴覚障害児に理解させたいものです。

　電車などで，車掌自身がドアの開閉を行うにもかかわらず，「ドアを閉めます。ご注意ください」ではなく「ドアが閉まります。ご注意ください」と言いますが，これは，自動詞のほうが柔らかい雰囲気を与えるからでしょうか。「財布がなくなる」は，「財布をなくす」と比べて，「自分に責任はない」という雰囲気があるので，自動詞には「責任の所在を薄くする」働きがあると言えるかもしれません。

見てわかる意味の違い　　　現実に見られる表現例を含む，以下同様

①-1　人が集まる。

- 手話「人／**集まる**」（「集まる」のところで，手の動きは多数の人間の状態を示す）

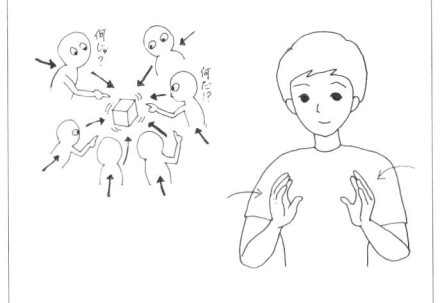

①-2　人を集める。

- 手話「人／**集める**」（「集める」のところで，手の動きは人の行為を示す）

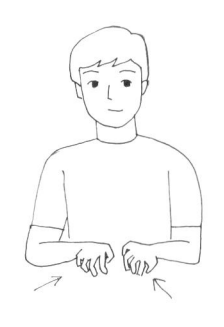

②-1　ドアがあく。

- 手話「ドア／［ドアがひとりでに］**あく**」（「あく」のところで，手の動きはドアの状態を示す）

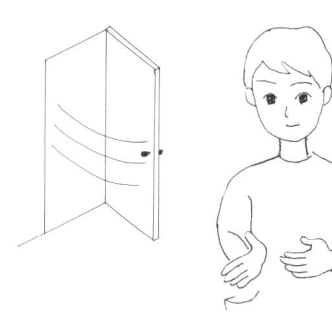

②-2　ドアをあける。

- 手話「ドア／［取っ手を持って］**あける**」（「あける」のところで，手の動きは人の行為を示す）

185

③-1 お金が残る。

- 手話「お金／残る」
- 手話「〜した／将来（〜する後）or **結果（結ぶ）**／お金／残るorあるor指さす」のように補足説明する

- 「あれっ，残った」という表情を付け加える

③-2 お金を残す。

- 手話「お金／残る」
- 手話「私／努力／お金／残る」（努力の結果残ったことに満足する表情やうなずきを加える）

④-1 お金がなくなる。

- 手話「お金／なくなる（消える）」
- 手話「お金／なくなる（消える）／意味（なぜ）／知らない」

④-2 お金をなくす。

- 手話「お金／なくなる（消える）」
- 手話「お金／なくなる（消える）／私／**責任**」

例 5-2

| ① 金閣寺が見たい。 | ② 金閣寺を見たい。 |

日本語の意味は？　　　　　　　　　　　　　　　　　　問題 5-2(1)

次の〔　〕の中から適切なものを選んでください（複数回答可）。

1) 福祉の仕事〔が・を〕したい。
2) 福祉の仕事〔が・を〕体験したい。
3) 何かあたたかいもの〔が・を〕食べたいなあ。
4) 何かあたたかいもの〔が・を〕たくさん食べたいなあ。
5) 仕事〔が・を〕一生懸命したい。
6) 一生懸命仕事〔が・を〕したい。
7) 丈夫な家〔が・を〕ほしい。
8) 彼女は，丈夫な家〔が・を〕ほしがっている。
9) 私は，ヘビ〔が・を〕嫌いだ。
10) 私は，カミナリ〔が・を〕おそろしい。
11) 私は，カミナリ〔が・を〕苦手だ。
12) 大好きな小説〔が・を〕読めないほど，気分が悪かった。
13) 私は，チョコレート〔が・を〕好きだ。
14) 彼女は礼儀正しい。それで，彼女のこと〔が・を〕好きになった。

日本語の意味は？　　　　　　　　　　　　　　　　　　問題 5-2(2)

自然な言い方は（ア）〜（エ）のどれですか？（複数回答可）

1) （ア）私は，アメが食べたい。
   （イ）私は，アメを食べたい。
   （ウ）私は，アメが食べたがっている。
   （エ）私は，アメを食べたがっている。

2)（ア）弟はアメが食べたかったが，母が「ダメ」と言った。
　　（イ）弟はアメを食べたかったが，母が「ダメ」と言った。
　　（ウ）弟はアメが食べたがったが，母が「ダメ」と言った。
　　（エ）弟はアメを食べたがったが，母が「ダメ」と言った。

日本語の意味は？　　　　　　　　　　　　　　　　　　　問題 5-2（3）

不自然な言い方は（ア）〜（キ）のどれですか？（複数回答可）
（ア）サイクリングがしたいなあ。
（イ）サイクリングをしたいなあ。
（ウ）サイクリングが空気のきれいなところでしたいなあ。
（エ）サイクリングを空気のきれいなところでしたいなあ。
（オ）サイクリングは空気のきれいなところでしたいなあ。
（カ）空気のきれいな所でサイクリングがしたいなあ。
（キ）空気のきれいな所でサイクリングをしたいなあ。

日本語の意味と答え

目的語は「を」という助詞を使うことが多いですが，「食べたい」「やりたい」のように願望を表す動詞の場合は，「を」と「が」のどちらも使えることが多いようです。「私は仕事をしたい」と「私は仕事がしたい」は，両方とも自然な言い方です。ですが，「ほしい」「嫌い」「おそろしい」のような形容詞になると，「を」より「が」のほうが自然な言い方になります。

ただし，「一生懸命」などのことばを「仕事」と「したい」の間に入れ

問題 5-2（1）の答え
1）が・を　　2）を　　3）が・を
4）が・を　　5）を　　6）が・を
7）が　　8）を　　9）が
10）が　　11）が　　12）が・を
13）が　　14）が・を
問題 5-2（2）の答え
1）（ア）・（イ）　　2）（エ）・（（ア））
問題 5-2（3）の答え
（ウ）

ると，「を」のほうが自然に感じられると言う人が増えると思います。例えば「仕事が一生懸命したい」「サイクリングが空気のきれいなところでしたい」は，不自

然に聞こえますが,「一生懸命仕事がしたい」「空気のきれいなところでサイクリングがしたい」は不自然ではありません。それは,基本的に「が」がつくことばと述語は必要以上に離れすぎてはいけないというルールがあるからでしょう（例8－4も参照してください）。

見てわかる意味の違い

① 金閣寺が見たい。	② 金閣寺を見たい。

- ①と②は同じ意味になるので,図や手話で区別することは難しい
- 両方とも,手話は「金閣寺／見る／好き（～たい）／（私を指さす)」になる

　日本語では,「彼は幸せだ」のように,感情を表す形容詞を第三者に直接使うことを避ける傾向があります。「彼は幸せらしい」「彼は幸せに見える」「彼は幸せそうだ」「彼は幸せだと思っている」のように言い換えることが多いです。

　「～したい」についても,主語が自分の場合は,「～がしたい」と「～をしたい」が使えますが,他人の場合は,「彼は～をしたがっている」のように「したがる」を使うことが多いです。ただし,「あなたはアメが食べたいですか？」のような疑問文の場合,私が弟の気持ちを代弁して「弟はアメが食べたいんです」と言う場合や,小説などの中で「彼は無性にアメが食べたかった」と書く場合などであれば,「彼は～したい」という形は使えます。

　「こわい」のような形容詞についても,主語が自分の場合は「こわい」を,他人の場合は「こわがる」を使うことが多いです。ただし,「ヘビがこわい」は言えても「ヘビをこわい」とは言えません。「こわがる」の場合は,「ヘビをこわがる」のように「を」を使います。

例 5 - 3

①-1 私は彼女が好きだ。	①-2 私は彼女を好きだ。
②-1 彼が好きなのは彼女だ。	②-2 彼を好きなのは彼女だ。

日本語の意味は？

問題 5-3

次のそれぞれの文の意味として適切なものを，（ア）（イ）から選んでください（複数回答可）。
1) 彼が好きなのは彼女だ
2) 彼を好きなのは彼女だ
3) 彼が愛しているのは彼女だ
4) 彼を愛しているのは彼女だ
（ア）彼が彼女に対して好意を寄せている。
（イ）彼女が彼に対して好意を寄せている。

日本語の意味と答え

　私が彼女に好意を寄せているとき，「(私は) 彼女が好きだ」と「(私は) 彼女を好きだ」の両方が言えますが，どちらかと言うと，「が」のほうが自然に感じられます。それで，「彼が好きなのは彼女だ」は，「彼」を主語と考えると，「彼は彼女に好意を寄せている」意味になりますし，「彼が好き」を「彼を好き」と同じ意味だと考えると，「彼女が彼に好意を寄せている」意味になります。

問題 5-3 の答え
1)（ア）・（イ）
2)（イ）
3)（ア）
4)（イ）

　けれども，「彼が好意を寄せているのは彼女だ」や「彼が愛しているのは彼女だ」という文であれば，明らかに「彼が彼女を好きだ」という意味とわかります。そのため，例えば「彼がこわいと思っている人は彼女だ」についても，「『彼がこわい』と思っている人は彼女だ」という意味と，「彼が『こわい』と思っている人は彼女だ（つまり，彼が『彼女はこわい人だ』と思っている）」という意味の両方にとれます。

見てわかる意味の違い

①-1 私は彼女が好きだ。	①-2 私は彼女を好きだ。

・①-1と①-2は同じ意味になるので，図や手話で区別することは難しい

②-1 彼が好きなのは彼女だ。	②-2 彼を好きなのは彼女だ。
■「彼が彼女に好意を寄せている」意味の場合，「彼が彼女に好意を寄せている」意味になるよう，最後に人差し指を動かすことによって方向を示す 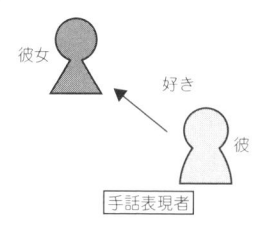	・彼女が彼に好意を寄せている」意味になるよう，方向性を考えて手話や指さしで表す 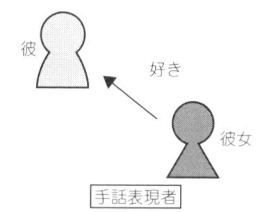
■「彼女が彼に好意を寄せている」意味の場合，②-2と同じ	

例 5-4

①-1 先輩に話す。	①-2 先輩と話す。
②-1 先輩に会う。	②-2 先輩と会う。
③-1 バイクが車にぶつかる。	③-2 バイクが車とぶつかる。

日本語の意味は？　　　　　　　　　　　　　　　　　問題5-4(1)

次の〔　〕の中から，適切なものを選んでください（複数回答可）。

1) 彼は，花子さん〔に・と〕結婚した。
2) 先生〔に・と〕質問したら，先生はていねいに教えてくださった。
3) 私は，友人〔に・と〕別れた後，店で買い物をした。
4) 友人〔に・と〕頼んだところ，快く引き受けてくれた。
5) 幼なじみ〔に・と〕手紙を出したら，「会いたい」という返事がきた。
6) 私は，太郎くん〔に・と〕けんかをし，「絶交よ」と言ってしまった。
7) 私は，あなた〔に・と〕謝らなければならないことがある。
8) 彼は，ぼく〔に・と〕違って，誠実な人だよ。

日本語の意味は？　　　　　　　　　　　　　　　　　問題5-4(2)

次の〔　〕の中から，適切なものを選んでください（複数回答可）。

1) 私が朝のできごとを，母〔に・と〕話すと，母はびっくりしていた。
2) 初めて会ったのに，あなた〔に・と〕話していると，もう何年も前からの友人のような気がするわ。
3) 私は，旅行先で幼なじみ〔に・と〕ばったり会った。
4) 突然ですが，息子の担任の先生〔に・と〕お会いしたいのです。
5) バイクが，車庫に停めてあった車〔に・と〕ぶつかった。
6) 彼の乗ったバイクが，猛スピードでやってきた車〔に・と〕ぶつかった。

7) 自分の進路について悩み，先生〔に・と〕相談すると，よいアドバイスがいただけた。
8) 今度のお楽しみ会の催し内容について，同じ実行委員の友人〔に・と〕相談しながら，計画を立てた。

日本語の意味は？　　　　　　　　　　　　　　　　　　　　　問題 5-4（3）

次の〔　〕の中から，適切なものを選んでください（複数回答可）。
1) 転校生〔に・と〕優しく接してあげよう。
2) 彼は，子ども〔に・と〕接することが苦痛だと言っている。
3) 私は外出先で，彼の訃報〔に・と〕接した。
4) 土地を購入するとき，土地〔に・と〕接する道路状況を調べる必要がある。

日本語の意味と答え

次ページの図に示したように，「彼に話す」は，一方的に話す行為を行うことを意味し，「彼と話す」は（この「と」は「と一緒に」と言い換えられるときもあります），お互いに話すという行為を行うこと（共同の相手）を意味します。

問題 5-4（1）を見ればわかるように，「質問する」「頼む」「手紙を出す」「謝る」は，「主語となる人がその行為をして，相手はその行為をしない」意味ですから，「に」が使われます。そして，

問題 5-4（1）の答え
1) と　2) に　3) と
4) に　5) に　6) と
7) に　8) と
問題 5-4（2）の答え
1) に　2) と　3) に・（と）
4) に　5) に　6) に・と
7) に　8) と
問題 5-4（3）の答え
1) に　2) に・と　3) に
4) に

「結婚する」「別れる」「けんかをする」は，「主語となる人がその行為をして，相手はその行為をしない」ということはあり得ないので，「と」が使われます。「違う」については，「AはBと違う」や「AとBは違う」を慣用句のように覚えるとよいでしょう。「接する」については，問題 5-4（3）を見ればわかるように，相手が物の場合は，明らかに相手（物）はその行為をすることがないので，「に」が使われます。相手が人の場合，「に」と「と」の両方とも使えますが，「接してあげる」の場合は，「あげる」という行為は一方的なものなので，「に」のほうがよいでしょう。

【に】
例）彼女は彼に話す。
　　彼女は彼に会う。
　　彼女は彼にぶつかる。

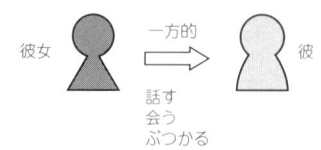

彼女　　一方的　　彼
　　　話す
　　　会う
　　　ぶつかる

・「に」の意味を端的に表したいとき，「**会う**」(「対して」の意）という手話単語がよいだろう。

【と】
例）彼女は彼と話す
　　彼女は彼と会う。
　　彼女は彼とぶつかる。

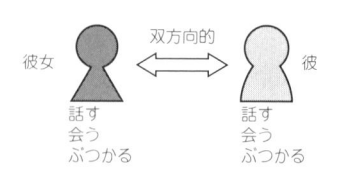

彼女　　双方向的　　彼
話す　　　　　　　話す
会う　　　　　　　会う
ぶつかる　　　　　ぶつかる

・「と」の意味を端的に表したいとき，「**互いに**」という手話単語がよいだろう。

・「と一緒に」と言い換えられるなら，「**一緒**」という手話単語も使える。

5章　対象や相手に関わる助詞：を，に，と，が，等

見てわかる意味の違い

①-1　先輩に話す。

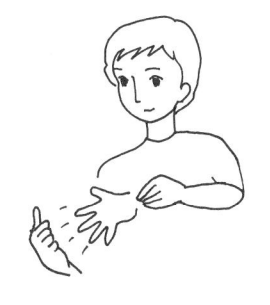

・手話「先輩／話す（一方的に）」

①-2　先輩と話す。

・手話「先輩／話す（会話）」

②-1　先輩に会う。

②-1と②-2は同じという意見も見られるが，あえて区別する場合

会う（私が彼に）

②-2　先輩と会う。

②-1と②-2は同じという意見も見られるが，あえて区別する場合

会う（互いに）

③-1　バイクが車にぶつかる。

・「車」を表した右手を固定し，「バイク」を表した左手を右手にぶつける

③-2　バイクが車とぶつかる。

・「車」を表した右手と，「バイク」を表した左手を，お互いにぶつける

195

例 5-5

①-1 子ども<u>に</u>教える。	①-2 子ども<u>を</u>教える。
②-1 子ども<u>に</u>預ける。	②-2 子ども<u>を</u>預ける。
③-1 彼<u>に</u>訴える。	③-2 彼<u>を</u>訴える。
④-1 手話通訳者<u>に</u>依頼する。	④-2 手話通訳者<u>を</u>依頼する。
⑤-1 子ども<u>に</u>注意する。	⑤-2 子ども<u>を</u>注意する。
⑥-1 彼<u>に</u>頼る。	⑥-2 彼<u>を</u>頼る。
⑦-1 天才<u>に</u>育てる。	⑦-2 天才<u>を</u>育てる。

日本語の意味は？　　　　　　　　　　　　　　　　問題 5-5（1）

次のそれぞれの文で，自然な言い方には「○」を，不自然な言い方には「×」をつけてください。

1) （　　）子どもに教える。　（　　）子どもを教える。
2) （　　）彼に指導する。　　（　　）彼を指導する。
3) （　　）子どもにしつける。　（　　）子どもをしつける。
4) （　　）子どもに預ける。　（　　）子どもを預ける。
5) （　　）上司に訴える。　　（　　）上司を訴える。
6) （　　）彼に勝つ。　　　　（　　）彼を勝つ。
7) （　　）友人に答える。　　（　　）友人を答える。
8) （　　）息子に反対する。　（　　）息子を反対する。
9) （　　）彼に失望する。　　（　　）彼を失望する。
10) （　　）彼に伝える。　　　（　　）彼を伝える。
11) （　　）彼にしかる。　　　（　　）彼をしかる。

12) (　) 彼女に見つめる。　(　) 彼女を見つめる。
13) (　) おばあさんに助ける。　(　) おばあさんを助ける。
14) (　) 彼に笑う。　(　) 彼を笑う。

日本語の意味は？

問題 5-5 (2)

次の〔　〕の中から適切なものを選んでください（複数回答可）。

1) 彼は，包みを大事そうに取り出して，子ども〔に・を〕預けた。
2) 彼女は，子ども〔に・を〕預けて働いている。
3) あの憎たらしい上司〔に・を〕訴えてやりたい。
4) 彼女は，元恋人のストーカー行為に悩み，警察〔に・を〕訴えた。
5) 私は，講演が聞きたかったので，手話通訳者〔に・を〕依頼した。
6) 私は，病院に予約を入れるよう，手話通訳者〔に・を〕依頼した。
7) 教室が騒がしかったので，子どもたち〔に・を〕注意した。
8) 子どもの飛び出し〔に・を〕注意してください。
9) 彼は，叔父〔に・を〕頼って，上京した。そして，商売を始めた。
10) 85歳の母は，「息子〔に・を〕頼る気はない」と言って，一人暮らしを続けている。
11) 彼女は，兄の子ども〔に・を〕育てている。
12) 「そんな悪人〔に・を〕育てた覚えはない。出て行け」と父は叫んだ。
13) 『天才〔に・を〕育てることば』という本を買って読んだ。

日本語の意味と答え

「教える」について，「子どもに教える」と「子どもを教える」の両方とも同じ意味ですが，「数学を」を付け加える場合は，「子どもを数学を教える」とすると，「～を」が2回も重なるので，「子どもに数学を教える」とする必要があります。

一方，「預ける」について，「子ど

問題 5-5 (1) の答え
1)～5) ○, ○　　6)～10) ○, ×
11)～14) ×, ○
問題 5-5 (2) の答え
1) に　2) を　3) を　4) に
5) を　6) に　7) に・を
8) に　9) を　10) に
11) を　12) に　13) に・を

もに預ける」と「子どもを預ける」では，意味が異なります。前者は「子どもに（何かを）預ける」意味で，後者は「（保育園などに）子どもを預ける」意味です。

「に」しか使えない動詞，「を」しか使えない動詞，両方とも使える動詞の分類については，個人差があるようです。また，図や手話で説明することが難しいです。「彼をしかる」「彼に同情する」のように，動詞とセットで覚えるしかないと思います。以下の動詞の分類は筆者が考えた分類であり，異論が出されることもあるだろうと思います。

「彼に訴える」は，彼に対して何か（被害など）を申し立てたり告げたりする意味で，「彼を訴える」は，裁判所などに対して誰かが「彼からこんな被害を被った」などと申し立てる意味です。

「手話通訳者に依頼する」は，通訳者に何かを頼む意味で，「手話通訳者を依頼する」は，手話通訳者の派遣を派遣センターなどに頼む意味です。

「注意する」には，「指導・忠告する」のような意味と，「用心する」のような意味があります。筆者としては，前者の意味の場合「子どもに注意する」と「子どもを注意する」の両方とも言えますが，後者の意味の場合「子どもの飛び出しに注意する」のように「に」しか使えない，と感じています。

「彼に頼る」は「彼に依存する」意味で，「彼を頼る」は「彼のつてやコネを求めて近づく」意味です。「親に頼る」は，「親にお金を頼る」の一部分でしょう。

「天才に育てる」の「に」は，「彼は医者になる」の「に」のように「結果」を意味する助詞で，「天才を育てる」の「を」は，「湯をわかす」のように「完成品」を意味する助詞（例5−11を参照）と言えるでしょう。

「人に」「人を」の両方とも可能	意味は同じ	「教える」「しつける」「かまう」「さわる」など
	意味は違う	「預ける」「訴える」「売る」「頼る」「頼む」など
「人に」だけが可能なもの		「勝つ」「答える」「反対する」「失望する」「伝える」「同情する」「連絡する」「説明する」など
「人を」だけが可能なもの		「しかる」「見つめる」「助ける」「笑う」「にらむ」「おそれる」「愛する」「使う」「歓迎する」「見送る」「恨む」「慕う」など

「友に売る」は，何かを友に売る意味ですが，「友を売る」は，「友を裏切る」意味です。これは「敵に友を売る」という意味と解釈できるでしょう。

「彼に怒る」と「彼を怒る」とでは，前者は立腹する意味で，後者はしかる意味になるという意見もあります。

「に」と「を」の使い分けは難しいです。「節約に心がける」「節電を努める」「勉

強に頑張る」「貯金を励む」などと書く例が見られますが,「節約を心がける」「節電に努める」「勉強を頑張る」「貯金に励む」が正しいです。また「無理にする」と「無理をする」は,意味が異なります。

見てわかる意味の違い

①-1 子どもに教える。	①-2 子どもを教える。
・同じ意味なので,両方とも「子ども／[子どもに]教える」でよい	

②-1 子どもに預ける。	②-2 子どもを預ける。
・手話「[左手で]子ども／[左手に対して右手で]）任せる」	・手話「[両手で自分に近いところで]子ども／[両手で]任せる」

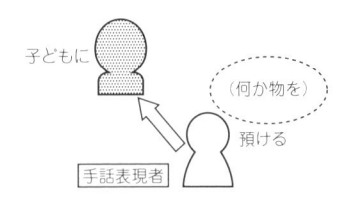

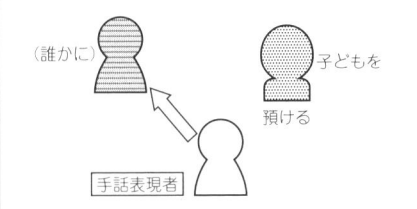

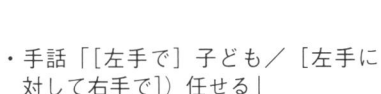

③-1 彼に訴える。	③-2 彼を訴える。
・手話「彼／[彼に対して]申し込む」 ・例えば「『彼女が私をいじめた』と彼に言う」のように,具体的に言い換える	・手話「彼／悪い／[別の所へ]申し込む」 ・例えば「『彼が私をいじめた』と誰かに言う」のように,具体的に言い換える

④-1 手話通訳者に依頼する。	④-2 手話通訳者を依頼する。
・手話「手話通訳者／[手話通訳者に向かって]頼む（お願い）」	・手話「手話通訳者／派遣／[別のところに向かって]頼む（お願い）」

⑤-1 子どもに注意する。	⑤-2 子どもを注意する。
■「指導する」意味の場合，手話「子ども／指導」 ■「用心する」意味の場合，手話「子ども／管理or［子どもを見ながら］気を引き締める」	・手話「子ども／指導」

⑥-1 彼に頼る。	⑥-2 彼を頼る。
・手話「彼／頼る」	・手話「彼／頼る」「彼／力／使う」（彼の力を利用する意）

⑦-1 天才に育てる。	⑦-2 天才を育てる。
・手話「賢い／育てる」 ・手話「育てる／**結果（結ぶ）**／賢い」	・手話「賢い／育てる」 ・この「を」は，「湯をわかす」のように完成物を表す語につく「を」と考えて，「天才／**目的（目標）**／育てる」とする

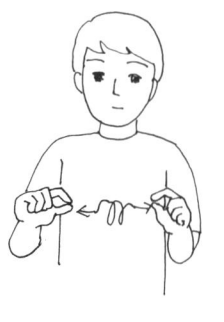

例 5-6

①-1 母にたずねる。	①-2 母をたずねる。
②-1 家にうかがう。	②-2 家をうかがう。
③-1 家におとずれる。	③-2 家をおとずれる。
④-1 作品にさわる。	④-2 作品をさわる。

日本語の意味は？　　　問題 5-6

次の〔　〕の中から適切なものを選んでください（複数回答可）。

1) 彼は，生き別れて所在がわからない母〔に・を〕たずねて回った。
2) 私はその意味がわからなかったので，母〔に・を〕たずねてみた。
3) 最近古墳〔に・を〕たずね歩く毎日です。
4) 昨日，あやしい男が，祖母の家〔に・を〕うかがっていた。
5) 彼はしょっちゅう社長のご機嫌〔に・を〕うかがっている。
6) あなたのお住まい〔に・を〕うかがいたい。
7) 日本〔に・を〕おとずれる外国人。
8) 会社に彼〔に・を〕おとずれる。
9) チャンスが彼〔に・を〕おとずれた。
10) 作品〔に・を〕さわらないでください。
11) 作品〔に・を〕ふれないでください。
12) 作品〔に・を〕手をふれないでください。

日本語の意味と答え

まず，「たず（訪）ねる」と「おとず（訪）れる」は似たような意味です。

「たずねる」には，「尋ねる・訊ねる」と「尋ねる・訪ねる」があり，前者は相手に何かを質問したり何かを調べたりする意味で，後者はおとずれる意味です。そ

れで、「母にたず（尋・訊）ねる」は母に何かを質問する意味で、「母をたず（尋・訊）ねる」は母の所在などを調べる意味です。そして、「母をたず（訪・尋）ねる」は、母の家を訪問する意味です。

「家にうかが（伺）う」と「家をうかが（窺・覗）う」について、前者は「訪れる」の謙譲語で、後者は気付かれないようにひそかに見るという意味です。

「日本に訪れる外国人」と「日本を訪れる外国人」の両方とも言えます。筆者としては、「田中家に訪れる」は、田中家の中の誰かに会うために田中家に来たというニュアンスがあり、「田中家を訪れる」は田中家全体が直接の来訪の目的であるというニュアンスがあるように思いますが、大した違いではないでしょう。

「さわる（触る）」の場合、「作品にさわる」「作品をさわる」の両方とも言えますが、「ふれる（触れる）」の場合、「作品にふれる」は言えても「作品をふれる」とは言えないようです。ただし、「作品に手をふれる」の言い方はあります。また、「作品をさわる」は、「作品にさわる」と比べると、長時間意図をもってさわっているような感じがすると言う人もいれば、全く同じと言う人もいるようです。

問題5-6の答え
1) を　　2) に
3) を　　4) を
5) を　　6) に
7) に・を　8) を
9) に
10) に・を
11) に　　12) に

見てわかる意味の違い

①-1 母にたずねる。

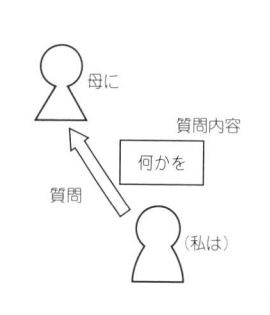

・手話は「母に質問する」とする

①-2 母をたずねる。

■「母の居場所を尋ねる」意味の場合

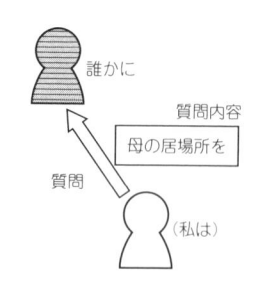

・手話は「母の居場所を質問する」とする

■「母の家をおとずれる」意味の場合

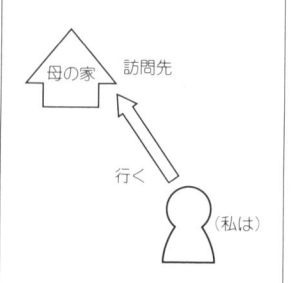

・手話は「母のところへ行く」とする

②-1 家にうかがう。	②-2 家をうかがう。
・手話「行く（家へ）」	・手話「家／そこを詮索するように覗きこんだりするしぐさ」

③-1 家におとずれる。	③-2 家をおとずれる。
・③-1と③-2は、ほとんど同じ意味。強いて区別するなら、筆者の場合は、「家におとずれる」は「家に彼をおとずれる」の一部分であることを念頭において使い分ける	
・手話「家［大きめに］／行く」	・手話「家［小さめに］／行く」

④-1 作品にさわる。	④-2 作品をさわる。
・手話「作品／さわる」	

例 5-7

①-1 子どもに教える。 ①-2 子どもを教える。	①-3 英語を教える。	①-4 子どもに英語を教える。
②-1 壁に塗る。 ②-2 壁を塗る。	②-3 ペンキを塗る。 ②-4 ペンキで塗る。	②-5 壁にペンキを塗る。 ②-6 壁をペンキで塗る。

日本語の意味は？   問題 5-7

次の〔　〕の中から適切なものを選んでください（複数回答可）。
1) 子ども〔に・を〕教えるのは，楽しい。
2) そんな難しいこと〔に・を〕教えているなんて，すごいね。
3) 小学生〔に・を〕英語〔に・を〕教えることになった。

日本語の意味と答え

「教える」について，「子どもに教える」と「子どもを教える」の両方とも言えますが，「英語を」をつけたす場合は「子どもに英語を教える」とする必要があることを，例5-5で述べました。

問題5-7の答え
1) に・を　　2) を
3) に，を

「指導する」についても，「子どもに指導する」と「子どもを指導する」の両方とも言えますが，「マナーを」などを付け加える場合は，「子どもにマナーを指導する」とする必要があります。

「塗る」という動詞は，「教える」と似ているように思います。すなわち，「壁に塗る」と「壁を塗る」の両方とも言えますが，「ペンキを」を付け加える場合，「壁にペンキを塗る」と言う必要があります。また，「ペンキで」という言い方ができるので，「壁をペンキで塗る」と言うこともできます。「壁にペンキで塗る」については，間違いではないと思います。

5章 対象や相手に関わる助詞：を，に，と，が，等

見てわかる意味の違い

①-1 子どもに教える。 ①-2 子どもを教える。	①-3 英語を教える。	①-4 子どもに英語を教える。
・①-1と①-2は同じ意味。この「を」「に」は，あえて手話で表すと，「会う（「対して」の意）」という手話になる ・手話「子ども／［子どもに対して］教える」	・手話「英語／教える」	（図：手話表現者から「英語」を「教える」矢印が「子ども」に向かう） ・上図のように，手話を表す位置を工夫しながら表す

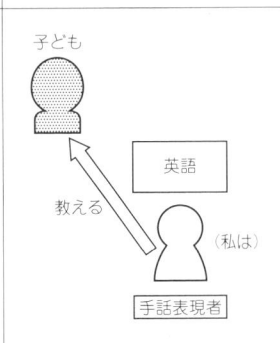

②-1 壁に塗る。 ②-2 壁を塗る。	②-3 ペンキを塗る。 ②-4 ペンキで塗る。	②-5 壁にペンキを塗る。 ②-6 壁をペンキで塗る。
・②-1と②-2は同じ意味。この「を」と「に」は塗られるところを表すので，あえて手話で表すと，右手で「塗る」手話をして，その右手で塗った先のほうを指さす	・②-3の「を」は，右手で「塗る」手話をして，その右手先を指さす ・②-4の「で」は，「〜を使って」の手話が使える	（図：手話表現者から「ペンキ」を「塗る」矢印が「壁」に向かう）

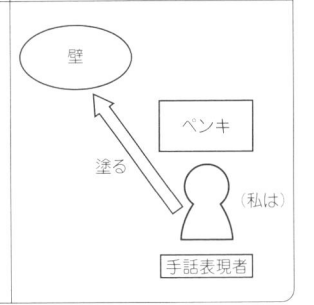

例 5 - 8

| ① 係に伝える。 | ② 係まで伝える。 | ③ 係にまで伝える。 |

日本語の意味は？　　　　　　　　　　　　　　　　　　　　問題 5 - 8

次の〔　　〕の中から適切なものを選んでください（複数回答可）。
1) 不明点があれば，管理係〔に・まで・までに・にまで〕問い合わせください。
2) 質問は，こちら〔に・まで・までに・にまで〕問い合わせください。
3) わかりました。母〔に・まで・までに・にまで〕伝えておきます。
4) あの人は，関係ない人〔に・まで・までに・にまで〕，そのことを伝えたんだ。

日本語の意味と答え

「係に伝える」と「係まで伝える」は，同じ意味ですが，筆者としては，「母まで伝える」と言うと，少しオーバーに聞こえてしまいます。「まで」は到達点を強調する働きをもつ助詞であることから，「係まで伝える」は，「最終点である係まできちんと伝えますよ」という意味がひそんでいるように思います。あるいは，「～まで伝える」は，「～に伝える」と比べると，堅い感じや文語的な感じがすると言えるかもしれません。

問題 5 - 8 の答え
1）に・まで
2）に・まで
3）に
4）に・にまで

なお，例えば「老人まで踊っている」の「まで」は，到達点を意味する「まで」ではなく，例をあげて他の場合を言外に推測させる「まで」です。そして，「彼にまで伝える」には，「通常彼には伝えないものなのに，彼にも伝えたんだよ」と言いたい気持ちがこめられています。

見てわかる意味の違い

① 係に伝える。	② 係まで伝える。	③ 係にまで伝える。
・手話「係／連絡」	・手話「係／連絡」 ・手話「係／まで（**終わる**）／連絡」	・手話「係／連絡」（困った表情をつけながら） ・手話「いろいろ／人／連絡／（あきれ果てた表情で）係／加える」 ・最後に「**迷惑**」の手話を付け加える

例 5 − 9

①-1 〜の力が強い。	①-2 〜の力に強い。
②-1 アルカリ性が強い。	②-2 アルカリ性に強い。

日本語の意味は？

問題 5 - 9

次の〔　〕の中から適切なものを選んでください（複数回答可）。
1) 2×4（ツーバイフォー）工法は，地震〔が・に〕強いと言われている。
2) この掃除機は，吸引力〔が・に〕強い。
3) この温泉は，アルカリ性〔が・に〕強いことで有名である。
4) ほうれん草は，寒さ〔が・に〕強い野菜だ。
5) 彼は，酒〔が・に〕強いらしい。
6) 彼は，彼女〔が・に〕弱く，彼女の言いなりだ。
7) この部屋，電球を替えたから電気〔が・に〕明るく感じられるね。
8) 彼は，電気関係〔が・に〕明るいらしいから，彼に尋ねてみたら？

日本語の意味と答え

　力や何かの性質が強いときは「力が強い」「(性質)が強い」などと言い，力や何かの性質によく耐えられるときは「力に強い」「(性質)に強い」と言います。「〜に強い」は「〜に対して強い」，「〜に弱い」は「〜に対して弱い」と言い換えられます。

問題 5 - 9 の答え
1) に　　2) が
3) が　　4) に
5) が・に　6) に
7) が　　8) に

　この「〜が強い」「〜に強い」の違いに関する説明からすると，「『彼は酒が強い』は間違いで，『彼は酒に強い』が正しい言い方ではないか」と言われるかもしれませんが，現実には，「彼は酒が強い」「酒が強い人」の言い方もよく使われます。「この家は地震が強い」「地震が強い家」と言わないのに，「彼は酒が強い」「酒が強い人」と言える理由を説明

してほしいと言われると，筆者も困ってしまいます。

「～が明るい」は，光が十分にあることであり，「～に明るい」は，その物事・方面によく通じている意味です。

見てわかる意味の違い

①-1 ～の力が強い。	①-2 ～の力に強い。
・手話「～／力／強い or とても」	・手話「～／力／我慢（／できる）」「～／力／防ぐ（／できる）」「～／力／**会う**（「対して」の意）／強い」

②-1 アルカリ性が強い。	②-2 アルカリ性に強い。
・手話「アルカリ／性質／強い or とても or 厳しい」	・手話「アルカリ／性質／我慢（／できる）」「アルカリ／性質／防ぐ（／できる）」「アルカリ／性質／会う／強い」

「お酒」について，「これは強いお酒だね」のほうが「このお酒は強いね」よりよく使われるように感じますが，この理由の説明も難しいなと思います。

また，小学3年生の教科書に，「**（大豆は）やせた土地にも強く**，……」という文がありました。

例 5 -10

① 英語を勉強する。　　② 英語の勉強をする。

日本語の意味は？　　　　　　　　　　　　　　問題 5 - 10

自然な文は（ア）～（エ）のどれですか？（複数回答可）
1) （ア）英語の勉強をする。　（イ）英語の勉強する。
   （ウ）英語を勉強をする。　（エ）英語を勉強する。
2) （ア）聞き分ける訓練をする。　（イ）聞き分ける訓練する。
   （ウ）厳しい訓練をする。　（エ）厳しい訓練する。
3) （ア）バスの利用をする。　（イ）バスの利用する。
   （ウ）バスを利用をする。　（エ）バスを利用する。
4) （ア）住所のお尋ねをする。　（イ）住所のお尋ねする。
   （ウ）住所をお尋ねをする。　（エ）住所をお尋ねする。

日本語の意味と答え

「勉強する」と「勉強をする」は，全く同じ意味ですが，「英語の」がつくと「英語の勉強をする」と言い，「英語を」がつくと「英語を勉強する」と言います。「英語の勉強をする」では，「英語の」は「勉強」という名詞を修飾しているので，「英語の勉強」を目的語とし，「する」を動詞とする必要があります。逆に，「英語を勉強する」では，既に「を」がついている「英語」が目的語なので，「勉強」は「勉強する」という動詞の一部とする必要があります。

問題 5 -10の答え
1)（ア）・（エ）
2)（ア）・（ウ）
3)（エ）　4)（エ）

「○○する」について，全て「～を○○する」と「～の○○をする」の両方とも言えるかといえば，そうではありません。「バスを利用する」や「住所をお尋ねする」について，「バスの利用をする」や「住所のお尋ねをする」と聞くと違和感を感じます。

5章　対象や相手に関わる助詞：を，に，と，が，等

見てわかる意味の違い

① 英語を勉強する。	② 英語の勉強をする。

・手話「英語／勉強」

【補足1】
　「発音を訓練する」と「発音の訓練をする」とでは，どちらも言えますが，筆者としては，「先生は（子どもの）発音を訓練する」と「先生は（子どもの）発音の訓練をする」はいずれも言えるのに対し，「生徒は発音を訓練する」と「生徒は発音の訓練をする」については，後者の「生徒は発音の訓練をする」だけが言えるように感じています（「発音訓練を受ける」のほうが自然な言い方だと思いますが）。同様に，ゴルフの練習をしている人が「私は，今日ゴルフのレッスンをした」と言うことはあると思います（が，「私は，今日，ゴルフをレッスンした」とは言いません）。

【補足2】
　「勉強する」と「勉強をする」の言い方について，「勉強」に修飾語が何もかからないときは，両方とも言えます。けれども，「釣りする」と「釣りをする」については，前者の「釣りする」に対して違和感を感じます。逆に，「中傷する」と「中傷をする」については，後者の「中傷をする」に対して違和感を感じます。個人差があるとは思いますが，「○○する」と「○○をする」のどちらが適切か，両方とも使えるかについても，聴覚障害児にも理解してほしいと思います。

211

例 5-11

① 水をわかす。　　　② 湯をわかす。

日本語の意味は？　　　　　　　　　問題 5-11

次のそれぞれの文で，自然な言い方には「○」を，不自然な言い方には「×」をつけてください。

1) 水を沸騰させて湯にするとき，
　　（　）水をわかす　　（　）湯をわかす
2) 米を釜に入れて，ごはん（米飯）を作るとき，
　　（　）米をたく　　（　）ごはんをたく
3) 小麦粉からパンを作るとき，
　　（　）小麦粉をこねる　　（　）パンをこねる
　　（　）小麦粉を焼く　　（　）パンを焼く
4) ステーキを料理するとき，
　　（　）肉を焼く　　（　）ステーキを焼く
5) 板を使って本棚を組み立てるとき，
　　（　）板を作る　　（　）本棚を作る
6) 原稿用紙に字を書いて，本（原稿）を作るとき，
　　（　）原稿用紙を書く　　（　）原稿を書く
　　（　）本を書く
7) スカートを作るとき，
　　（　）布を縫う　　（　）スカートを縫う
8) マフラーを作るとき，
　　（　）毛糸を編む　　（　）マフラーを編む

日本語の意味と答え

「を」は，働きかける対象を表す意味と，目標物（完成物）を示す意味があります。それで，「水をわかす」と「湯をわかす」，「米をたく」と「ごはんをたく」は，どちらも言えます。しかし，「小麦粉を焼く」「原稿用紙を書く」は不自然です。

> 問題5-11の答え
> 「小麦粉を焼く」「板を作る」「原稿用紙を書く」は×。それ以外は，全て○

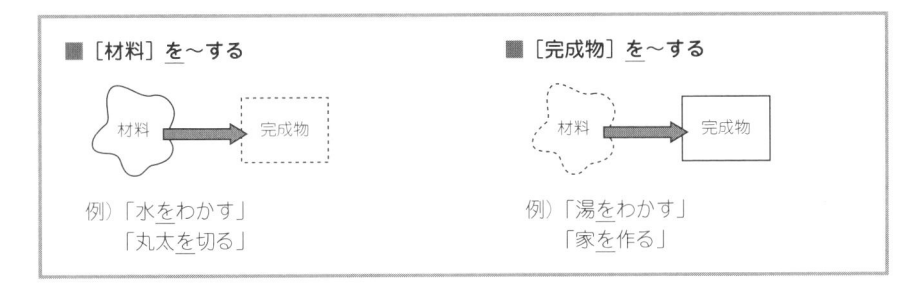

■ ［材料］を～する

例）「水をわかす」
　　「丸太を切る」

■ ［完成物］を～する

例）「湯をわかす」
　　「家を作る」

見てわかる意味の違い

① 水をわかす。
- 手話「水／煮る」
- この「を」の意味を端的な手話単語で表す場合，**会う**（「対して」の意）」の手話で表す

② 湯をわかす。
- 手話「湯／煮る」
- この「を」の意味を端的な手話単語で表す場合，「**目的（目標）**」「**結果（結ぶ）**」「**完成／物**」という手話で表す

筆者は，子どものとき，「湯をわかす」は，熱湯をやかんに入れてそれを火にかける意味にならないかと疑問に思って周囲の人に尋ね，「おかしくないよ。『家を作る』『マフラーを編む』と言うじゃないか」と言われたことを記憶しています。

例 5 −12

① （私は）太郎くん<u>より</u>重い。　　② （私より）太郎くん<u>のほうが</u>重い。

日本語の意味は？　　　　　　　　　　　　　　　　　　　問題 5 - 12

次の〔　〕の中で適切なものはどちらですか？
1) 私が25kgで，太郎くんが〔23・27〕kgであるとわかったとき，私は，「私，太郎くんより重い！」と叫んだ。
2) 私が25kgで，太郎くんが〔23・27〕kgであるとわかったとき，私は，「太郎くんのほうが重い！」と叫んだ。

日本語の意味と答え

筆者は，聾学校で中学部や高等部の生徒に数学を教えていますが，「AはBより5kg重い」などの文を読んで作図するよう指示すると，「兄は妹より5kg重い」という文ではすらすらと作図できるのに，「AはBより5kg重い」となるとたんに作図ができなくなる例を，たくさん経験しました。「AよりBが重い」「Cより重いDが……」などを読んで，とっさに意味を判断できる力をつけさせたいものです。

「が」や「は」がつく語が「主語」で，動詞や形容詞などが「述語」であり，その「述語」は「主語」の状態や行為を示すから，「Aが」や「Aは」の「A」が「重い」，と説明しても，「AはBより5多い」「BよりAが3少ない」などの文を読んで，どち

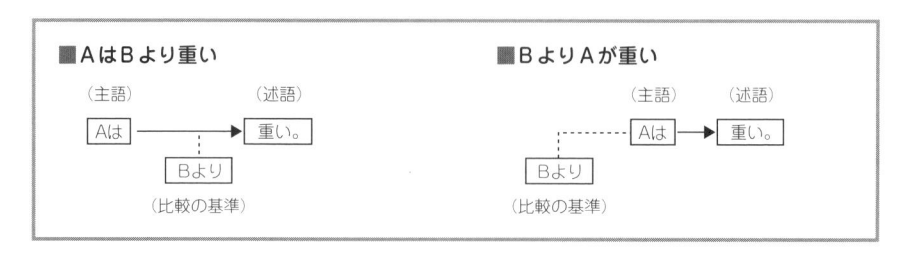

問題 5 -12の答え
1) 23　　2) 27

■AはBより重い

（主語）　　　　　（述語）
Aは　→　重い。
　　Bより
　（比較の基準）

■BよりAが重い

（主語）　　　　　（述語）
　　　　　Aは　→　重い。
Bより
（比較の基準）

らが多いか少ないかを即座に判断することが難しい聴覚障害児が、過去に何例か見られました。

見てわかる意味の違い

① (私は) 太郎くんより重い。

- 「太郎くん」と「私」の手話を表す空間的位置を区別し、「私」を示した空間を指して「重い」と表す
- 手話「[離れたところで] 太郎くん／([手前で] 私)／もっと／重い」

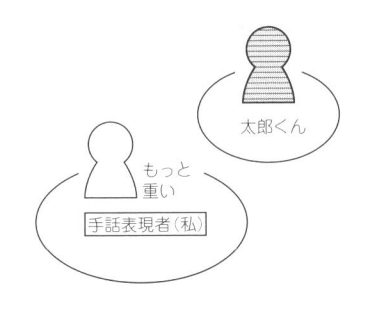

② (私より) 太郎くんのほうが重い。

- 「太郎くん」と「私」の手話を表す空間的位置を区別し、「太郎くん」を示した空間を指して「重い」と表す
- 手話「[離れたところで] 太郎くん／もっと／重い」

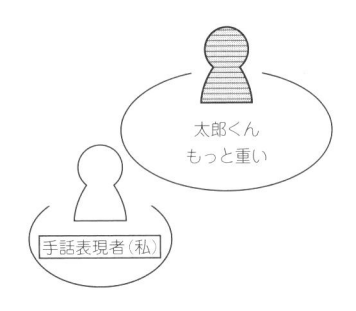

「〜より」や「〜のほうが」という日本語のところで、「もっと」という手話単語を使う人が多いですが、それだと、「彼より重い」と「彼のほうが重い」が両方とも「彼／もっと／重い」という手話表現になってしまいます。空間位置を使い分けるなどの工夫が求められるでしょう。

小学校低学年の教科書より

5章　対象や相手を表す助詞の使い分け

● 『聞き耳ずきん』に，以下の①の文が載っています（一部改変）。
　①「長者は大喜び。娘の病気を治してくれた若者が，すっかり気に入ってしまいました。娘も，きれいな目をした若者を，好きになっていました。」
　②「長者は大喜び。娘の病気を治してくれた若者を，すっかり気に入ってしまいました。娘も，きれいな目をした若者が，好きになっていました。」
　①では，「気に入った」の主語は「長者」で，対象語は「若者」です。また，「好きになった」の主語は「娘」で，対象語は「若者」です。それで，①と②は同じ意味になります。
　聴覚障害児は，このことを理解できているでしょうか。「が」や「を」が混じっても，主語はどちらで対象語（目的語）はどちらか判断できるでしょうか。

● 以下のような文があります。その助詞を使う理由は何かを考えてみるとよいでしょう。
・かぶをおじいさんが引っ張って，おじいさんをおばあさんが引っ張って，おばあさんを孫が引っ張って，孫を犬が引っ張って，犬を猫が引っ張って・・。
・あのくじらは，きっと学校が好きなんだね。
・しばらく行くと，学校の屋根が見えてきました。
・外が見たいな。
・種に，たくさんの栄養を送っているのです。
・そうして，あちらこちらに種をちらして，新しい仲間を増やしていくのです。
・クマノミを食べる大きな魚は，イソギンチャクをこわがって，近づいてきません。
・スーホは，大人に負けないくらい，よく働きました。
・毎朝，早く起きると，スーホは，おばあさんを助けて，ごはんのしたくをします。
・仲間の羊飼いたちは，スーホに勧めました。
・白馬にはとても追いつけません。

6章 手段や原因，状態に関わる助詞
で，に，等

『岩波国語辞典』を見ると，「で」という格助詞のところには，以下のような意味と例文が書かれていました。

> ①動作・作用に伴う情況（物）を表すのに使う。
>   イ）**動作が行われる時・場所を示す**（「現在では既に事情が変わっている」「三時間で仕上がった」「銀座で会った娘」「講演が記念館である」）
>   ロ）**手段・方法を示す**（「ペンで書く」）
>   ハ）**理由・原因を示す**（「台風で道がくずれる」「腹痛で苦しい」）
>   ニ）**事情・状態を示す**（「一文なしで旅立つ」）
>   ホ）**話題・論題になるものを示す**（「学制改革で議論する」）

①のイ）については，1章（場所に関わって）と2章（時間に関わって）で取り上げました。それ以外のロ）〜ホ）について，本章で取り上げます。

また，「に」という格助詞のところでは，以下のような意味と例文が書かれていました（一部の例文を省略）。

> ①動作・作用が行われ現れまたは及ぶ（時間的・空間的・心理的な）位置やそこを占めるものを，静的に示すのに使う。
>   イ）**時を示す**（「三時に出発する」）
>   ロ）**場所・方向を示す**（「都に住む」「庭には桜がある」「世に多い話だ」「右に向け」）
>   ハ）**動作・作用の及ぶ所，特に帰着点やその動作をさせられるものを示す**（「父に手紙を出す」「彼女に会う」「汽車に乗る」「京都に着く」「生徒に答えさせる」）
>   ニ）**目的を示す**（「気休めに言う」「フナをつりに行く」「頭痛にきく薬」）

ホ）その動作・作用が起こるもとを示す（「母親が子に泣かれる」）
　　ヘ）比較の基準となるものを示す（「親に似ぬ子」「海に遠い」「性質が塩に近い」「彼
　　　に劣る」）
　　ト）原因・きっかけとなるものを示す（「あまりのうれしさに泣き出した」「虫の音に
　　　故郷をしのぶ」）
　②ある状態・資格などを表すのに使う。
　　イ）ある資格に立つ意を表す。・・として（「お年玉に千円くれた」）
　　ロ）転化の結果を示す（「大臣になる」）
　　ハ）その状態であることを示す（「ぴかぴかに光る」）

　①のイ）～ハ），ホ）については，1章（場所に関わって）や2章（時間に関わって），4章（授受，受け身，使役に関わって）で取り上げました。それ以外の①のニ），ト），②のイ）について，本章で取り上げます。①のへ），②のロ）～ハ）については，7章（格助詞「と」に関わって）で取り上げます。

　「台風で道がくずれる」「腹痛で苦しい」という例文を，「台風に道がくずれる」「腹痛に苦しい」と言い換えることはできるでしょうか？　逆に，「あまりのうれしさに泣き出した」「虫の音に故郷をしのぶ」を，「あまりのうれしさで泣き出した」「虫の音で故郷をしのぶ」と言い換えることはできるでしょうか？　「一文なしで旅立つ」や「大臣になる」「音に泣く」「ぴかぴかに光る」を，「一文なしに旅立つ」や「大臣でなる」「音で泣く」「ぴかぴかで光る」と言い換えることはできるでしょうか？
　「腹痛で苦しい」を「腹痛に苦しい」とは言い換えることはできませんが，「病で苦しむ」は「病に苦しむ」のように言い換えられます。
　他にも「を」という格助詞があります。「～を感謝する」と「～に感謝する」のように，「を」と「に」のどちらも使えるものが見られます。
　本章では，このような「手段，目的，原因，状態」などに関わるものを集めてみました。できるだけ図や絵を使って説明したいと思いましたが，抽象的な文が多く，図や絵で説明することの限界を感じさせられました。

6章で扱う例文

例6-1
①バスが来る。
②バスで来る。

例6-2
①-1　英語を話す。
①-2　英語で話す。
②-1　本を探す。
②-2　本で探す。

例6-3
①鉛筆に名前を書く。
②鉛筆で名前を書く。

例6-4
①勉強の暇がない。
②勉強で暇がない。

例 6-5
①-1 合格の知らせに喜ぶ。
①-2 合格の知らせを喜ぶ。
②-1 落選の知らせに落ちこむ。
②-2 落選の知らせで落ちこむ。

例 6-6
① 支援に感謝する。
② 支援を感謝する。

例 6-7
① 喜びが胸にあふれる。
② 胸が喜びにあふれる。

例 6-8
① 酒で酔う。
② 酒に酔う。

例 6-9
①-1 勝利で喜ぶ。
①-2 勝利に喜ぶ。
①-3 勝利を喜ぶ。
②-1 人形で驚かされる。
②-2 人形に驚かされる。

例 6-10
① 歴史を学ぶ。
② 歴史に学ぶ。
③ 歴史から学ぶ。

例 6-11
① 手術が失敗する。
② 手術を失敗する。
③ 手術に失敗する。
④ 手術で失敗する。

例 6-12
① 会議が遅れる。
② 会議に遅れる。
③ 会議で遅れる。

例 6-13
① 仕事が忙しい。
② 仕事で忙しい。
③ 仕事に忙しい。

例 6-14
① はしごをのぼる。
② はしごにのぼる。
③ はしごでのぼる。

例 6-15
①-1 おみやげをもらう。
①-2 おみやげにもらう。
②-1 手紙を書く。
②-2 手紙に書く。

例 6-16
① 水を流す。
② 水に流す。
③ 水で流す。

例 6-17
① 噂を聞く。
② 噂に聞く。
③ 噂で聞く。

例 6-18
① 調査で行く。
② 調査に行く。
③ 調査しに行く。
④ 調査して，行く。

例 6-19
① 会長が彼を推薦する。
② 会長に彼を（役員として）推薦する。
③ （会長候補を決めるとき）会長に彼を推薦する。

例 6-20
① 私のミスから事故が起きた。
② 私のミスで事故が起きた。
③ 私のミスによって事故が起きた。
④ 私のミスのため事故が起きた。

例 6-21
① ペットボトルで風車を作る。
② ペットボトルから作業服を作る。

例 6-22
①-1 検査が必要な物
①-2 検査に必要な物
①-3 検査で必要な物
②-1 学校に必要な物
②-2 学校で必要な物

例 6-23
① ブームが終わる。
② ブームで終わる。
③ ブームに終わる。

例 6-24
① その問題を議論する。
② その問題で議論する。

例 6-25
①-1 この紙いっぱいに円を描く。
①-2 この紙にいっぱい円を描く。
②-1 紙をいっぱいに使う。
②-2 紙をいっぱい使う。

6章　手段や原因，状態に関わる助詞：で，に，等

例 6 − 1

① バスが来る。　　　② バスで来る。

日本語の意味は？　　　　　　　　　　　　　　　　　　問題 6 - 1

次の〔　〕の中から適切なものを選んでください（複数回答可）。
1) 私は，「あっ，バス〔が・で〕来た」と言って，バス停まで走った。
2) 「ここへは，バス〔が・で〕来ました」と彼は言った。

日本語の意味と答え

筆者の著書『よく似た日本語とその手話表現　第2巻』でも扱った例文です。「バスが来る」はバスが主語ですが，「バスで来る」は「私はバスで来る」のような文の一部であり，この「で」は「手段・材料」を表します。

問題 6 - 1 の答え
1) が　　2) で

見てわかる意味の違い　　　　現実に見られる表現例を含む，以下同様

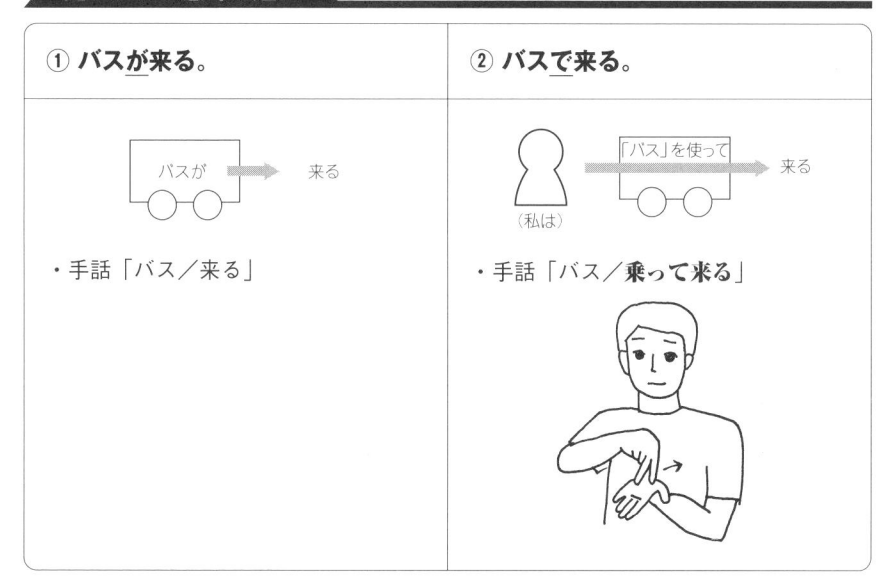

① バスが来る。	② バスで来る。
バスが → 来る	（私は）「バス」を使って → 来る
・手話「バス／来る」	・手話「バス／乗って来る」

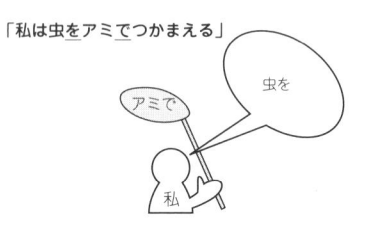

例 6 - 2

| ①-1 英語<u>を</u>話す。 | ①-2 英語<u>で</u>話す。 |
| ②-1 本<u>を</u>探す。 | ②-2 本<u>で</u>探す。 |

日本語の意味は？　　　　　　　　　　　　　　　　　問題 6 - 2

次の〔　〕の中から適切なものを選んでください（複数回答可）。

1) 自分が話したいこと〔を・で〕英語〔を・で〕話せるようになりたい。
2) 英語〔を・で〕話せる人は話せない人に比べて，職業選択の範囲が広がる。
3) 「どうして知っているの？」「新聞〔を・で〕知ったんだよ」
4) 新聞〔を・で〕毎日読むようにしなさい。
5) 「うろうろして，どうしたの？」「あの本〔を・で〕探しているんだ」
6) 知らない花を見つけ，名前が知りたいと思い，この本〔を・で〕探した。

日本語の意味と答え

「自分の考えを英語で話す」のように，「〜を」が他にある場合は，「英語で」とします。この「で」は，手段や材料を表す「で」であり，「英語を使って」という意味です。

「私は，虫をアミでつかまえるという文の「アミで」は，「アミを使って」と言い換えられます。「虫」はつかまえる対象であり，「アミ」は虫をつかまえるために使われる道具であることを，しっかり理

> 問題 6 - 2 の答え
> 　1) を，で　　2) を　　3) で
> 　4) を　　5) を　　6) で

「私は虫<u>を</u>アミ<u>で</u>つかまえる」

解すればよいでしょう。

見てわかる意味の違い

①-1 英語を話す。

「英語を」
This is a book.

・手話「英語／話す」

①-2 英語で話す。

「英語」という道具を使って
英語で （何かを）

・①-1と同じ手話
・手話「英語／**使う**／話す」

・「何かを英語で話す」が原文であることを念頭に置いた手話表現をする

②-1 本を探す。

・手話「本／さがす」
・手話「さがす／何／本」

②-2 本で探す。

・手話「本／調べる」
・手話「本／読む／さがす」
・「何かが本に載っていないか探す」意味であることを念頭に置いた手話表現をする

223

例 6-3

| ① 鉛筆に名前を書く。 | ② 鉛筆で名前を書く。 |

日本語の意味は？

問題 6-3

次の〔　〕の中から適切なものを選んでください（複数回答可）。
1) 先生は，太郎くんが鉛筆〔に・で〕大学への出願書類に名前を書いたことをしかった。
2) 小学生になる娘のために，母親は鉛筆〔に・で〕も名前を書いた。

日本語の意味と答え

「鉛筆に名前を書く」は，「書類に名前を書く」の「書類」が「鉛筆」に変わった文です。つまり「に」は，書きこむ場所を意味します。そして，「鉛筆で名前を書く」の「で」は，「手段・材料」を意味します。

問題 6-3 の答え
1) で　　2) に

見てわかる意味の違い

① 鉛筆に名前を書く。 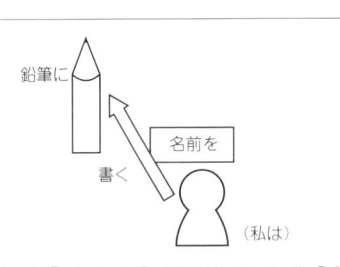
・手話「［左手で］鉛筆を表す／［右手で］名前／［右手で左手に］書く」

② 鉛筆で名前を書く。 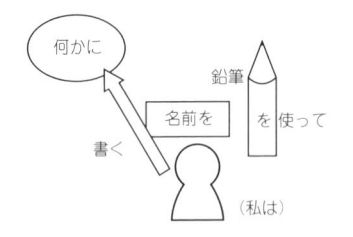
・手話「名前／鉛筆／（右手で持つor使う）／［左手のひらに］書く」

聴覚障害児には，「鉛筆にマジックで名前を書く」「鉛筆でクレヨンに名前を書く」などの文を読んで，意味をすぐにイメージできるようになってほしいです。

6章　手段や原因，状態に関わる助詞：で，に，等

例 6-4

① 勉強の暇がない。　　　② 勉強で暇がない。

日本語の意味は？　　　　　　　　　　　　　問題 6-4

次の〔　〕の中から適切なものを選んでください（複数回答可）。
1) その雑務を彼に頼んでもいいけど，彼は，資格取得のための勉強〔の・で〕暇がないと思うよ。
2) 仕事が忙しくて，資格取得のための勉強〔の・で〕暇がない。

日本語の意味と答え

「病気で休む」の「で」は，原因を表します。「勉強で暇がない」は，「勉強があるので，他のことをする時間がない」という意味です。そして，「勉強の暇がない」は，「勉強する時間がない」という意味です。

問題 6-4 の答え
1) で　　2) の

見てわかる意味の違い

① 勉強の暇がない。	② 勉強で暇がない。
・手話「勉強／時／ない（単なる打ち消し）」	・手話「勉強／ので／（忙しい）／暇／ない」

例 6−5

①-1 合格の知らせに喜ぶ。	①-2 合格の知らせを喜ぶ。
②-1 落選の知らせに落ちこむ。	②-2 落選の知らせで落ちこむ。

日本語の意味は？　　　　　　　　　　　　　　　　　　　問題 6-5

次の〔　　〕の中から適切なものを選んでください（複数回答可）。
1) 合格の知らせ〔に・を・で〕喜んだ。
2) 落選の知らせ〔に・を・で〕落ちこんだ。
3) 彼は，ひどい痛み〔に・を・で〕耐えながら，宿に戻った。
4) 彼は，ひどい痛み〔に・を・で〕我慢しながら，宿に戻った。
5) 病気〔に・を・で〕苦しんでいる人々を救いたい。
6) 彼は，その後，良心の呵責〔に・を・で〕苦しんだ。
7) 彼の死〔に・を・で〕悲しむ。
8) 乳がん〔に・を・で〕悲しむ人々を減らすために「ピンクリボン運動」が始まった。
9) 彼は，腰痛〔に・を・で〕悩んでいる。
10) 突然の指名〔に・を・で〕驚いた。
11) 突然の指名〔に・を・で〕，驚きを隠せなかった。
12) 恥ずかしさ〔に・を・で〕真っ赤になった。

日本語の意味と答え

「に」「を」「で」の使い分けは難しいです。

「喜ぶ」「耐える」などは，「に」と「を」の両方とも使えますが，「我慢する」は通常「を」となると思います。この「を」は行為の対象を表し，「に」は心理的現象の原因を意味すると言えるでしょう。ですから，「知らせを喜ぶ」は，知らせの内容を喜ぶ感じで，「知らせに喜ぶ」は，知らせを聞いたので喜びを感じる状態になったという感じがするように思います。

「悲しむ」については，「死」の場合は，「死に悲しむ」と「死を悲しむ」が使えますが，「死で悲しむ」とは言わないと思います。

「乳がん」の場合は，「乳がん」そのものを悲しむのではなく，「誰かが乳がんになったことから生じるいろいろなこと」に悲しむからか，「乳がんで悲しむ」という言い方がよく使われるのだろうかと思います。

「苦しむ」「悩む」「驚く」は，「に」と「で」の両方とも使えます。いわば，この「に」は「心理的現象の原因や直接的なきっかけを意味し，「で」は手段や原因の意味合いがあると言えるでしょう。けれども，「良心の呵責」の場合は，「手段」というには具体性がないからか，「良心の呵責に苦しむ」のほうが自然に感じられると思います。

> 問題 6-5 の答え
> 1) に・を　　2) に・で
> 3) に・を　　4) を
> 5) に・で　　6) に
> 7) に・を　　8) で・(に)
> 9) に・で　10) に・で
> 11) に　　　12) で

見てわかる意味の違い

①-1 合格の知らせに喜ぶ。	①-2 合格の知らせを喜ぶ。
・手話「合格／ニュース or 聞く／うれしい」 ・①-2との違いをあえて説明するためには，「合格の知らせを聞いて，うれしくなった」と言い換える	・①-1と同じ ・①-1との違いをあえて説明するためには，「知らせの内容である合格を喜んだ」と言い換える

②-1 落選の知らせに落ちこむ。	②-2 落選の知らせで落ちこむ。
・手話「落選／ニュース or 聞く／ショック or うなだれる」 ・②-2との違いをあえて説明するためには，「落選の知らせを聞いて，暗い気持ちになった」と言い換える	・②-1と同じ ・②-1との違いをあえて説明するためには，「落選という知らせを聞くことによって，暗い気持ちになった」と言い換える

例 6 − 6

| ① 支援に感謝する。 | ② 支援を感謝する。 |

日本語の意味は？

問題 6 - 6

次の〔　〕の中から適切なものを選んでください（複数回答可）。
1) 多大なるご支援〔に・を〕感謝します。
2) 台湾〔に・を〕，日本への大きな支援〔に・を〕感謝する。
3) これまで育ててくれた両親〔に・を〕感謝する。
4) 自然〔に・を〕感謝する。
5) 自然の恵み〔に・を〕感謝する。

日本語の意味と答え

「人は人に何かを感謝する」が基本と覚えるとよいでしょう。ですから，感謝する相手には「に」をつけます。しかし，「支援を感謝する」は，「支援に感謝する」と言い換えられます。その理由を尋ねられたら，筆者も説明に苦しみます。

問題 6 - 6 の答え
1) に・を　　2) に，を
3) に　　4) に
5) に・を

「支援に感謝する」「支援を感謝する」の両方とも言えるが，「彼に」がつくと「彼に支援を感謝する」としなければならないのは，「子どもに教える」「子どもを教える」の両方とも言えるが，「英語を」がつくと「子どもに英語を教える」としなければならないのと似ているように思います。

見てわかる意味の違い

| ① 支援に感謝する。 | ② 支援を感謝する。 |

・手話「助けられる／ありがとう」

例 6-7

① 喜びが胸にあふれる。　　② 胸が喜びにあふれる。

日本語の意味は？　　　　　　　　　　　　　　　問題 6-7

次の〔　〕の中から適切なものを選んでください（複数回答可）。
1) 私は，喜び〔が・に・で〕胸〔が・に・で〕あふれた。
2) 大変だ！　川〔が・に・で〕あふれたぞ！
3) おい，水〔が・に・で〕あふれているぞ。早く，水道栓を閉めろ。
4) 風呂場へ行くと，浴槽〔が・に・で〕あふれていた。
5) 花火大会のとき，人〔が・に・で〕街〔が・に・で〕あふれていた。
6) 通路は，人〔が・に・で〕あふれていた。

日本語の意味と答え

「喜びが胸にあふれる」と「胸が喜びにあふれる」の両方とも正しい言い方です。「液体が器にあふれる」「液体が器からあふれる」「器があふれる」を基本として覚えるとよいと思います。

問題 6-7 の答え
1)「が，に」と「に，が」の両方
2) が　　3) が　　4) が
5) が，に　　6) で

しかし，「人が街にあふれる」と言えるのに，「街が人にあふれる」が不自然に感じられる理由や，「通路が人であふれる」は言えるのに，「通路が人にあふれる」と言いにくい理由の説明は難しいです。

見てわかる意味の違い

① 喜びが胸にあふれる。	② 胸が喜びにあふれる。
・手話「うれしい／胸／満腹」	

例 6-8

① 酒で酔う。　　② 酒に酔う。

日本語の意味は？　　　　　　　　　　　　　　　　　問題 6-8

次の〔　〕の中から適切なものを選んでください（複数回答可）。
1)「あなた，気分が悪そうよ。どうしたの？」「さっきの食前酒〔で・に〕酔ったらしい。すぐにおさまると思うよ」
2) 人々は，サッカー大会での勝利〔で・に〕酔っている。
3) 彼は，成功〔で・に〕酔った。
4) 私は，船〔で・に〕酔いやすい。
5)「昨日，ブランコに乗って，酔った」「えーっ，ブランコ〔で・に〕酔ったの!?」

日本語の意味と答え

「酔う」には，酒のアルコール分が体に回り，正常な判断や行動が取れなくなる意味と，あることにうっとりする意味があります。そして，明らかに「うっとりする」意味の場合は，「に」が多く使われるように思います。筆者としては，「食前酒で酔う」は，食前酒のアルコール分によって酔っぱらう様子をイメージし，「食前酒に酔う」は，食前酒のおいしさを堪能してうっとりする様子をイメージすることが多いです。

船に乗って（船の揺れで）気分が悪くなった場合は，「船で酔う」と「船に酔う」の両方とも言えます。

これらの「で」と「に」の使い分けは難しいです。

問題 6-8の答え
1) で・に　　2) に
3) に　　4) で・に
5) で・に

6章　手段や原因，状態に関わる助詞：で，に，等

見てわかる意味の違い

① 酒で酔う。	② 酒に酔う。
・手話「酒／酔う［気分が悪そうな表情をつけて］」	・手話「酒／酔う［うっとりした表情をつけて］
・手話「酒／ので／酔う」（酒が原因で酔った意）	

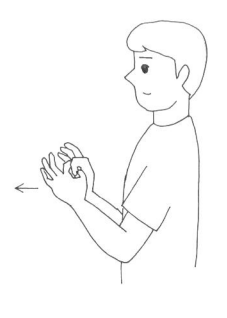

「寒さでふるえる」と「寒さにふるえる」，「雨でぬれる」と「雨にぬれる」，「頭痛で悩む」と「頭痛に悩む」，「勉強で忙しい」「勉強に忙しい」は，両方とも間違いではなく，また，意味に大きな違いがないので，同じ手話表現になっても差し支えないでしょう。

例 6-9

①-1 勝利で喜ぶ。	①-2 勝利に喜ぶ。	①-3 勝利を喜ぶ。
②-1 人形で驚かされる。		②-2 人形に驚かされる。

日本語の意味は？　　　　　　　　　　　　　　　　　　　問題6-9

次の〔　〕の中から適切なものを選んでください（複数回答可）。
1) みんな，突然の知らせ〔で・に・を〕驚いた。
2) 寝ている人を，大きなアラーム音〔で・に・を〕驚かせた。
3) 母親をバラの花束〔で・に・を〕驚かせよう。
4) 母親は，息子からの突然のプレゼント〔で・に・を〕驚いた。
5) あの寺では，2万体もある人形〔で・に・を〕驚かされた。
6) みんな，何回もびっくり箱〔で・に・を〕驚かされているので，箱を不用意にあけないようになった。

日本語の意味と答え

「勝利で喜ぶ」「勝利に喜ぶ」「勝利を喜ぶ」，「死で悲しむ」「死に悲しむ」「死を悲しむ」は，どれも間違いではありません。意味も同じと言う人が多いと思います。筆者としては，「勝利に喜ぶ」「死に悲しむ」のように「に」を使

問題6-9の答え
1) に　2) で　3) で
4) に　5) に　6) で

った文は，「勝利を喜ぶ」「死を悲しむ」のように「を」を使った文と比べると，その心理状態を強調する雰囲気が強いように感じますが，それでも，意味の違いはほとんどないと言ってよいでしょう。

「プレゼントで驚かす（驚かせる）」や「突然のプレゼントに驚く」の言い方からもわかるように，「で」は「手段」を表すことがあり，「に」は心理的な現象の原因を意味することがあります。それで，「人形で驚かされる」は，誰かが意図的に人形を使って驚かそうとしてきた意味になり，「人形に驚かされる」は，誰も驚かそうという意図をもっていなかったものの，人形が原因で驚いた意味になります。

実際には,「何気ない言葉でうれしくなる」と「何気ない言葉にうれしくなる」,などのように,「で」と「に」の違いがほとんど感じられない文も多いです。

見てわかる意味の違い

①-1 勝利で喜ぶ。	①-2 勝利に喜ぶ。	①-3 勝利を喜ぶ。

・①-1〜①-3のいずれも,意味はほとんど同じなので,「勝つ／喜ぶ」という手話でよいだろう

②-1 人形で驚かされる。	②-2 人形に驚かされる。
・手話「人形／使う／驚く／**受ける**」	・手話「人形／見る／驚く」

手話では,使役の表現は難しいです。「本を読ませる」は,「本を読むよう命令する」と言い換えられるので,「本／読む／命令」という手話表現が使えますが,「驚かす」は,「驚くよう命令する」と言い換えるには無理があるので,「驚く／命令」ではなく,「驚く／与える」という手話で表す人が多いようです。そして,②-1の「人形で驚かされる」について,「人形で驚くよう命令される」と言い換えるのには無理があるので,「驚く／受ける（される意）」という手話で表す人,あるいは,「人形で驚かされた」を手話で表すときは,「彼が人形をそこに置いた（仕掛けの説明）。そして,私は,人形を見て驚いた」のような言い方に変えることが多いようです。

例 6-10

| ① 歴史を学ぶ。 | ② 歴史に学ぶ。 | ③ 歴史から学ぶ。 |

日本語の意味は？

問題 6-10

次の〔　〕の中から適切なものを選んでください（複数回答可）。
1) 私は，今学校で歴史〔を・に・から〕学んでいる。
2) 歴史〔を・に・から〕学んだことは何かを，話してください。

日本語の意味と答え

「歴史を学ぶ」では，学習対象は歴史そのものです。しかし，「歴史に学ぶ」と「歴史から学ぶ」では，歴史から何かを学ぶという意味です。「歴史に生き方を学ぶ」と「歴史から生き方を学ぶ」は同じ意味ですが，後者の文では前者の文に比べて「歴史」ということばが強調されているような印象があります。

問題 6-10の答え
1) を　　2) に・から

見てわかる意味の違い

① 歴史を学ぶ。	② 歴史に学ぶ。	③ 歴史から学ぶ。
・手話「歴史／勉強」 ・手話「歴史／教わる」	・①と同じ ・手話「歴史／見る／知る（わかる）」	・②と同じ ・「から」の手話単語を使う

なお，「賢者は歴史に学び，愚者は経験に学ぶ」という有名なことばがあります。

例 6-11

① 手術が失敗する。　　　　② 手術を失敗する。

③ 手術に失敗する。　　　　④ 手術で失敗する。

日本語の意味は？　　　　　　　　　　　　　　　　問題 6-11

次の〔　〕の中から適切なものを選んでください（複数回答可）。

1) 手術〔が・を・に・で〕失敗する。
2) 計画〔が・を・に・で〕失敗する。
3) 株〔が・を・に・で〕失敗する。
4) 酒〔が・を・に・で〕失敗する。
5) あの医者は，手術〔が・を・に・で〕失敗することはほとんどない。
6) 母は娘の手術〔が・を・に・で〕失敗しないか心配したが，無事成功した。
7) その症例なら，手術〔が・を・に・で〕失敗する確率は5％以下だよ。
8) 政府は，ロケット打ち上げ〔が・を・に・で〕失敗したと発表した。
9) 手術〔が・を・に・で〕成功し，彼は歩けるようになった。
10) 彼は，その難しい手術〔が・を・に・で〕成功し，さらに有名になった。
11) その難しい手術〔が・を・に・で〕成功させ，彼はさらに有名になった。
12) 彼は，その事業〔が・を・に・で〕成功した。
13) アメリカは，月着陸〔が・を・に・で〕成功した。
14) アメリカは，月着陸〔が・を・に・で〕成功させた。

日本語の意味と答え

「手術が失敗する」「手術を失敗する」「手術に失敗する」「手術で失敗する」のいずれも言えますが，「彼が」をくっつけられるのは，通常「手術を失敗する」「手術に失敗する」「手術で失敗する」です。

「失敗」を「成功」に変えると，「手術が成功する」「手術に成功する」「手術で成功する」のいずれも言えます。「手術を成功する」については，「手術を成功させ

る」のほうが自然でしょう。「彼が」をくっつけられるのは，通常「手術を成功させる」「手術に成功する」「手術で成功する」です。「手術を失敗する」は自然な言い方になるのに，「手術を成功する」が不自然な言い方になる理由の説明は，難しいです。「手術を成功させた」と言えるのに，「手術を失敗させた」と言えない理由は，失敗しようと思っている医者はいないからでしょう。ただし，Bが○○に成功することをAが妨げたときは，「AはBに○○を失敗させた」と言います。

> 問題6-11の答え（筆者の答え）
> 1) 全てOK　　2) が・を
> 3) に・で　　4) で
> 5) 全てOK　　6) が
> 7) が　　　　8) が・を・に
> 9) が　　　　10) に・で
> 11) を　　　　12) に・で
> 13) に　　　　14) を

「A〔が・を・に・で〕失敗する」について，「A」が「計画」の場合は「が」「を」が，「株」の場合は「に」「で」が，「酒」の場合は「で」がよいように感じます。けれど，同じ「手術」であっても，文章によっては一部しか使えなくなります。例えば，「母は娘の手術〔が・を・に・で〕失敗しないか心配した」であれば，「母」は手術を施す主体ではないことから，「を・に・で」は不自然になるでしょうが，「母は，その医者が娘の手術〔が・を・に・で〕失敗しないか心配した」であれば，「を」が最も自然でしょう。使い分けの説明は難しいですが，筆者としては，「手術で失敗・成功した」は，「手術をするという方法によって失敗・成功した」というニュアンスを感じます。また，「手術を失敗した」と「手術に失敗した」は，かなり近いニュアンスがあるように感じます。

見てわかる意味の違い

① 手術が失敗する。	② 手術を失敗する。
・「人為性は薄い」ことを表すために，やや離れたところで他人事のように「手術／失敗」と手話表現する	・主語を表したところで「手術／失敗」と手話表現することによって，「人為性」を匂わせる

③ 手術に失敗する。	④ 手術で失敗する。
・②と同じ	・手話「手術／結果（結ぶ）／失敗」

例 6-12

① 会議が遅れる。　② 会議に遅れる。　③ 会議で遅れる。

日本語の意味は？　　　　　　　　　　　　　　　　問題 6-12

次の〔　〕の中から適切なものを選んでください（複数回答可）。
1) クラブの時間だけど，コーチは職員会議〔が・に・で〕遅れるそうだ。
2) A組のPTA役員から学校に，「急用ができたので，午後の役員会〔が・に・で〕少し遅れます」という電話があった。
3) 朝の電車事故のため，会議〔が・に・で〕少し遅れて始まった。

日本語の意味と答え

「会議が遅れる」は，会議の開始が遅くなる意味です。「会議に遅れる」は，会議の開始時刻に遅刻する意味です。「会議で遅れる」は，会議が理由で，何かに遅刻する意味です。

問題 6-12の答え
　1）で　　2）に　　3）が

見てわかる意味の違い

① 会議が遅れる。	② 会議に遅れる。	③ 会議で遅れる。
・手話「会議／**延期**」	・手話「会議／**過ぎる**（**遅刻**）」	・手話「会議／ので／過ぎる（遅刻）」

例 6-13

| ① 仕事が忙しい。 | ② 仕事で忙しい。 | ③ 仕事に忙しい。 |

日本語の意味は？

問題 6-13

次の〔　〕の中から適切なものを選んでください（複数回答可）。
1) 彼は「仕事〔が・で・に〕忙しい」と言って，家庭をかえりみない。
2) 社長は資金繰り〔が・で・に〕忙しいらしく，疲れた顔をしている。

日本語の意味と答え

「仕事が忙しい」「仕事で忙しい」「仕事に忙しい」のいずれも見かける文です。意味の違いも特にないように思いますが，あえて言うと，「仕事が忙しい」は，仕事の内容に目が向けられた文であり，「仕事で忙しい」や「仕事に忙しい」は「忙しさの原因は仕事である」と述べている文でしょう。

問題 6-13の答え
1) 全てOK
2) 全てOK

見てわかる意味の違い

① 仕事が忙しい。	② 仕事で忙しい。	③ 仕事に忙しい。
・手話「仕事／忙しい」 ・手話「仕事／**内容**／忙しい」	・手話「仕事／忙しい」 ・手話「仕事／**ので**／忙しい」	

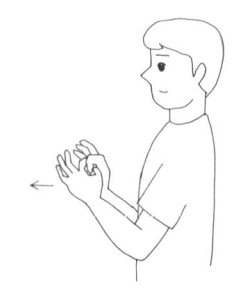

例 6-14

| ① はしごをのぼる。 | ② はしごにのぼる。 | ③ はしごでのぼる。 |

日本語の意味は？　　　　　　　　　　　　　　　問題6-14

次の〔　　〕の中から適切なものを選んでください（複数回答可）。
1) 彼は，はしご〔を・に・で〕屋上にのぼった。
2) 彼は，はしご〔を・に・で〕のぼって，屋上に上がった。
3) 二階へは，はしご〔を・に・で〕のぼるようになっているらしい。
4) 子どもがはしご〔を・に・で〕のぼりかけたので，母親はあわてて駆け寄って，はしごが倒れないように押さえた。

日本語の意味と答え

　例1-14などで述べたように，「はしごをのぼる」の「を」は通過点を意味し，「はしごにのぼる」の「に」は行為の対象を意味します。また，例6-1や例6-2などで述べたように，「はしごでのぼる」の「で」は，「手段」を意味します。

> 問題6-14の答え
> 1) で　　2) を
> 3) で　　4) を・に

　「はしご」が通過点であっても，「はしごを屋上にのぼる」は不自然に聞こえます。「はしごで屋上にのぼる」や「はしごをのぼって，屋上に上がる」は自然な言い方です。「はしごでのぼって，屋上に上がる」が不自然に感じられる理由を考えると，「はしごで（屋上に）のぼって，屋上に上がる」という意味になり，「屋上に到着すること」が2回繰り返して述べられているような感じがするからでしょうか。

　筆者としては，「はしごにのぼったとき」では，「はしごに足をかけたとき」というイメージがあり，「はしごをのぼったとき」では，「はしごをのぼり終えたとき」というイメージがあります。

見てわかる意味の違い

① はしご<u>を</u>のぼる。	② はしご<u>に</u>のぼる。	③ はしご<u>で</u>のぼる。
通過点 はしご／のぼる	はしご／のぼる	手段 はしご／のぼる
・手話「はしご／のぼる」 ・この「を」は通過点を意味することを，**「地下鉄（通る）」**の手話を使って説明する	・手話「はしごの下の部分に足をのせる」ことを表す	・手話「はしご／**使う**／のぼる」 ・手話「のぼる／**方法**／はしご」

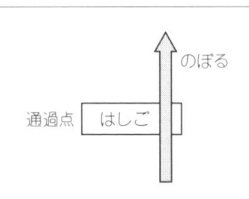

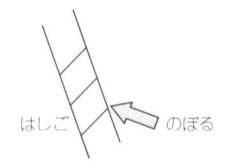

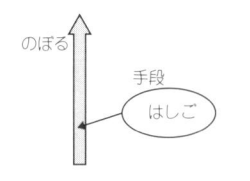

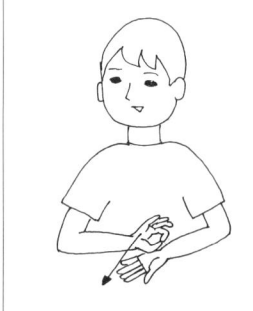

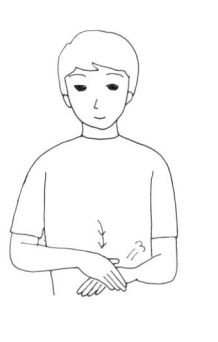

例 6-15

①-1 おみやげをもらう。	①-2 おみやげにもらう。
②-1 手紙を書く。	②-2 手紙に書く。

日本語の意味は？　　　　　　　　　　　　　　　問題 6-15

次の〔　〕の中から適切なものを選んでください（複数回答可）。
1) 友人から旅行のおみやげ〔を・に〕もらったよ。
2) 「そのお菓子，どうしたの？」「おみやげ〔を・に〕もらったのよ」
3) この不正の話，ひどいでしょ。新聞社への投書〔を・に〕書くつもりよ。
4) 「何しているの？」「小説〔を・に〕書いているのよ」
5) 最近メールが普及したので，手紙〔を・に〕書く人が少なくなった。
6) 彼女が手紙〔を・に〕書いた内容は，家族に衝撃を与えた。

日本語の意味と答え

「おみやげのお菓子をもらう」と「おみやげにお菓子をもらう」は，両方とも言えます。つまり，「おみやげにもらう」は，「おみやげに～をもらう」の一部分です。

また「手紙を書く」と「近況を手紙に書く」の両方とも言えます。つまり，「手紙に書く」は，「手紙に～を書く」の一部分です。

この「に」の意味は，「おみやげに」の場合は，「～として（資格を表す）」（「委員長に君を推す」など）の「に」が最も近いように思います。そして，「手紙に」の場合は，「行為が行われる場所を表す」（「紙上に発表する」など）の「に」が最も近いように思います。

問題 6-15の答え
1) を　2) に
3) に　4) を
5) を　6) に

見てわかる意味の違い

①-1 おみやげをもらう。

・手話「みやげ／もらう」

①-2 おみやげにもらう。

・手話「みやげ／**立つ**／もらう」（おみやげとしてもらう意）

②-1 手紙を書く。

・手話「手紙／書く」

②-2 手紙に書く。

・手話「手紙／**中（内）**／書く」（手紙の中で書く意）

例 6-16

| ① 水を流す。 | ② 水に流す。 | ③ 水で流す。 |

日本語の意味は？　　　　　　　　　　　　　　　　　　　問題 6-16

次の〔　〕の中から適切なものを選んでください（複数回答可）。
1) 車の汚れを水〔を・に・で〕流す。
2) 湯が出るまでしばらく水〔を・に・で〕流す。
3) 過去のことは，水〔を・に・で〕流しましょう。
4) 生ごみをモーターの力で細かく砕き，水〔を・に・で〕流す機械がある。

日本語の意味と答え

「水を流す」の「を」は対象を示し，「水そのものを流す」意味になります。「水で流す」の「で」は手段を示し，「水を使って何かを流す」意味になります。「水に流す」は，「何か（紙・泥など）を流水で流し去る」意味ですが，この「に」は，「プールに入る」などのように行為が向かう場所を表す「に」に近いように思います。そして，「過去のことを水に流す」は，過去の気まずさなどをなかったことにする意味であり，慣用句として覚えるのがよいでしょう。

問題 6-16の答え
1) で　　2) を
3) に　　4) で

見てわかる意味の違い

① 水を流す。	② 水に流す。	③ 水で流す。
・水道の栓をひねったりバケツをひっくり返して水を出したりするしぐさを使う	・「過去を水に流す」であれば，「過去を放り出す」「過去を忘れる」などと表す	・手話「水／使う／流す」 ・水を使って何かを流そうとしていることを手話表現する

例 6-17

| ① 噂を聞く。 | ② 噂に聞く。 | ③ 噂で聞く。 |

日本語の意味は？　　　　　　　　　　　　　　　　　　　　　　　問題 6-17

次の〔　〕の中から適切なものを選んでください（複数回答可）。
1) 彼が結婚したことは，噂〔を・に・で・から〕聞きました。
2) あなたの噂〔を・に・で・から〕いつもうかがっております。
3) これが，噂〔を・に・で・から〕聞く子どもに人気のあるケーキですか？
4) ○○会社が破綻したという噂〔を・に・で・から〕，ドル売りが強まった。

日本語の意味と答え

「噂を聞く」の「を」は，「ラジオを聞く」の「を」（対象を表す）と同じで，「噂で聞く」は，「ラジオで聞く」の「で」（手段を表す）と同じですが，「噂に聞く」の「に」は，説明が難しいです。「噂で聞く」と「噂に聞く」

問題 6-17の答え
1) に・で　　2) を
3) に・で　　4) で・から

の違いの説明も難しいですが，ほとんど同じ意味と思って差し支えない場合が多いと思います。

見てわかる意味の違い

① 噂を聞く。	② 噂に聞く。	③ 噂で聞く。
・手話「噂／［噂を表した場所を見ながら］聞く（聞こえる）」	・手話「噂／噂／噂／［「噂」を表した手や空間と別の方向を見ながら］聞く（聞こえる）」	

例 6-18

① 調査で行く。	② 調査に行く。
③ 調査しに行く。	④ 調査して，行く。

日本語の意味は？　　　　　　　　　　　　　問題 6-18

次の〔　〕の中から適切なものを選んでください（複数回答可）。

1) 「今日来られる？」「ごめん，買い物〔で・に・しに・して〕行くから，行けないわ」
2) 「まだ来ないの？」「ごめん，買い物〔で・に・しに・して〕，その後行くから，遅くなるわ」
3) 母は買い物〔で・に・しに・して〕行ったけど，すぐ戻ると思う。
4) 母は買い物〔で・に・しに・して〕留守です。
5) 彼は，北海道の川へ調査〔で・に・しに・して〕行った。
6) 彼は，北海道の川の調査〔で・に・しに・して〕出かけた。
7) その村へは，古墳の調査〔で・に・しに・して〕行ったことがある。
8) デート〔で・に・しに・して〕行くなら，海よりプールがよい。
9) 彼女はデート〔で・に・しに・して〕行って，今いないよ。
10) 彼女は，嫁〔で・に・しに・して〕行った。

日本語の意味と答え

「調査で行く」の「で」は，原因や理由を表す「で」であり，「調査に行く」の「に」は，目的を表す「に」に近いように感じます。

「調査しに行く」は，「調査をするために行く」という意味であり，「調査する」という動詞の連用形に，目的を表す

問題 6-18 の答え
1) に・しに　　2) して
3) に・しに　　4) で
5) で・に・しに　6) で・に
7) で・に　　8) で・に
9) に　　10) に

「に」をつけたものです。「海へ釣りに行く」「映画を見に行く」の「に」も同様です。

「調査して行く」は，「調査をして，それから他のところへ行く」意味です。

ですから，「買い物しに行く」は，「買い物をするために行く」意味であり，「買い物して行く」は，「買い物をしてから，他のところへ行く」意味です。

見てわかる意味の違い

① 調査で行く。	② 調査に行く。
・手話「調べる／ので／行く」 ・②と同じ手話になっても差し支えないだろう	・手話「調べる／目的（的に当たる）／行く」

③ 調査しに行く。	④ 調査して，行く。
・②と同じ	・手話「調べる／（方向を変えて，別のところへ）行く」

それから，「嫁に行く」の「に」は何かと聞かれたら，筆者としては，「委員長に君を推す」の「に」，つまり「～として」の意味かなと思います。「嫁に行く」を1つの慣用句として覚えるとよいでしょう。

例 6-19

| ① 会長<u>が</u>彼<u>を</u>推薦する。 | ② 会長<u>に</u>彼<u>を</u>（役員として）推薦する。 | ③ （会長候補を決めるとき）会長<u>に</u>彼<u>を</u>推薦する。 |

日本語の意味は？　　　　　　　　　　　　　　　　問題 6-19

次のそれぞれの状況で適切なのは，（ア）「会長が田中さんを推薦する」と（イ）「会長に田中さんを推薦する」のどちらですか？

1) 会長が誰かに「田中さんは，仕事ができるので，今度の役員としてどうかな」と言ったとき。
2) 誰かが会長に「田中さんは仕事ができるので，役員の一人としてどうですか」と言ったとき。
3) 誰かが「田中さんは，仕事ができるので，今度の会長になればいいと思います」と言ったとき。

日本語の意味と答え

「会長が田中さんを推薦する」は，会長が「（何かの役に）田中さんがよい」と言って推薦する意味です。

「会長に田中さんを推薦する」は，「会長に対して，第三者が『田中さんがよい』と言って推薦する」意味と，「今度の会長に田中さんがなればよいと（誰かが他の人に）推薦する」意味があります。後者の意味の場合の「に」は，「〜として」と言い換えられます。

問題 6-19の答え
1)（ア）　　2)（イ）
3)（イ）

見てわかる意味の違い

① 会長が彼を推薦する。	② 会長に彼を（役員として）推薦する。	③ （会長候補を決めるとき）会長に彼を推薦する。
・手話「会長／彼／（彼を指さす）／良い／［会長から他の誰かに向かって］勧める」	・手話「会長／彼／（彼を指さす）／良い／［会長に向かって］勧める」	・手話「会長／立つ（「～として」の意）／彼／（彼を指さす）／良い／［周囲に向かって］勧める」

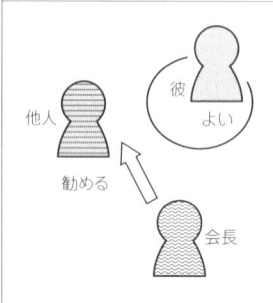

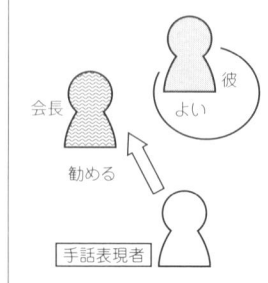

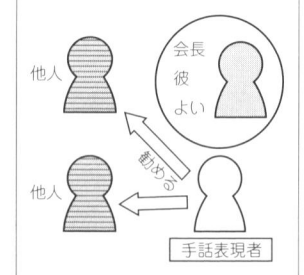

例 6−20

① 私のミス<u>から</u>事故が起きた。	② 私のミス<u>で</u>事故が起きた。
③ 私のミス<u>によって</u>事故が起きた。	④ 私のミス<u>のため</u>事故が起きた。

日本語の意味は？　　　　　　　　　　　　　　　　　　　　問題 6-20

次の〔　〕の中から適切なものを選んでください（複数回答可）。

1) 私のミス〔から・で・によって・のため〕，重大な事故が起きてしまった。
2) 昨日，病気〔から・で・によって・のため〕学校を休んだ。
3) 私は，「病気〔から・で・によって・のため〕今週いっぱい会社を休ませてください」と電話で言った。
4) 彼女は，「明日，仮病〔から・で・によって・のため〕学校を休もうと思っている」と，友人に言った。
5) 彼は，がん〔から・で・によって・のため〕亡くなったそうだ。
6) 彼は，この小説〔から・で・によって・のため〕有名になった。
7) 彼女は，心労〔から・で・によって・のため〕倒れてしまった。
8) 台風〔から・で・によって・のため〕電車が遅れています。
9) 彼女はちょっとしたこと〔から・で・によって・のため〕すぐに泣く。
10) そんな些細なこと〔から・で・によって・のため〕泣くなよ。
11) そうすること〔から・で・によって・のため〕気が済むなら，どうぞ。
12) その木は，台風〔から・で・によって・のため〕倒れた。

日本語の意味と答え

「過労から病気になる」「好奇心からその箱をあける」の「から」，「病気で休む」「借金で苦しむ」などの「で」，「火事によって何もかも失う」の「によって」，「病気のため休む」の「のため」は，原因や理由を表します。

ですが，起点も意味する「から」は，「遠い原因」「間接的な原因」をイメージさ

せ，手段も意味する「で」は，「近い原因」「直接的な原因」をイメージさせるので，「がんから亡くなる」「台風から電車が遅れる」などに違和感を感じることになるのだろうと思います。

また，「によって」は，さらに論理的・科学的にそれが直接的な原因であることをイメージさせる堅苦しいことばであり，リラックスした会話の中で使われることは少ないので，「ちょっとしたことによって泣く」などは不自然に感じます。

> 問題 6 -20の答え（筆者の答え）
> 1) 全てOK
> 2) で・のため　　3) のため
> 4) で　　5) で・のため
> 6) で・によって
> 7) から・で・（によって・のため）
> 8) で・のため・（によって）
> 9) で・（から）　　10) で
> 11) で・（によって）
> 12) で・（によって）

また，「風邪で休んだ」と言えるのに，「風邪で休もうと思う」は不自然に聞こえます。「風邪で休もうと思う」は，「本当は風邪ではないけど，風邪と嘘をついて休もうと思う」という意味にとらえられかねないと思います。けれど，「風邪で休んだ」と聞くと，通常「嘘」を言っているとは思わないのに，「風邪で休もうと思う」が「嘘」を言っているように思える理由を説明するのは，難しいです。

見てわかる意味の違い

① 私のミス<u>から</u>事故が起きた。	② 私のミス<u>で</u>事故が起きた。
・「から」の手話で，方向を工夫することによって，因果関係が説明しやすい	・「ので」や「意味（なぜ）」「**責任**」という単語を使って，「私のミスが原因で，事故が起きた」と表す

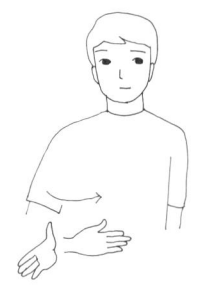

6章　手段や原因，状態に関わる助詞：で，に，等

③ 私のミス<u>によって</u>事故が起きた。	④ 私のミス<u>のため</u>事故が起きた。
・「**基本**」の手話は，「根本」「原因」などの意味を表すので，それを使って表す	・「ので」の手話を使う

『日本語−手話辞典』では，「疲れからきた病気」は「疲れる／ので／病気」という手話で，「火事による損害」は「火事／基本／損」という手話で，「雨のため中止」は「雨／ので／とめる」という手話で表すと書かれていました。それで，「原因・理由」を表す「ため」のところで，「目的（的に当たる）」の手話を使う人がときどき見られますが，「ので」を使うほうがよいように感じました。

例 6-21

① ペットボトルで風車を作る。　② ペットボトルから作業服を作る。

日本語の意味は？　　　　　　　　　　　　　　問題 6-21

次の〔　〕の中から適切なものを選んでください（複数回答可）。
1) 酒は，米〔で・から〕作る。
2) レンガ〔で・から〕家を作る。
3) この風車は，ペットボトル〔で・から〕作られたんだよ。
4) この作業服は，ペットボトル〔で・から〕作られたんだよ。

日本語の意味と答え

以下に示したように，材料から何かを作るとき，原形をとどめていれば「で」を，原形をとどめていなければ「から」を使うと説明するとよいでしょう。

現実には，「パンは小麦粉から作る」と「パンは小麦粉で作る」の両方の言い方が見られます。けれど，「レンガで家を作る」とは言えても，「レンガから家を作る」とは言えません。

> 問題 6-21の答え
> 1) から　2) で
> 3) で　4) から

■〔材料〕で〔完成物〕を作る

材料は原形をとどめている

例）「レンガで家を作る」

■〔材料〕から〔完成物〕を作る

材料は原形をとどめていない
（すっかり変わっている）

例）「大豆から豆腐を作る」

6章　手段や原因，状態に関わる助詞：で，に，等

見てわかる意味の違い

① ペットボトルで風車を作る。

- 手話「ペットボトル／作る／風車」
- この「作る」の内容は，「切る・組み立てる」などであり，できあがった実物を見たら，原材料が何かわかる場合に使われる，と説明する
- 「**使う**」の手話も使えるだろう

② ペットボトルから作業服を作る。

- 手話「ペットボトル／作る／作業服」
- できあがった実物を見ても，原材料が何かわからない場合に使われる，と説明する。つまり，この「作る」は，「変化・変貌」を意味していると説明すればよいだろう。手話としては，「から」「**変わる（〜になる）**」「**差し替え**」などが使えるだろう

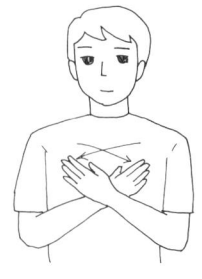

変わる（〜になる）

差し替え

253

例 6-22

①-1 検査<u>が</u>必要な物	①-2 検査<u>に</u>必要な物	①-3 検査<u>で</u>必要な物

②-1 学校<u>に</u>必要な物	②-2 学校<u>で</u>必要な物

日本語の意味は？　　　　　　　　　　　　　　　　　　　問題 6-22

次の〔　〕の中から適切なものを選んでください（複数回答可）。
1）特殊なメガネが，彼〔が・に・で〕必要だそうだ。
2）外国から国内に持ちこむときに，検査〔が・に・で〕必要な物がある。
3）キャンプ〔が・に・で〕必要な物に何があるか？

日本語の意味と答え

「AがBに必要」の例文として，「メガネが彼に必要」「スパイクが試合に必要」などが即座に作れる力を聴覚障害児に身につけさせたいものです。そうすると，「検査が必要」や「検査に必要」の意味の違いがわかるでしょう。

問題 6-22の答え
1）に　　2）が
3）に・で

通常は「検査に必要」「キャンプに必要」と言います。では，「検査で必要」「キャンプで必要」という言い方はできないのかと聞かれると，筆者としてはできなくもないように思いますが，「に」のほうが自然かなと思います。この「に」や「で」は，「とき」や「場所」を表す助詞であるように思います。

「キャンプに必要な物」と「キャンプで必要な物」の違いはあまり感じられませんが，「学校に必要な物」と「学校で必要な物」を聞くと，意味が少し違うと思います。つまり，「学校に必要な物」と聞くと，学校運営の視点から必要な設備（教室や運動場，給食室など）や備品（黒板や机など）が思い浮かぶのに対して，「学校で必要な物」と聞くと，教員や生徒たちが授業に必要な物や学校に持って行く必要がある物（教科書や筆記用具など）が思い浮かんできます。

6章 手段や原因，状態に関わる助詞：で，に，等

見てわかる意味の違い

①-1 検査が必要な物	①-2 検査に必要な物	①-3 検査で必要な物
・手話「調べる／必要／物」	・手話「調べる／**時**／必要／物」	

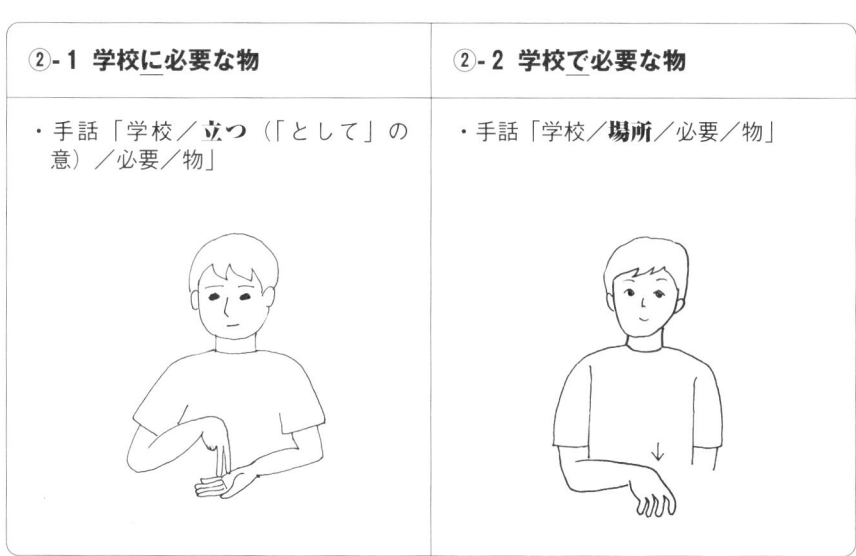

②-1 学校に必要な物	②-2 学校で必要な物
・手話「学校／**立つ**（「として」の意）／必要／物」	・手話「学校／**場所**／必要／物」

255

例 6-23

| ① ブーム<u>が</u>終わる。 | ② ブーム<u>で</u>終わる。 | ③ ブーム<u>に</u>終わる。 |

日本語の意味は？

問題 6-23

次の〔　〕の中から適切なものを選んでください（複数回答可）。
1) 異常なブーム〔が・で・に〕やっと終わったようで，ほっとしている。
2) 健康関連商品は，ブーム〔が・で・に〕終わることが多いようだ。
3) 私は，ハッピーエンド〔が・で・に〕終わる物語が好きだ。
4) 彼女とは，単なる友人〔が・で・に〕終わった。
5) その作業は，徒労〔が・で・に〕終わった。
6) その会は，盛会裏（せいかいり）〔が・で・に〕終わった。
7) よい結果〔が・で・に〕終わることを願っている。
8) それに気づかない〔ままで・ままに・まま〕終わったよ。

日本語の意味と答え

「ブームで終わる」と「ブームに終わる」，「よい結果で終わる」と「よい結果に終わる」はそれぞれほとんど同じ意味だと思います。つまり，この「で」や「に」は，ある状態を説明するものと言えます。強いて言うと，「ブームで終わる」の「で」は，「笑顔で挨拶する」の「で」に共通するニュアンス（その状態で行為をする）を感じ，

問題 6-23の答え（筆者の答え）
1) が　　2) で・に
3) で・(に)　　4) で
5) に　　6) に
7) で・に
8) 全てOK

「ブームに終わる」の「に」は，「医者になる」の「に」に共通するニュアンス（その結果になる）を感じます。

「徒労に終わる」や「盛会裏（せいかいり）に終わる」「単なる友人で終わる」などは，慣用句のように覚えるしかないと思います。

「気づかないままで終わる」と「気づかないままに終わる」「気づかないまま終わる」についても，意味の違いはほとんどないでしょう。

見てわかる意味の違い

① ブーム<u>が</u>終わる。	② ブーム<u>で</u>終わる。	③ ブーム<u>に</u>終わる。
・手話「ブーム／終わる」	・①と同じ ・手話「ブーム／**様子（状態）**／終わる」	・①と同じ ・手話「ブーム／**結果（結ぶ）**／終わる」

例 **6**-24

| ① その問題を議論する。 | ② その問題で議論する。 |

日本語の意味は？

問題 6-24

次の〔　　〕の中から適切なものを選んでください（複数回答可）。
1) 講師を派遣するかどうか〔が・を・で・に・の〕議論になった。
2) 講師を派遣するかどうか〔が・を・で・に・の〕議論した。
3) 講師を派遣するかどうか〔が・を・で・に・の〕議論をした。
4) なぜそんなつまらないこと〔が・を・で・に・の〕ケンカになるのか。
5) あの兄弟は，相続〔が・を・で・に・の〕もめているらしい。
6) 会議〔が・を・で・に・の〕もめたので，帰宅が遅くなってしまった。
7) あの夫婦は，親権〔が・を・で・に・の〕争っている。
8) こうなったら，裁判〔が・を・で・に・の〕争うのもやむを得ない。

日本語の意味と答え

「その問題を議論する」は，その問題を直接議論している意味であり，「その問題で議論する」は，「その問題について議論する」意味ですが，あまり違いはないようにも思います。助詞の使い分けは本当に難しいです。

問題 6-24の答え
1) が・で・の　　2) を・で
3) で・の　　4) で　　5) で
6) が・で　　7) を　　8) で

見てわかる意味の違い

① その問題を議論する。	② その問題で議論する。
・手話「それ／問題／討論」	・①と同じ手話になってもかまわない ・手話「それ／問題／関係（〜について）／討論」

例 6-25

①-1 この紙いっぱいに円を描く。	①-2 この紙にいっぱい円を描く。
②-1 紙をいっぱいに使う。	②-2 紙をいっぱい使う。

日本語の意味は？　　　　　　　　　　　　　　　　問題6-25(1)

「この紙いっぱいに円を描け」と言われたA君と、「この紙にいっぱい円を描け」と言われたB君は、(ア)(イ)のどちらの絵を描くとよいですか？

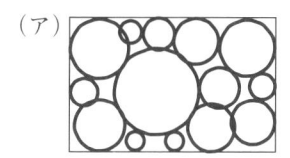

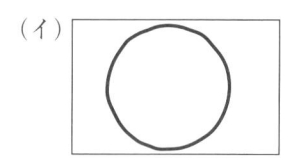

(ア)　　　　　　　　　　　(イ)

日本語の意味は？　　　　　　　　　　　　　　　　問題6-25(2)

次の〔　〕の中から適切なものを選んでください（複数回答可）。

1) この紙〔いっぱいに・にいっぱい・をいっぱい〕1本の木の絵を描いてね。
2) 今日は、色紙〔いっぱいに・にいっぱい・をいっぱい・いっぱい〕切るよ。
3) これを紙〔いっぱいに・にいっぱい・をいっぱい・いっぱい〕印刷したい。
4) 妻の目〔いっぱいに・にいっぱい・をいっぱい・いっぱい〕の涙を見た。
5) 海岸〔いっぱいに・にいっぱい・をいっぱい・いっぱい〕ハマヒルガオが開花した。
6) 以前からサクランボをボウル〔いっぱいに・にいっぱい・をいっぱい・いっぱい〕食べてみたいと思っていた。
7) バケツ〔いっぱいに・にいっぱい・をいっぱい・いっぱい〕釣り上げた豆アジを、天ぷらや南蛮漬けにして食べるのが、毎回の楽しみだ。

日本語の意味と答え

「いっぱい」は「たくさん」「数多い」の意味であり、英語で言えば「many」「much」のイメージですが、「いっぱいに」は、何かの器が満杯になっている雰囲気があり、英語で言えば「full」のイメージです。

これらの「いっぱい」を「一杯」と書く人もいます。そうすると、「1杯，

> 問題6-25(1)の答え
>   A君は（イ）   B君は（ア）
> 問題6-25(2)の答え
>   1) いっぱいに   2) をいっぱい
>   3) いっぱいに・にいっぱい
>   4) にいっぱい   5) いっぱいに
>   6) いっぱい   7) いっぱいに

■「いっぱい」
「many」「much」のイメージ
（数や量が多い）

多い（たくさん）

何回も（たくさん）

たくさん（山盛り）

■「いっぱいに」
「full」のイメージ
（何かの器が満たされている）

満足

胸がいっぱい

2杯……」の「一杯」との区別も必要になってくるでしょう。例えば、「酒を杯一杯飲む」「酒を杯に一杯入れる」「酒の杯を一杯もらう」などの文を読んで、意味を正確につかみ、それを手話で正確に表現できるでしょうか。

見てわかる意味の違い

①-1 この紙いっぱいに円を描く。

・手話「これ／紙／[その紙の中で]大きい／円を描く」

①-2 この紙にいっぱい円を描く。

・手話「これ／紙／円を描く／円を描く／たくさん」

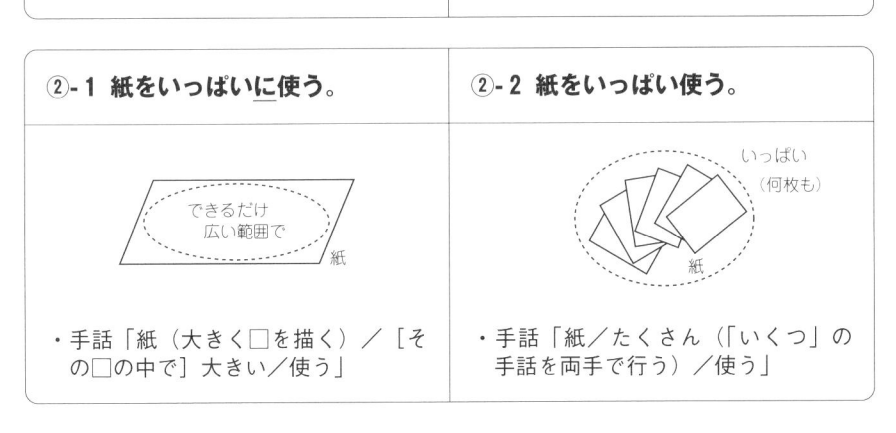

②-1 紙をいっぱいに使う。

（できるだけ広い範囲で／紙）

・手話「紙（大きく□を描く）／[その□の中で]大きい／使う」

②-2 紙をいっぱい使う。

（いっぱい（何枚も）／紙）

・手話「紙／たくさん（「いくつ」の手話を両手で行う）／使う」

小学校低学年の教科書より
6章　手段や目的，原因を表す助詞の使い分け

●『お手紙』に，以下の①の文が載っています。
① 「お手紙に，なんて書いたの。」
② 「お手紙で，なんて書いたの。」
③ 「お手紙を，なんて書いたの。」
②はやや不自然であり，③は明らかに不自然です。「答案用紙に名前を書く」「書類に会社名を書く」という文からわかるように，①の「に」が自然です。

●『お手紙』や『スーホの白い馬』に，以下の①と②の文が載っています。
① 「ふたりとも，とても幸せな気もちで，そこに座っていました。」
② 「悲しさと悔しさで，スーホは，幾晩も眠れませんでした。」
この「で」は，次の（ア）（イ）（ウ）のいずれでしょうか。
　（ア）格助詞。理由・原因を示す。例）「台風で道がくずれる」
　（イ）格助詞。事情・状態を示す。例）「一文なしで旅立つ」
　（ウ）助動詞「だ」の連用形。例）「あれが学校で，こちらが役場だ」
　　　　　　　　　　　　　　　　　　（いずれも『岩波国語辞典』より）
　答えは，①は（イ），②は（ア）ですが，①については，多くの人が（ウ）かなと迷うのではないかと思います。①は「幸せな気持ちの状態で座っていた」という意味で，②は「悲しさと悔しさが原因で眠れなかった」という意味です。

●『たんぽぽのちえ』に，以下の①の文が載っています（一部改変）。
① 「晴れた日には，綿毛の落下傘は，いっぱいに開いて，遠くまで飛んでいく。」
② 「晴れた日には，綿毛の落下傘は，いっぱい開いて，遠くまで飛んでいく。」
①は，1つの落下傘ができるだけ大きく開いて飛んでいくことを述べていますが，②では，たくさんの落下傘が開いて飛んでいく（少し開くのかできるだけ大きく開くのかは述べていない）意味に変わってしまいます。

●『ふきのとう』に，以下の①の文が載っています。
① 「春風は，胸いっぱいに息を吸い，ふうっと息を吐きました。」

②「春風は，胸にいっぱい息を吸い，ふうっと息を吐きました。」
③「春風は，胸いっぱい息を吸い，ふうっと息を吐きました。」
②は不自然です。③は自然な言い方だと思います。

●『聞き耳ずきん』に，以下の①の文が載っています。
①「若者は，娘を見るなり，胸がいっぱいになりました。」
②「若者は，娘を見るなり，胸いっぱいになりました。」
②は，不自然だと思います。「胸がいっぱいになる」それ自体を，「喜び，悲しみ，怒りなどで感情が高ぶること」を意味する慣用句として覚えるしかないと思います。

●『すがたをかえる大豆』に，以下の①の文が載っています。
①「水をいっぱいに吸い込んだ大豆をすりつぶすと，白っぽい汁が出てきます。」
②「水をいっぱい吸い込んだ大豆をすりつぶすと，白っぽい汁が出てきます。」
②は，間違いではありませんが，「いっぱい食べる」は会話ではよく使われるものの，改まった文章では「たくさん食べる」など別のことばを使うほうがよいことを考えると，②は話しことば的に感じます。また，何が「いっぱい」なのかについて，②は，「水につけた大豆を容器から出したら，残った水が少なかった」ときに言う「いっぱい水を吸い込んだなあ」の「いっぱい」と共通しますが，その「いっぱい」は話し手から見た印象に過ぎません。それに対して，①の「いっぱいに」は，大豆が水を吸い込める限界まで水を吸いこんだという意味です。「水をバケツいっぱいに入れる」の「いっぱいに」と共通する意味です。

●『きつつきの商売』に，以下の①の文が載っています。
①「それだけでは，なんだか分かりにくいので，…」
②「それだけは，なんだか分かりにくいので，…」
①は，「それだけ」だと意味がわかりにくい意味です。②は「それだけ」が意味がわかりにくい意味です。「それだけではだめ」は，「それだけであること」がだめという意味ですが，「それだけはだめ」は，「それ」だけがだめという意味です。手話表現の仕方については，筆者の著者『よく似た日本語とその手話表現　第１巻』の例９－５（「お花だけではだめ」と「お花だけはだめ」）を参考にしてください。

●以下のような文があります（一部の語句を省略）。その助詞を使う理由は何かを考えてみるとよいでしょう。

- みんなは，大きな声で「おうい」と呼びました。
- ライオンの赤ちゃんは，自分では歩くことができません。
- きつつきは，とがったくちばしで木に穴をあけます。
- おそろしいまぐろが，すごい速さで，ミサイルみたいに突っこんできた。
- 一口で，まぐろは，小さな赤い魚たちを，一匹残らず飲みこんだ。
- 見えない糸で引っぱられている。
- イソギンチャクの触手には，毒の針があります。イソギンチャクは，これで，小さな動物をつかまえて，食べているのです。
- クマノミの体は，ねばねばした液でおおわれています。
- スーホは，年とったおばあさんとふたりきりで，暮らしていました。
- 弓で射殺してしまえ。
- 殿様は，家来たちを引き連れて，大いばりで帰っていきました。
- ふたりとも，悲しい気分で，玄関の前に腰を下ろしていました。
- きつつきは，ぶなの木の幹を，くちばしで力いっぱいたたきました。
- 朝からの雨で，お洗濯ができないものですから。
- おじいさんは，石につまずいて転んでしまいました。
- 水車屋のトルトリが，見舞いに来ました。
- 竜王様から，あなたへのお礼にと，これを預かってまいりました。
- 長者どんが，娘の部屋にと，離れ座敷を建てたろうが。
- 空襲警報のサイレンで，ちいちゃんたちは目がさめました。
- ちいちゃんが一人でかげおくりした所は，小さな公園になっています。
- 煮豆には，黒，茶，白など，いろいろな色の豆が使われます。
- 水をいっぱいに吸い込んだ大豆をすりつぶすと，白っぽい汁が出てきます。
- とうげの下りの坂道は，一面の真っ白い霜で，雪みたいだった。
- 自分で自分を弱虫だなんて思うな。
- 豆太は，じさまが元気になると，その晩から，しょんべんにじさまを起こしたとさ。
- 風にゆれる桃色のやしの木みたいないそぎんちゃく。
- その美しい音に耳をすまし，一日の疲れを忘れるのでした。

7章 格助詞「と」に関わって

『岩波国語辞典』を見ると，「と」という格助詞のところには，以下のような意味と例文が書かれていました（一部の例文を省略）。

> ① ある事柄について共存するものを示すのに使う。
>   イ）**動作の相手，比較の基準となるものを示す**（「子供と遊ぶ」「彼女と会う」「これと比べ合わせる」）
>   ロ）一類のものを並べ立てるのに使う（「兄と妹」「見ると聞くとは大違い」）
> ② 次に来る動詞がさす動作・作用の状態や内容・名称を示すのに使う。
>   イ）**転化の結果を示す**（「通算成績は五勝七敗となる」「日取りを来月二日と決定した」）
>   ロ）**それが行われる様子を表すのに使う**（「にこにこと笑う」）
>   ハ）**内容を示すのに使う**（「もうだめだと思う」「合格おめでとうと祝った」）
>   ニ）「〜を〜という（呼ぶ，名づける等）」の形で名称を示すのに使う（「長男を太郎と名づける」）

①のロ），つまり並立に関する「と」は，第2巻の中で取り上げたいと思います。それ以外の「と」について，本章で取り上げます。

7章で扱う例文

例 7 - 1
① 息子と相撲を見る。
② 息子と相撲を取る。

例 7 - 2
①（私は）太郎と，次郎を助ける。
②（私は）太郎と次郎を助ける。

例 7 - 3
①-1 友人と話す。
①-2 友人に話す。
②-1 友人と相談する。
②-2 友人に相談する。

例 7 - 4
① (私は) 彼がかわいそうと思った。
② 彼は (彼女を) かわいそうに思った。

例 7 - 5
①-1 彼はあきらめたと見える。
①-2 彼はあきらめたように見える。
②-1 何が見えるか？
②-2 何に見えるか？
③-1 何を見るか？
③-2 何と見るか？
③-3 何で見るか？

例 7 - 6
①-1 かちかちとなる。
①-2 かちかちになる。
②-1 のびのびする。
②-2 のびのびとする。
②-3 のびのびになる。

例 7 - 7
①-1 休校を決定する。
①-2 休校と決定する。
①-3 休校に決定する。
②-1 受賞者に田中氏を決定する。
②-2 受賞者は田中氏と決定する。
②-3 受賞者は田中氏に決定する。

例 7 - 8
① 5万円する。
② 5万円とする。
③ 5万円にする。

例 7 - 9
① ひらがなと書く。
② ひらがなを書く。
③ ひらがなで書く。

例 7 -10
① 私としては，……
② 私にしては，……

例 7 -11
① 田中さんと山田さんは似ている。
② 彼女は母親に似ている。

例 7 -12
① 私とあなたは違う。
② 私はあなたと違う。

例 7 -13
① 部長と田中さんの家へ行く。
② 部長の田中さんの家へ行く。

例 7 -14
① 医者になる。
② 医者となる。

7章 格助詞「と」に関わって

例 7 − 1

① 息子と相撲を見る。　　② 息子と相撲を取る。

日本語の意味は？　　　　　　　　　　　　　　　　問題 7 - 1

次の文の中の「と」を「と一緒に」と言い換えられるのは，（ア）（イ）のどちらですか？
　（ア）父親は，息子と相撲(すもう)を見に行った。
　（イ）父親は，息子と相撲を取り，息子を投げ飛ばした。

日本語の意味と答え

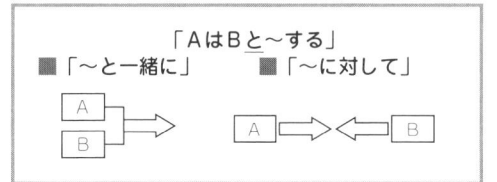

```
        「AはBと〜する」
■「〜と一緒に」　　■「〜に対して」
 ┌A┐                ┌A┐⇒⇐┌B┐
 └B┘⇒
```

問題 7 - 1 の答え　（ア）

「彼と遊ぶ」のように行為をともにする相手を表す「と」や，「痛みと戦う」のように行為の対象となる相手を表す「と」があります。前者の場合，「彼と一緒に遊ぶ」「彼とともに遊ぶ」のように言い換えられます。

見てわかる意味の違い　　　　現実に見られる表現例を含む，以下同様

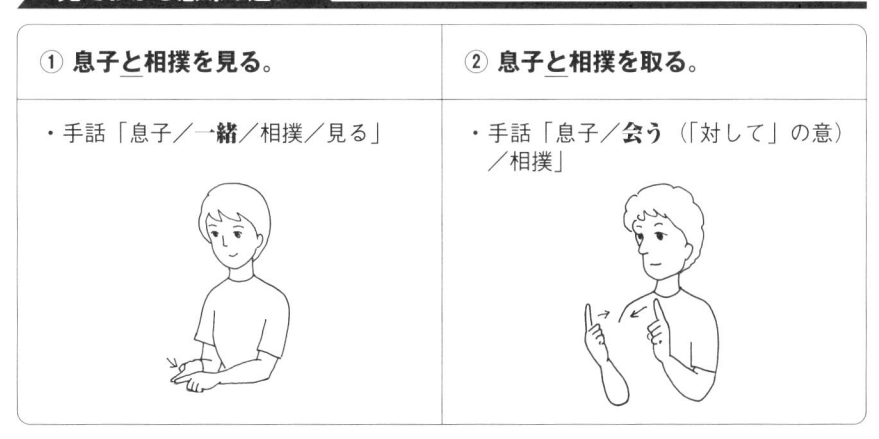

① 息子と相撲を見る。	② 息子と相撲を取る。
・手話「息子／一緒／相撲／見る」	・手話「息子／会う（「対して」の意）／相撲」

267

例 7 − 2

| ① （私は）太郎と，次郎を助ける。 | ② （私は）太郎と次郎を助ける。 |

日本語の意味は？　　　　　　　　　　　　　　　　　　　　問題 7 - 2

「（私は）太郎と，次郎を助けた」という文は，（ア）（イ）のどちらの意味になりますか？
　（ア）私が，太郎と次郎の2人を助けた。
　（イ）私と太郎の2人が，次郎を助けた。

日本語の意味と答え

　「私と兄の2人」の「と」は「並列」を意味し，通常「私と，兄の2人」のように読点を間に入れません。したがって，「太郎と，次郎を助ける」は，「太郎と次郎の2人を助ける」意味ではなく，「太郎と一緒に，次郎を助ける」意味になります。

問題 7 - 2 の答え
（イ）

見てわかる意味の違い

① （私は）太郎と，次郎を助ける。	② （私は）太郎と次郎を助ける。
・手話「太郎／一緒／次郎／助ける」	・手話「1つめ／太郎／と（2つめ）／次郎／（2人を）助ける」

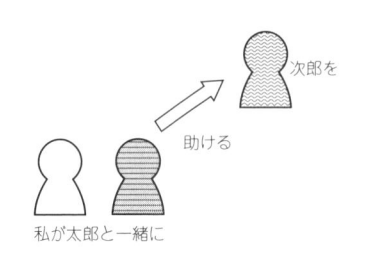

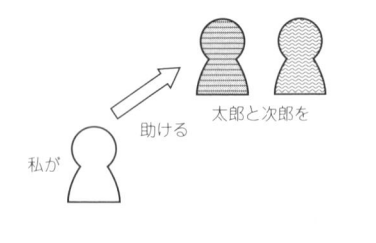

　なお，並列を述べるとき3つ以上の場合は，「私と兄と姉と妹の4人」または「私と兄，姉，妹の4人」のような書き方をするのが通常です。

例 7 − 3

①-1 友人と話す。	①-2 友人に話す。
②-1 友人と相談する。	②-2 友人に相談する。

日本語の意味は？　　　　　　　　　　　　　　　　　　　問題 7 - 3

次の〔　〕の中から適切なものを選んでください（複数回答可）。
1) あなた〔と・に〕話しておきたい大事な話があります。
2) 人〔と・に〕話すときのしぐさで，深層心理がわかる。
3) 私は，進路のことで先生〔と・に〕相談した。
4) 私は，一緒に司会をすることになった友人〔と・に〕，司会の進め方のことで相談した。

日本語の意味と答え

■「AはBと会う」　　　　　■「AはBに会う」
　（お互いに，双方向的）　　　（一方通行的）
　A ⟷ B　　　　　　　　　A ⟶ B

問題 7 - 3 の答え
1) に　　2) と・に
3) に　　4) と

　例 5 − 4 でも述べましたが「と」は，「と一緒に」と置き換えられることが多く，対等な関係，協力的な関係にある場合が多いです。一方，「に」は，行為の対象を表す働きをもつので，対等ではない関係，一方的な関係にあることを感じさせる場合が多いです。

　手話では，「彼と話す」と「彼に話す」は明らかに異なる手話表現が使われます（前者では両手で「会話」を表す手話表現が，後者では片手だけで「話す」を表す手話表現が使われます）。

　しかし，「彼と会う」と「彼に会う」は，ほとんど同じ手話表現が使われます。意味の違いはないと考える人が多いようですが，厳密に言えば，彼と彼女がお互いに会う約束をして 2 人ともある場所に出向くときは「彼女は彼と会う」を用い，彼

女が彼のほうへ出向くときは「彼女は彼に会う」を用いる，と言う人も見られます。

「友人と相談する」は，ある事柄について友人と2人で対等に協力しあって「どうしよう」と相談している感じです。それに対して，「友人に相談する」は，友人に対して「これはどうしたらよいと思うか」とアドバイスを求めている感じです。

見てわかる意味の違い

①-1 友人と話す。

・手話「友達／**話す（会話）**」

①-2 友人に話す。

・手話「友達／**話す（一方的に）**」

②-1 友人と相談する。

・手話「[自分の横で] 友達／[他の誰かに向かって] 相談」
・手話「友達／**一緒**／相談」

②-2 友人に相談する。

・手話「[自分の向かい側で] 友達／[向かい側に向かって] 相談」
・手話「友達／**会う**（「対して」の意）／相談」

例 7-4

① （私は）彼がかわいそうと思った。　② 彼は（彼女を）かわいそうに思った。

日本語の意味は？　　　　　　　　　　　　　　　　　　　　問題 7-4

次の〔　〕の中から適切なものを選んでください（複数回答可）。
1) 太郎くんは，そのいたずらの犯人じゃないのに，先輩にしかられていたよ。それを見て，太郎くんがかわいそう〔と・に〕思ったよ！
2) 道ばたに捨てられていた子猫を見て，彼はかわいそう〔と・に〕思って連れて帰った。
3) 彼は，彼女〔が・を〕かわいい〔と・に〕思った。
4) 彼は，彼女〔が・を〕かわいく思った。

日本語の意味と答え

「彼は『おはよう』と言った」のように，「と」には「引用」を表す意味があります。「私はこれからどうなるのだろうと思った」の「と」も同様です。そして，「彼がかわいそうと思う」は，「私は『彼がかわいそうだ』と思う」の意味です。一方，「かわいそうに思う」は，それ自体をひとまとまりの慣用句のように覚える

> 問題 7-4 の答え
> 1) と　　2) に
> 3) が・を，と
> 4) を

とよいでしょう。つまり，「彼は（子猫を）かわいそうに思う」では，動詞を「かわいそうに思う」とひとくくりにして考えれば，意味がわかりやすくなるのではないかと思います。

なお，「私は，彼はかわいそうだが，彼女はいい気味だと思った」「子猫のことを，彼はかわいそうに思ったが，彼女はそうではなかった」などのような文もあるので，前後の文も読んで意味を判断する必要があるでしょう。

また，「かわいいと思った」は言えますが，「かわいいに思った」は言えません。「かわいく思った」とする必要があります。「彼は，彼女がかわいいと思った」「彼は，彼女をかわいいと思った」「彼は，彼女をかわいく思った」は，いずれも同じ

意味を表す文です。

見てわかる意味の違い

① (私は)彼がかわいそうと思った。	② 彼は(彼女を)かわいそうに思った。
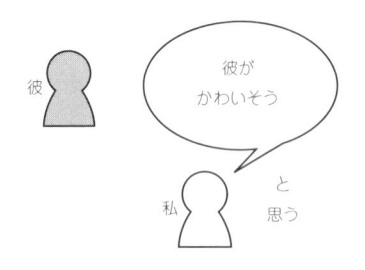 彼／彼がかわいそう／私／と思う	彼女／彼女がかわいそう／彼／かわいそうに思う
・手話「彼／[彼を表した左手に視線を向けながら]悲しい／思う」 ・「私は『彼がかわいそう』と思った」という意味なので，手話は「私／思う／内容or事or何／彼／かわいそう」のような手話で表す	・手話「彼／（彼女）／[彼を表した位置から彼女を表した手に視線を向けながら]悲しい／思う／（彼を指さす）」

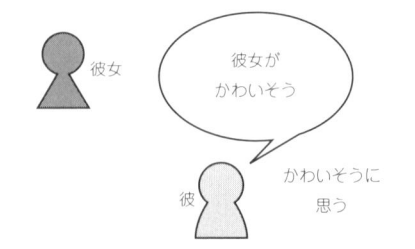

例 7-5

①-1 彼はあきらめたと見える。	①-2 彼はあきらめたように見える。
②-1 何が見えるか？	②-2 何に見えるか？

③-1 何を見るか？	③-2 何と見るか？	③-3 何で見るか？

日本語の意味は？　　　　　　　　　　　　　　　問題 7-5

次の〔　〕の中から適切なものを選んでください（複数回答可）。

1) あの姉妹は，妹が姉より年上〔と・に〕見える。
2) 彼はあきらめた〔と・に〕見える。
3) 彼はあきらめたよう〔と・に〕見える。
4) 社会調査で何〔が・を・と・に・で〕見えてきましたか？
5) 先生は，生徒にある図形を見せ，「これは，何〔が・を・と・に・で〕見えますか？」「これを何〔が・を・と・に・で〕見ますか？」と尋ねた。
6) 人間の値打ちを何〔が・を・と・に・で〕見ますか？
7) その事件の背景に何〔が・を・と・に・で〕見ますか？

日本語の意味と答え

「彼は彼女より年上であるように見える」は，実際は彼は彼女より年下であるのに，逆に見えるという意味です。したがって，「あの兄弟は，兄が弟より年上に見える」はおかしな文になります。

一方「～と見える」は，「～と思われる」という意味です。したがって，「彼は気がついたと見えて，こちらへやってきた」「よほどおなかがすいたと見えて，おやつをもらいに来た」のように，動詞につきます。それぞれ，「彼は気がついたらし

> 問題 7-5 の答え
> 1) に　　2) と
> 3) に　　4) が
> 5) に，と
> 6) で　　7) を

く，こちらへやってきた」「よほどおなかがすいたらしく，おやつをもらいに来た」と言い換えられます。

見てわかる意味の違い

①-1 彼はあきらめたと見える。	①-2 彼はあきらめたように見える。
・手話「彼／あきらめる／**思う**orらしい」	・手話「彼／あきらめる／**見る**」（外見からそのように見えることを説明する）

②-1 何が見えるか？	②-2 何に見えるか？
・手話「何／見る／か？」	・手話「何／同じor似ている／見るor思う／か？」

③-1 何を見るか？	③-2 何と見るか？	③-3 何で見るか？
・手話「見る／何／か？」（「何を見たいか」「何を見ようと思っているか」と言い換えてもよい）	・手話「何／思う／か？」	・手話「何／使う／見る／か？」 ・手話「見る／方法／何？」

例 7 − 6

①-1 かちかち<u>と</u>なる。	①-2 かちかち<u>に</u>なる。

②-1 のびのびする。	②-2 のびのび<u>と</u>する。	②-3 のびのび<u>に</u>なる。

日本語の意味は？   問題 7 - 6

次の〔　〕の中から適切なものを選んでください（複数回答可）。

1) おもちが〔かちかちと・かちかちに〕なった。
2) タイマーの〔かちかちと・かちかちに〕なる音が気になる。
3) 寒さに震えて，歯が〔かちかちと・かちかちに〕なった。
4) バケツの水が〔かちかちと・かちかちに〕凍る。
5) 「火の用心！」と拍子木を〔かちかちと・かちかちに〕打った。
6) 予定を〔のびのび・のびのびと・のびのびに〕するのはよくない。
7) 子どもを，〔のびのび・のびのびと・のびのびに〕育てたい。
8) あそこで，何かが〔ピカピカ・ピカピカと〕光っているよ。
9) 雷が〔ピカッ・ピカッと〕光った。

日本語の意味と答え

「時計がかちかちとなる」「歯がかちかちとなる」の「かちかち」は音を示す擬音語（「かちかちと」）の一部であり，「なる」は「鳴る」と書けます。一方，「おもちがかちかちになる」の「かちかち」は，そのような状態を表す擬態語（「かちかちだ」）の一部です。したがって，「かちかちと打つ」「かちかちに凍る」というように使います。

　「のびのびする」は「伸び伸びする」，「のびのびとする」は「伸び伸びとする」

問題 7 - 6 の答え（筆者の答え）
1) かちかちに　　2) かちかちと
3) かちかちと　　4) かちかちに
5) かちかちと　　6) のびのびに
7) のびのび・のびのびと
8) ピカピカ・ピカピカと
9) ピカッと

と書けます。「スケジュールをのびのびにする」は「延び延びにする」と書けます。

「ピカピカと光る」と「ピカピカ光る」は，両方とも言えますが，「ピカッと光る」と「ピカッ光る」については，後者は言えません。その理由は，文法的なものによるのではなく，言いやすさ・リズム感に関わるものによるように思います。

見てわかる意味の違い

①-1 かちかち<u>と</u>なる。	①-2 かちかち<u>に</u>なる。
・手話「両手指をかちかちとぶつからせる／**聞く（聞こえる）** or 言われる」	・手話「硬い／**様子（状態）**／変わる（～になる）」

②-1 のびのびする。	②-2 のびのび<u>と</u>する。	②-3 のびのび<u>に</u>なる。
・手足を伸ばすしぐさをする		・手話「**延期／延期**」

小学校2～3年生の教科書に，「巣の中から，たくさんの働きありが，次々と出てきました。」と「白馬の背には，次々に，矢が刺さりました。」という文がありますが，「次々と」と「次々に」はほぼ同じ意味だと思います。

例 7-7

①-1 休校を決定する。	①-2 休校と決定する。	①-3 休校に決定する。
②-1 受賞者に田中氏を決定する。	②-2 受賞者は田中氏と決定する	②-3 受賞者は田中氏に決定する。

日本語の意味は？　　　　　　　　　　　　　　　　　　問題 7-7

次の〔　〕の中から適切なものを選んでください（複数回答可）。
1) 大学は，3日から9日までの休校〔を・と・に〕決定したと発表した。
2) この日まで休校〔を・と・に〕決定された。
3) 特別賞は田中氏〔を・と・に〕決定された。
4) 受賞者に田中氏〔を・と・に〕決定した。
5) 彼は，この会社に入る〔を・と・に〕決めた。
6) やっぱり地道に仕事をするのが一番〔を・と・に〕決めた。
7) 彼は，この人が犯人〔を・と・に〕決めこんでいる。
8) 彼女は，パーティーに着ていく服はその服〔を・と・に〕決めた。
9) 彼女は，パーティーに着ていく服をその服〔を・と・に〕決めた。
10) 彼は，昼はうどん〔を・と・に〕決めている。
11) 彼は，何を注文しようか迷ったが，結局うどん〔を・と・に〕決めた。

日本語の意味と答え

「休校を決定する」と「休校と決定する」「休校に決定する」はほとんど同じ意味ですが，文によっては，どれか一つしか使えないものもあります。例えば，「延期すると決定する」のように，動詞の後には，「と」しか入れられません。

問題 7-7 の答え
1) を　　2) と　　3) と・に
4) を　　5) と　　6) と
7) と　　8) と　　9) と・に
10) と・(に)　　11) と・に

また，「受賞者は田中氏に決定された」は「賞をどの人に授けるか相談して，田

中氏に決定された」という雰囲気があり，「受賞者は田中氏と決定された」は「『賞を田中氏に与えよう』ということが決定された」という雰囲気があるように思います。「受賞者は田中氏を決定した」は不自然な言い方ですが，「受賞者に田中氏を決定した」は自然な言い方です。この「に」は「として」と言い換えられます。

見てわかる意味の違い

①-1 休校を決定する。	①-2 休校と決定する。	①-3 休校に決定する。

・①-1～①-3のいずれも，手話では「学校／休む／決める」となる

休校だ

決める人

選択肢①
選択肢②　決める
選択肢③（休校）

②-1 受賞者に田中氏を決定する。	②-2 受賞者は田中氏と決定する	②-3 受賞者は田中氏に決定する。

・②-1～②-3のいずれも，手話では「賞／もらう／誰or人／田中／決める」となる

例 7 - 8

| ① 5万円する。 | ② 5万円とする。 | ③ 5万円にする。 |

日本語の意味は？　　　　　　　　　　　　　　　　　問題 7-8

次の〔　〕の中から適切なものを選んでください（複数回答可）。
1) 予算は5万円〔する・とする・にする〕。
2) この商品は，5万円〔する・とする・にする〕。
3) タバコを1箱千円〔する・とする・にする〕案に，私は賛成だ。
4) 「この商品をいくらまでなら買いますか？」という問いに，1万円〔する・とする・にする〕人が45%で，最も多かった。
5) 1万円を5万円〔する・とする・にする〕方法があるよ。

日本語の意味と答え

「この商品は5万円する」は，「この商品の値段＝5万円」という意味です。「この商品の値段は5万円と（に）する」は，「値段を5万円と（に）決める」という意味です。この「と」と「に」の微妙な違いについては，前の例7-7も見てください。

問題7-8の答え
1) とする・にする　　2) する
3) とする・にする
4) とする　　5) にする

見てわかる意味の違い

① 5万円する。	② 5万円とする。	③ 5万円にする。
・手話「値段／5万円／（である）」	・手話「値段／5万円／決める」	

ただし，「1万円を（5倍の）5万円にする」の「にする」であれば，「変える」「増やす」の手話を使うとよいでしょう。

例 7 − 9

| ① ひらがなと書く。 | ② ひらがなを書く。 | ③ ひらがなで書く。 |

日本語の意味は？　　　　　　　　　　　　　　　　　　　　問題 7-9（1）

次のそれぞれは，（ア）〜（ウ）のどの先生から指示された生徒のものですか？

1)
```
ひ
ら
が
な
```

2)
```
あ い う え お
か き く け こ
さ し す せ そ
…
```

3)
```
が
っ
こ
う
```

（ア）A先生「ひらがなと書きなさい」
（イ）B先生「ひらがなを書きなさい」
（ウ）C先生「ひらがなで書きなさい」

日本語の意味は？　　　　　　　　　　　　　　　　　　　　問題 7-9（2）

次の〔　　〕の中から適切なものを選んでください（複数回答可）。

1) 幼児が覚えたばかりのひらがな〔と・を・で〕ゆっくり大きく書いている。
2) 漢字がわからなければ，ひらがな〔と・を・で〕書いていいよ。
3) 先生は，国語の授業の始めに，「ひらがな」〔と・を・で〕黒板に大きく書いた。

日本語の意味と答え

「詩を書く」では，何かの詩の文を書く意味ですが，「詩と書く」では，「詩」という文字を書くことです。「詩と書く」は，「『詩』と書く」のほうがわかりやすい

でしょう。

「ひらがなと書く」では，書かれた文字は「ひらがな」という字です。「ひらがなを書く」では，書かれた文字は，ひらがなの内容，つまり「あいうえお，かきくけこ，……」などです。「ひらがなで書く」は，「(「学校」を) ひらがなで書く」であれば，「がっこう」というようにひらがなを使って書くことです。

> 問題 7-9 (1) の答え
> 　1) (ア)　　2) (イ)
> 　3) (ウ)
> 問題 7-9 (2) の答え
> 　1) を・で　　2) で
> 　3) と

見てわかる意味の違い

① **ひらがなと書く。**	② **ひらがなを書く。**	③ **ひらがなで書く。**
・手話「**事**（両手で「」という形を作る）／ヒ／ラ／ガ／ナ／書く」	・手話「あいう……（空書する）／書く」	・手話「ひらがな／使う／書く」 ・「読み方を書く」「漢字を使わない」などと言い換える

聴覚障害児に，「日記と書く」「日記を書く」「日記で書く」「日記に書く」の違いも理解できるようになってほしいと思います。

例 7-10

| ① 私としては，…… | ② 私にしては，…… |

日本語の意味は？

問題 7-10

次の〔　〕の中から適切なものを選んでください（複数回答可）。
1) 私〔と・に〕しては，賛成しかねる。
2) 彼〔と・に〕しては，めずらしく，節制しているね。
3) 夏〔と・に〕しては，涼しい日だったね。
4) 山〔と・に〕しては，そんなに高くないね。丘と言うほうがいいかな。

日本語の意味と答え

「～としては」は，「～の立場では」「～の場合には」というような意味があり，「～にしては」は，「～であることを考えると」「～としてみれば」というような意味があります。この使い分けは微妙であり，「どちらも使える」という意見が出るかなと思います。

問題 7-10の答え
1) と　　2) に
3) に　　4) と・に

見てわかる意味の違い

① 私としては，……	② 私にしては，……
・手話「私／立つ」(「私の立場としては」の意)	・手話「普通orいつも／私／考えるor比べる／時」(「ふつうの私のことを考えると」「いつもの私と比べると」の意)

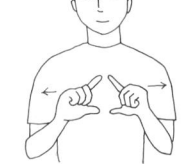

282

7章　格助詞「と」に関わって

例 7-11

① 田中さん<u>と</u>山田さん<u>は</u>似ている。　② 彼女<u>は</u>母親<u>に</u>似ている。

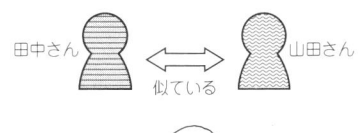

日本語の意味は？　　　　　　　　　　　　　　　　　　　問題 7-11

次の〔　　〕の中から適切なものを選んでください（複数回答可）。
1)〔私と母は・私は母に，母は私に〕似ていると，よく言われる。
2)〔彼と父親は・彼は父親に・父親は彼に〕そっくりだ。
3)〔田中さんと山田さんは・田中さんは山田さんに〕，性格がよく似ているね。

日本語の意味と答え

「AとBは似ている」の「と」は並立を示すため，AとBは対等な関係にあります。一方，「AはBに似ている」の「に」は比較の基準を示すため，BはAの「基準（元）」です。娘は母親から生まれたので，「彼女は母親に似ている」と言う必要があります。

問題 7-11の答え
1) 私は母に
2) 彼は父親に
3) 田中さんと山田さんは

見てわかる意味の違い

① 田中さん<u>と</u>山田さん<u>は</u>似ている。	② 彼女<u>は</u>母親<u>に</u>似ている。
・手話「田中さん／山田さん／**似ている**」	・手話「彼女／母／**そっくり（生き写し）**」

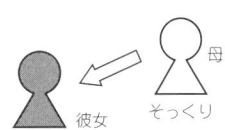

例 7-12

| ① 私とあなたは違う。 | ② 私はあなたと違う。 |

日本語の意味は？

問題 7-12

（ア）「私とあなたは違う」と（イ）「私はあなたと違う」とでは，相手を突き放している，あるいは，対等でない印象を相手に与えているのはどちらですか？

日本語の意味と答え

「AとB」と言うとき，「A」と「B」は「対等な関係」にあります。そのためか，筆者としては，「私はあなたと違う」と言われると，「私とあなたは違う」と比べて，「突き放されているような感じ」や「対等でない感じ」を受けます。

問題 7-12の答え
（筆者の答え）　（イ）

見てわかる意味の違い

① 私とあなたは違う。	② 私はあなたと違う。
・手話「私／あなた／**違う**」	・①と同じ ・「私／あなた／**他（別・以外）**（相手を突き放すような雰囲気で）」

例 7-13

① 部長と田中さんの家へ行く。　② 部長の田中さんの家へ行く。

日本語の意味は？　　　　　　　　　　　　　　　　　　問題 7-13

次のそれぞれの状況で適切なのは、（ア）「部長と田中さんの家へ行く」と（イ）「部長の田中さんの家へ行く」のどちらですか？
1)「部長と私」の2人が、「田中さん」の家へ行ったとき。
2)「私」が、「部長」の家と「田中さん」の家の両方へ行ったとき。
3)「私」が、「部長をしている田中さん」の家へ行ったとき。

日本語の意味と答え

「と」は、前述したように、「～と一緒に」を意味するときと、「並列」を意味するときがあります。ですから、「部長と田中さんの家へ行く」は、「部長と一緒に、田中さんの家へ行く」という意味と、「［部長の家と田中さんの家］（並列）へ行く」という意味があります。

問題 7-13の答え
1)（ア）　2)（ア）
3)（イ）

「部長の机」では、「机」は部長のものであることを意味します。しかし、「部長の田中さん」では、「部長＝田中さん」という意味になります。その意味で、「部長の父親は……」は、「部長にとって父親にあたる人は……」の意味のときと、「部長である私の父親は……」の意味のときがあることになります。このように意味が紛らわしいときは、「部長のお父様」「部長である父」「部長をしている父」などと言い換えるほうがよいでしょう。

「の」は、格助詞の中でもかなり容易に獲得される助詞だと思いますが、この「同格」を表す「の」の理解ができていない聴覚障害児が多いかもしれません。

見てわかる意味の違い

① 部長と田中さんの家へ行く。

- ■「と」が「～と一緒に」を意味する場合
- ・手話「部長／一緒／田中さん／家／**行く**」（この「行く」を表すとき、「２」を表した右手指を向こう側に移動させる手話を使うと、さらにわかりやすいだろう）

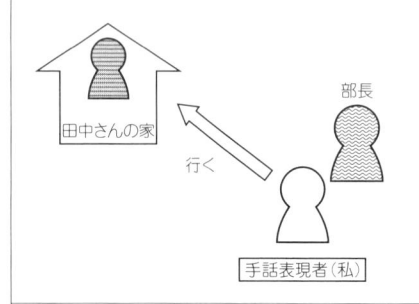

- ■「と」が「並列」を意味する場合
- ・手話「（１つめ）／部長／（２つめ）／田中さん／家／行く／行く」

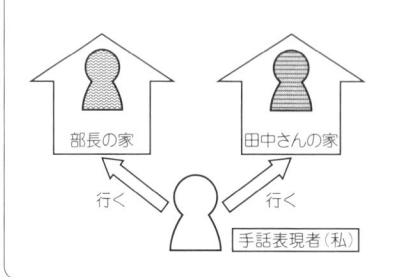

② 部長の田中さんの家へ行く。

- ・手話「部長／田中さん／家／**行く**（**家へ**）／（私を指さす）」

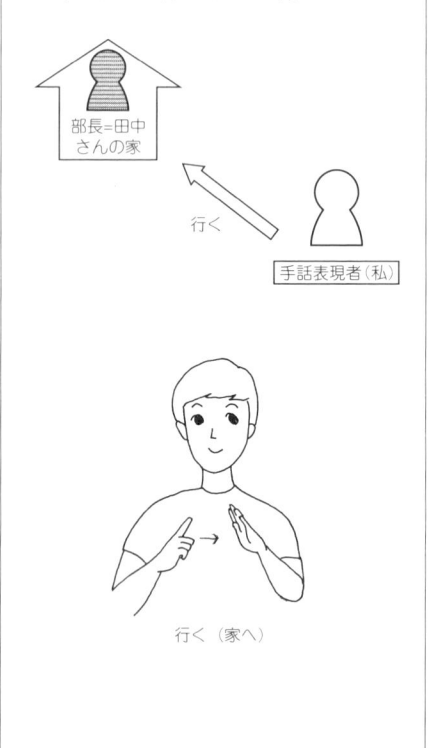

行く（家へ）

「の」は、いろいろな意味で使える助詞です。例えば、「会社の本」では、「会社が所有している本」なのか「その会社について書かれている本」なのかあいまいです。それで、作文指導では、「の」を多用するのではなく、他のわかりやすいことばを使って書き換えるほうがよいと指導することがときどきあります。

例 7-14

① 医者に なる。　　　② 医者と なる。

日本語の意味は？　　　　　　　　　　　　　問題 7-14

次の〔　〕の中から適切なものを選んでください（複数回答可）。
1) 彼は，国家試験に合格し，医者〔に・と〕なった。
2) 過ごしやすい季節〔に・と〕なりましたね。
3) 氷がだんだんと水〔に・と〕なっている。
4) 転校してきた太郎は，次郎とすぐに友だち〔に・と〕なった。
5) あの小さかった太郎ちゃんが，こんな立派な青年〔に・と〕なって……。
6) キツネが人間〔に・と〕化ける。
7) 彼は，大会史上初〔に・と〕なるサヨナラ満塁本塁打を放った。
8) 戦争で，街は焦土〔に・と〕化した。
9) 壇ノ浦の戦いで，彼女は，海の藻屑（もくず）〔に・と〕消えた。
10) 二人は，婚約相整い，結婚式を挙げる運び〔に・と〕なりました。
11) そんなに食べると，肥満〔に・と〕なるよ。
12) 適正な体脂肪率は，女性の場合，20～25％であり，これを上回ると「肥満」〔に・と〕なる。

日本語の意味と答え

一般的には，「～になる」と「～となる」は同じ意味であるとされています。けれども，筆者としては，「帰結・結果」に重点が置かれる場合は「と」を，「変化」に重点が置かれる場合は「に」を多く用いるように思います。まだ変化の途中であったり，これからどうなるかわからないという雰囲

問題 7-14の答え
1) に・と　　2) に・と
3) に　　4) に　　5) に
6) に　　7) と　　8) と
9) と　　10) と　　11) に
12) と

気がある場合は,「に」が多く用いられるように感じます。

「史上初となる」「焦土と化する」「海の藻屑と消える」「運びとなる」については,慣用句として覚えるしかないでしょう。

なお,「元気になる」の「に」は,形容動詞の連用形の一部分です。格助詞の「に」ではありません。それで,「元気となる」とは言いません。

見てわかる意味の違い

① **医者になる。**	② **医者となる。**
・手話「**医者／変わる（～になる）**」	・①と同じ ・①との違いを説明するときは,「最後の状態は～である」と言い換える。そのとき,「**まで（終わる）（最後の意）**」「**まとめる（結局）**」「**結果（結ぶ）**」などの手話を使う まとめる（結局） 結果（結ぶ）

小学校低学年の教科書に,「**二人は夫婦となり,いつまでも仲良く幸せに暮らしました。**」という文がありましたが,これを「二人は夫婦になり,……」としても,意味は同じでしょう。ですが,筆者としては,「夫婦になる」と比べると,「夫婦となる」のほうが,改まった感じ（みんなから認められたり法的な手続きを経たりして夫婦になった感じ）がするように思います。

小学校低学年の教科書より

7章 格助詞の「と」に関わって

●小学校1年生の教科書に，以下の①と③の文が載っています。
  ①「ばったの色が，草の色**と**似ているからです。」
  ②「ばったの色が，草の色**に**似ているからです。」
  ③「**けれども，赤ちゃんは，弱々しく，お母さんにあまり似ていません。**」
  ④「けれども，赤ちゃんは，弱々しく，お母さん**と**あまり似ていません。」
　「母親に似ている娘」や「田中君と似ている山田君」を見ればわかるように，どちらが「元」かが言えるときは「に」が，言えないときは「と」が多く使われます。①では，「ばったの色」と「草の色」は，どちらが「元」と言えないので，「と」が最も適切でしょう（けれど，②も可能かなと思います）。③では，「お母さん」が「元」なので，「に」を「と」に変えられません。

●『スイミー』に，以下の文が載っています（一部改変）。
　「**スイミーは，スイミーのとそっくりの，小さな魚のきょうだいたちを見つけた。**」
　この「スイミーのとそっくりの」は，「スイミーのきょうだいたちとそっくりの」と言い換えられます（この「スイミーのと」の「の」は，名詞の代用をし，「準体助詞」とも言われます）。「と」が使われているので，ここで見つかった「きょうだいたち」は，スイミーのきょうだいと血がつながっていないきょうだいたちという意味になります。

●『お手紙』に，以下の①の文が載っています。
　①「**（かえるくんは）知り合いのかたつむりくんに会いました。**」
　②「（かえるくんは）知り合いのかたつむりくん**と**会いました。」
　①と②のいずれも間違いではありませんが，意味が少し違います。②は，かえるくんとかたつむりくんがお互いに約束して会った感じがします。ここでは，2匹はばったり出会ったのですから，①の「に」のほうが自然でしょう。
　それから，「知り合いのかたつむりくん」の「の」は，次の「の」のどれに近いでしょうか？
　①それ，私のよ。　②母の生家　③行きの電車　④私の好きな本
　⑤学校の先生　　　⑥京都の友人　⑦親戚の田中家　⑧首相の演説

⑨赤色<u>の</u>靴　　　　⑩自家製<u>の</u>ケーキ　　　⑪お祝い<u>の</u>品物
　答えは，⑦です。「〜としての」「〜にあたる」と言い換えられる「の」です。
　それで，例えば，「友だちのカブトムシ」だけでは，友だちが所有するカブトムシか，友だちであるカブトムシか，あいまいになります。小学校1年生の教科書にも，「**クマさんが，友だち<u>の</u>リスさんに聞きに行きました。**」という文があります。

● 『聞き耳ずきん』に，以下の①の文が載っています（一部省略）。
　① 「**かわいそうに思った若者は，小だいを海へ戻してやりました。**」
　② 「**かわいそう<u>と</u>思った若者は，小だいを海へ戻してやりました。**」
　②は絶対間違いとは思いませんが，①のほうが自然に聞こえるだろうと思います。

●「と」を使った文として，以下のようなものがありました。この「と」は取ってもよいかを考えてみてください。
　例えば「ピカピカと光る」の「と」を取って「ピカピカ光る」と言うことは可能ですが，「ピカッと光る」を「ピカッ光る」と言うことはできません。それは，文法によるというより，発音しやすさ（『ピカッと光る』は言いやすいが，『ピカッ光る』は言いにくい）と関係があるように思います。日本語には言いやすい独特のリズムがあり，そのリズム感も利用するほうが日本語が覚えやすくなるように思うので，筆者としては，無理のない範囲で口話（発声，聴覚活用など）も利用するほうがよいと考えています。特に，オノマトペ（擬音語・擬態語）は，「tやkは硬い感じがする音で，mやnは柔らかい感じがする音」というのを理解しているほうが，覚えやすいように思います。
・（白馬は）きっと，ずいぶん長い間，おおかみ<u>と</u>戦っていたのでしょう。
・そのうちに，他のありたちも，一匹，二匹<u>と</u>道を見つけて歩き出しました。
・クマノミは，……，カチカチ<u>と</u>音を立てて，追いはらいます。
・きつつきは，ぬれた頭をぶるん<u>と</u>ふって，言いました。
・みんなは，しいん<u>と</u>黙って，目を閉じました。
・とうげからふもとまで，ころころころりん<u>と</u>，転がり落ちてしまいました。
・ていねいにおじきをして，くるり<u>と</u>向きをかえ，……
・声はぷつん<u>と</u>消えて，チュンチュン，チュクチュク<u>と</u>，すずめのさえずり声が聞こえるだけになりました。
・すずめたちは，ぱっ<u>と</u>飛び立って，行ってしまいました。すると，あたりはしん<u>と</u>静まりました。

8章 「が」と「は」の使い分け

　「が」と「は」の使い分けの難しさは，外国人の日本語学習のときもよく指摘されています。
　筆者は，国語科の教員でもなく，日本語指導を専門とする教員でもありませんが，筆者の感じている使い分け方を，以下にまとめてみます。全ての人が同意する使い分けのルールは存在しない，例外のない文法は存在しない，などと言われているので，以下で述べることは，あくまでも1つの意見として受けとめてください。
　「『が』や『は』は『主語』あるいは『主格』を示す」という説明の仕方に対して，「いや，厳密には，『が』は『主格』を示し，『は』は『主題』を示すと言うべきである」という意見などがありますが，筆者としては，聴覚障害児には，「最初は，『が』と『は』の違いにそんなにこだわらなくてもよい。『主語』とは，述語が属性を示すことばであればその属性をもつ物を意味し，述語が行為を示すことばであればその行為を行う主体を意味するのであり，『Aが～である』『Aは～である』『Aが～する』『Aは～する』のような単純な構造の短い文では，『A』が『主語』であると思ってよい場合が多い」というように説明してきました。実際，小学校3年生の国語の教科書（光村図書）の中で，「主語」の説明として，「文の中で，『何が（は）』『誰が（は）』に当たる言葉」と書かれています。
　筆者が，「が」と「は」の使い分けを説明するときは，以下のような方法をとるでしょう。

①単純な構造の短い文では，基本的に，「Aが」と「Aは」の「A」は「行為主（主語）」を表すこと
　まず，「主語－述語」の構造が1つしか存在しない，「Aが～である」と「Aは～である」，あるいは「Aが～する」と「Aは～する」というような「単文」については，だいたい同じ意味であること，つまり，「お金がない」と「お金はない」，「私が行く」と「私は行く」は，事実としてはだいたい同じであると伝えます。

②眼前の事実を述べるときは「が」が，一般的な性質などを述べるときは「は」が多く使われること
　「窓が割れた」「水がこぼれた」のように眼前の事実を述べるときは，「が」のほうが多く使

291

われ，「水は0度で凍る」「ワニは凶暴だ」のように一般的な事実や定理，属性や性質などについて述べるときは，「は」のほうが多く使われることを教えます。

③未知・初出の事物には「が」が，既知・既出の事物には「は」が多く使われること
　「あなたのお母様が来られるのですか？」「いいえ，母は来ません」のように，未知・初出の事物が主語になるときは「が」が多く使われ，既知・既出の事物が主語になるときは「は」が多く使われることを伝えます。

④「対比文」のときは，未知・初出であっても，「は」が多く使われること
　「肉は好きだが，魚は嫌いだ」のように，何かを対比させて述べるときは，未知・初出の事物であっても，「は」が多く使われます。この例文で，「魚は嫌いだ」という文を隠して「肉は好きだ」とだけ言うこともよくあることを伝えます。

⑤「AはBが〜だ」の形の文について，「A」は「主題」を，「B」は述語の「主語」を表すこと
　「ゾウは鼻が長い」という文では，「鼻が（は）長い」と言えても「ゾウが（は）長い」とは言えないことから，「長い」の主語は「が」がついている「鼻」であることがわかるでしょう。そして，「ゾウ」は，主題です。つまり，「Aについて言えば，Bが〜だ」のように言い換えられます。この主題である「A」は，劇で言うと，劇のタイトルみたいなものであると伝えます。

⑥従属節の中での主語には，「が」が多く使われること
　「妹は，母が帰ってきたとき，眠っていた」「梅は，母が好きだった花だ」のように，従属節の中での主語は，多くの場合「が」が使われることを伝えます。

⑦従属節の中での主語と主節の中での主語が一致するとき，通常「Aが」が省かれ，「Aは」が使われること
　「私がテレビを見たとき，私は驚いた」や「私は，私がテレビを見たとき，驚いた」は不自然であり，「テレビを見たとき，私は驚いた」や「私は，テレビを見たとき，驚いた」が自然な言い方となります。つまり，従属節の中の「Aが」が省かれ，主節の中の「Aは」が残されます。

⑧「Aが」と「nだ（nする）」はなるべく近いほうがよいのに対し，「Aは」と「nだ（nする）」の間は離れてもよいこと
　「客が来たとき，犬がほえた」という文で，「犬が，客が来たとき，ほえた」とすると，不自然になります。「犬」に「が」がついているので，述語である「ほえた」との間の距離が長くなりすぎてはいけないというルールがあるからでしょう。しかし，「犬は，客が来たとき，

ほえた」としても不自然ではありません。「犬」に「は」がついているので，述語である「ほえた」との間の距離が長くなってもかまわないからでしょう。

　「は」と「が」の使い分けは，文の構造を考えることによって説明できるかもしれないと思ったので，本章で筆者の考えた説明の仕方を載せてみました。けれども，繰り返しになりますが，日本語が先にあって，文法は後から作られたものであること，日本語や文法は時代とともに変わっていくこと，文法で100％説明できるものでもないことから，以下，いろいろな説明や解釈の仕方が考えられることを念頭に置きながら，読んでいただきたいと思います。

8章で扱う例文

例 8 - 1
① 星がきれいだ。
② 星はきれいだ。

例 8 - 2
①-1 どれがあなたの傘ですか？
　　 これが私の傘です（これです）。
①-2 あなたの傘はどれですか？
　　 私の傘はこれです（これです）。
②-1 どなたがあなたの先生ですか？
　　 あの人が私の先生です（あの人です）。
②-2 あなたの先生はどなたですか？
　　 1）私の先生はあの人です。
　　 2）私の先生は田中先生です。

例 8 - 3
①-1 父が行く。
①-2 父は行く。
①-3 父は行くが，母は行かない。
②-1 私は，肉を食べない。
②-2 私は，肉は食べない。
②-3 私は，肉は食べないが，魚は食べる。
③-1 （「誰が食べたの？」に対して）あの子が食べた。
③-2 （「あの子が食べたの？」に対して）あの子は食べていない。
④-1 昨日，2時間勉強した。
④-2 昨日は，2時間勉強した。

例 8 - 4
① 駅前に聾学校がある。
② 聾学校は駅前にある。

例 8 - 5
①-1 ゾウの鼻は長い。
①-2 ゾウは鼻が長い。
②-1 明日，雨が降るだろう。
②-2 明日は，雨が降るだろう。

例 8 - 6
①-1 父が入選したとき驚いた。
①-2 父は入選したとき驚いた。
②-1 父が退職してから畑仕事を始めた。
②-2 父は退職してから畑仕事を始めた。

例 8 - 7
① 父が書いた小説を出版した。
② 父の書いた小説を出版した。
③ 父は書いた小説を出版した。

例 8 - 8
① 君，今日は，かわいい服だね。
② 君，今日，かわいい服だね。

例 8 - 9
①-1 太郎がこわい。
①-2 太郎はこわい。
②-1 太郎がこわいと思った。
②-2 太郎はこわいと思った。

例 8 -10
① あの店へ行く。
② あの店へは行く。
③ あの店は行く。

例 8 -11
①-1 （水族館で）これは，ウナギだ。
①-2 （料理店で）僕は，ウナギだ。
②-1 これは，泥棒が夜の間につけた足跡だな。
②-2 これは，泥棒が夜の間にこの家に入って来たな。

8章 「が」と「は」の使い分け

例 8－1

① 星がきれいだ。　　　　　　② 星はきれいだ。

日本語の意味は？　　　　　　　　　　　　　　　　問題 8-1

次の〔　　〕の中から適切なものを選んでください（複数回答可）。
1)（テレビの中継放送で）あっ，選手〔が・は〕転倒しました！
2) 水〔が・は〕0度で凍ります。
3)「3たす4〔が・は〕いくつですか？」「3たす4〔が・は〕7です」
4) 今，息子〔が・は〕合格したという連絡がありました。

日本語の意味と答え

「選手が転倒しました！」「水は0度で凍ります」「3たす4はいくつですか」「3たす4は7です」「今，息子が合格したという連絡がありました」などの例文を見たらわかるように，「が」は，眼前の事実や直前に起きた出来事をそのまま表す文で使われることが多く，「は」は，一般的な事実や定理，属性や性質を表すときに使われることが多いと言えるでしょう。「が」を使った文では主語に重きが置かれ，「は」を使った文では述語に重きが置かれている感じがすると述べる人もいます。

問題 8-1 の答え
1) が　　2) は
3) は，は
4) が

■「が」と「は」の使い分け (1)
【が】　　　　　　　　　　　　　　【は】
「眼前の事実」を述べることが多い。　　「一般的な事実」を述べることが多い。

星が　　　　　　　　　　　　　　　　水は0度で
きれいだ！　　　　　　　　　　　　　凍るのよ。

例文の「星がきれいだ」と「星はきれいだ」について，「星がきれいだ」のほうが，目の前の星の美しさに思わず感動を表している感じです。もっとも，「今日の星はきれいだ」のように，「星」に「今日の」などがつくと，「は」のほうが自然になりますが，その理由については，次の例8－3のところで述べます。

見てわかる意味の違い　　　現実に見られる表現例を含む，以下同様

① 星がきれいだ。	② 星はきれいだ。
・目の前にある星の美しさに感動して言っているような感じのときが多い ・手話「[星を指さしながら，あるいは空を見上げながら]星／美しい」（「星」と「美しい」の手話は連続的に行われる）	・「星というものはきれいなものだ」と，一般的な事実を述べているような感じのときが多い ・手話「星／（うなずきを入れたり間をおいたりして）美しい」 ・「星というものは（一般的に）きれいだ」と述べようとしているので，必ずしも星を指さしたり空を見上げたりする必要はない。「うなずき」や「間を置く」という動作によって，その直前に出てきたことばがテーマ（主題）になっていることを示す

　日本手話の文法入門で，うなずきの意味や入れ方が強調されているようですが，それによると，例えば，①「私／うなずき／勉強／数学」，②「私／勉強／うなずき／数学」，③「勉強／数学／うなずき／私」という手話表現は，それぞれ①「私は数学を勉強します」，②「私が勉強するのは数学です」，③「数学を勉強する（している）のは私です」のように訳せる場合が多いように思います。その一方で，若い聴覚障害者の用いる手話表現と年配の聴覚障害者の用いる手話表現の違いがよく指摘されており，その中で「うなずきがない手話表現や日本語に即した手話表現はよくない」という意見もありますが，筆者としてはそのような傾向に同調することは控えたいと思います。

例 8-2

①-1 どれがあなたの傘ですか？ 　これが私の傘です（これです）。	①-2 あなたの傘はどれですか？ 　私の傘はこれです（これです）。
②-1 どなたがあなたの先生ですか？ 　あの人が私の先生です（あの人です）。	②-2 あなたの先生はどなたですか？ 　1）私の先生はあの人です。 　2）私の先生は田中先生です。

日本語の意味は？　　　　　　　　　　　　　　　　　　　問題 8-2(1)

次の〔　〕の中から適切なものを選んでください（複数回答可）。
1)「図書館がどこかわかった？」「図書館〔が・は〕，区役所の前にあったよ」
2) 今日，祖母〔が・は〕家に来た。祖母〔が・は〕こづかいをくれた。
3)「あらっ，花瓶が〔が・は〕割れている！　あなた〔が・は〕割ったの？」「僕〔が・は〕割っていないよ」
4) 今，お宅の娘さん〔が・は〕見つかりましたよ！　娘さん〔が・は〕，駅の近くの公園にいました。

日本語の意味は？　　　　　　　　　　　　　　　　　　　問題 8-2(2)

次のそれぞれで，自然な答え方は（ア）〜（エ）のどれですか？（複数回答可）
1) どれがあなたの傘ですか？
2) あなたの傘はどれですか？
　　（ア）これが私の傘です。　　　（イ）これは私の傘です。
　　（ウ）私の傘がこれです。　　　（エ）私の傘はこれです。

日本語の意味は？　　　　　　　　　　　　　　　　　　　問題 8-2(3)

次のそれぞれで，自然な答え方は（ア）〜（ケ）のどれですか？（複数回答可）

1) どなたがあなたの先生ですか？
2) あなたの先生はどなたですか？
　（ア）あの人が私の先生です。　　（イ）あの人は私の先生です。
　（ウ）私の先生があの人です。　　（エ）私の先生はあの人です。
　（オ）私の先生が田中先生です。　（カ）私の先生は田中先生です。
　（キ）田中先生が私の先生です。　（ク）田中先生は私の先生です。
　（ケ）田中先生です。

日本語の意味と答え

「図書館がどこかわかった？」「図書館は，〜にあったよ」，「祖母が家に来た。祖母は〜をくれた」，「花瓶が割れている！　あなたが割ったの？」「僕は割っていないよ」，「娘さんが見つかったよ。娘さんは公園にいたよ」などの文が自然な言

問題8-2（1）の答え
　1）は　　2）が，は　　3）が，が，は
　4）が，は
問題8-2（2）の答え（筆者の答え）
　1）（ア）・（(エ)）　2）（エ）・（(ア)）
問題8-2（3）の答え（筆者の答え）
1）（ア）・（カ）・（ケ）・（(エ)）・（キ）
2）（エ）・（カ）・（ケ）・（(ア)）・（キ）

い方であることからわかるように，「が」は，最初に出てくる新しい情報（未知の情報）につくことが多く，「は」は，既に出てきた事柄につくことが多いです。

■「が」と「は」の使い分け（2）
【が】　「未知の情報（新情報）」につくことが多い。
【は】　「既知の情報（旧情報）」につくことが多い。

例）たった今，娘さんが見つかった。娘さんは，公園にいた。
　　　　　　　　　　未知の情報　　　　既知の情報
　　　　　　　　　　（新情報）　　　　（旧情報）

見てわかる意味の違い

①-1 どれがあなたの傘ですか？ 　　これが私の傘です（これです）。	①-2 あなたの傘はどれですか？ 　　私の傘はこれです（これです）。
・目の前に複数の傘があって，そのどれかが「あなたの傘」であるとわかっている場合，この言い方は使える。そうでない場合，この言い方は使いにくい ・手話は，①-2と同じ	・手話「あなた／傘／どれ？」「私／傘／これ（傘を指さす）」

②-1 どなたがあなたの先生ですか？ 　　あの人が私の先生です（あの人です）。	②-2 あなたの先生はどなたですか？ 　　1）私の先生はあの人です。 　　2）私の先生は田中先生です。
・目の前に複数の人がいて，そのどれかが「先生」であるとわかっている場合，この言い方は使える。「あなたの先生がいる」ことがはっきりしていないときは，この言い方は使いにくい ・手話「あなた／先生／どれ？／（目の前の人々を「どれ？」というように指さす）」「あれ（先生を指さす）」	■目の前に複数の人がいて，そのどれかが「先生」であるとわかっている場合，「この人だ」と答える ・手話は，②-1と同じ ■目の前に複数の人がいない場合は，人の名前を尋ねているので，人の名前で答える ・手話「あなた／先生／誰？or何？」「私／先生／田中／先生」

「未知の情報（新情報）」には「が」がつき，「既知の情報（旧情報）」には「は」がつくことが多い，と述べましたが，「未知の情報」であっても，内容によっては，その語が出てくる頃にはもう既知の情報に近くなっていることがあり，そういう場合は「は」がつくことがあります。例えば，「新記録を達成した○○選手は，今季で引退することになりました」というニュースでは，この「○○選手」は（この文を含む一連の文の中で）初めて出てきた語であるにもかかわらず，「は」がついていました。「新記録を達成した」と聞いただけで，多くの人が「ああ，あの○○選手か」とわかるからでしょう。

例 8-3

①-1 父<u>が</u>行く。	①-2 父<u>は</u>行く。	①-3 父<u>は</u>行くが，母<u>は</u>行かない。
②-1 私は，肉<u>を</u>食べない。	②-2 私は，肉<u>は</u>食べない。	②-3 私は，肉<u>は</u>食べないが，魚<u>は</u>食べる。
③-1 (「誰が食べたの？」に対して) あの子<u>が</u>食べた。		③-2 (「あの子が食べたの？」に対して) あの子<u>は</u>食べていない。
④-1 昨日，2時間勉強した。		④-2 昨日<u>は</u>，2時間勉強した。

日本語の意味は？　　　　　　　　　　　　　　　　　　問題 8-3

次の〔　〕の中から適切なものを選んでください（複数回答可）。

1)「どなた〔が・は〕参加されますか？」「田中さん〔が・は〕参加されませんが，山田さん〔が・は〕参加されるそうです」
2)「あなたのご両親〔が・は〕，参加されますか？」「母〔が・は〕参加するが，父〔が・は〕参加しない，と聞いています」
3) 部長〔が・は〕10分ほど遅れるそうですが，もう会議を始めますか？
4) 僕は，数学〔が・は〕得意ですが，英語〔が・は〕苦手です。
5)「コップが割れています。あの子が〔が・は〕割ったのかもしれません」「いいえ，あの子〔が・は〕割っていないと思います」
6)「あなたは，昨夜，数学を勉強しましたか？」「いいえ，数学〔を・は〕勉強していません」「では，何の勉強をしたのですか？」「英語です」
7) 今日の星〔が・は〕，特別きれいですね。

日本語の意味と答え

「母は参加するが，父は参加しない」「僕は，数学は得意だが，英語は苦手だ」などの文を見たらわかるように，対比的な言い方をする場合は，新しい情報であっても「は」が用いられることが多いです。

なお，「Aは～です」のように，一見「A」にしか言及していないようであっても，暗黙のうちに別の「B」と対比させている場合が見られます。例えば，「父は来ない」では，「父は来ないが，母は来る」という意味がこめられていることがあります。また，「数学を勉強したか」に対して「数学は勉強していない」と答えると，相手は，「は」が使われているので，「数学は勉強していないが，他の教科は勉強した」という意味があると察知して，「では，何を勉強したのか」と聞くことになります。

「今日の星はきれいだ」のほうが「今日の星がきれいだ」より自然に感じられるのは，「昨日の星は～だったが，今日の星は～だ」というように，言外に「今日の星」を「別の日の星」と比較して，「きれいだ」と述べているからです。

> 問題 8-3 の答え
> 1) が，は，は
> 2) は，は，は
> 3) は　　4) は，は
> 5) が，は　　6) は
> 7) は

■「が」と「は」の使い分け（3）

【が】
その物だけが取り上げられているときが多い。

父が
行く

【は】
「Aは～」という文であっても，背後に「Aは～が，Bは～」という対比的な意味があるときがある。

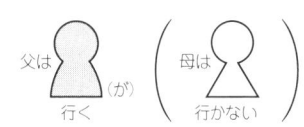

父は
行く
(が)
（母は
行かない）

文の組み立てを以下に図で示しますが，「～が」と「述語」は実線（——）で，「～は」と「述語」は波線（〰〰）でつなぐことにします。

見てわかる意味の違い

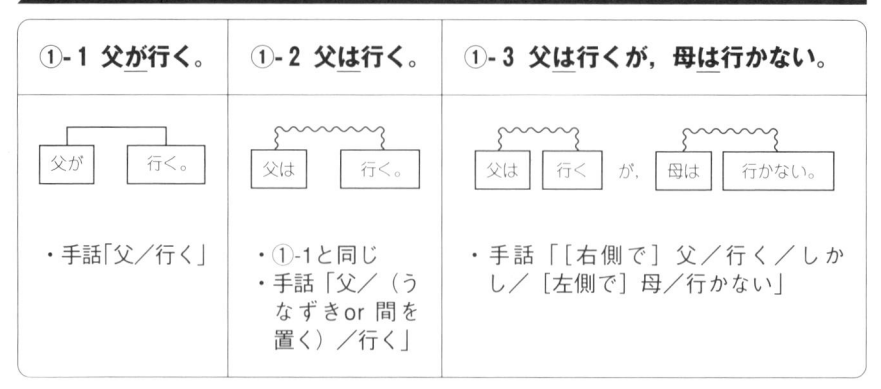

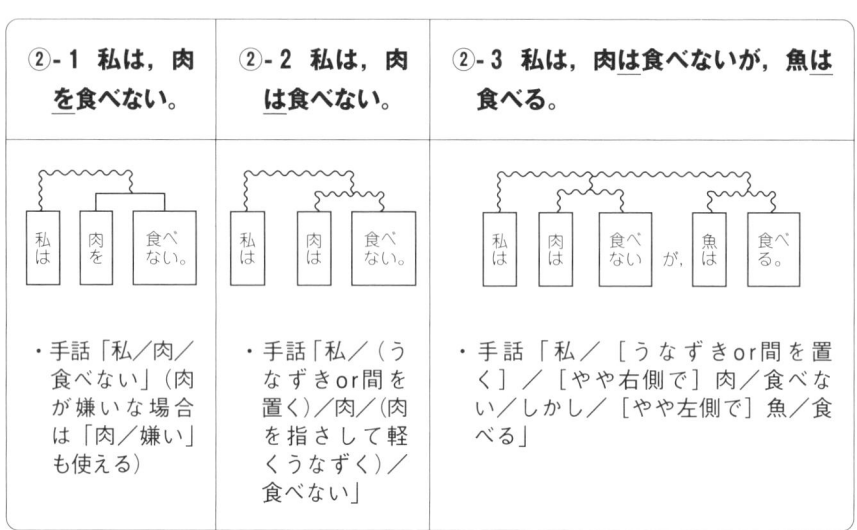

①-1 父<u>が</u>行く。	①-2 父<u>は</u>行く。	①-3 父<u>は</u>行くが，母<u>は</u>行かない。
[父が]―[行く。]	[父は]〜[行く。]	[父は]〜[行く]が，[母は]〜[行かない。]
・手話「父／行く」	・①-1と同じ ・手話「父／（うなずきor 間を置く）／行く」	・手話「［右側で］父／行く／しかし／［左側で］母／行かない」

②-1 私は，肉<u>を</u>食べない。	②-2 私は，肉<u>は</u>食べない。	②-3 私は，肉<u>は</u>食べないが，魚<u>は</u>食べる。
[私は][肉を]〜[食べない。]	[私は][肉は]〜[食べない。]	[私は][肉は]〜[食べない]が，[魚は]〜[食べる。]
・手話「私／肉／食べない」（肉が嫌いな場合は「肉／嫌い」も使える）	・手話「私／（うなずきor 間を置く）／肉／（肉を指さして軽くうなずく）／食べない」	・手話「私／［うなずきor間を置く］／［やや右側で］肉／食べない／しかし／［やや左側で］魚／食べる」

③-1 (「誰が食べたの？」に対して) あの子が食べた。

- 「誰が食べたの？」では、「誰」は未知なので、必ず「が」を使う
- 「あの子が食べた」と言うとき、「あの子」は未知の情報であり、新出の情報であるから、「が」を使う

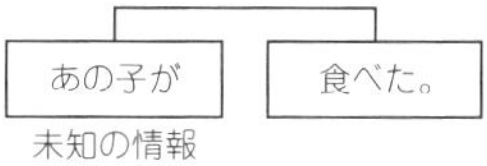

```
┌─────────┬─────────┐
│ あの子が │ 食べた。│
└─────────┴─────────┘
  未知の情報
```

- 手話「あの子／食べた」

③-2 (「あの子が食べたの？」に対して) あの子は食べていない。

- 答えが「あの子は食べていない」となる場合、問いとしては「誰が食べたの？」だけでも、言外に「あの子が食べたのか？」と言っている状況がある場合、「あの子」は新出の情報でなくなる

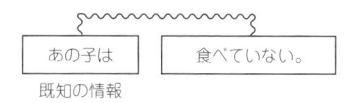

```
┌─────────┬──────────────┐
│ あの子は │ 食べていない │
└─────────┴──────────────┘
  既知の情報
```

- 手話「あの子／（軽いうなずきor間を置く）／食べていない」

④-1 昨日，2時間勉強した。

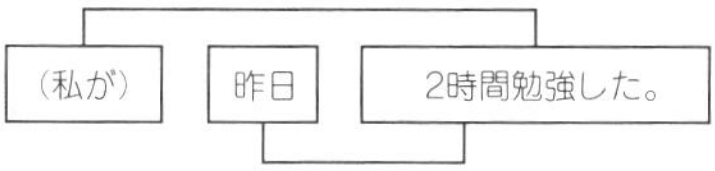

```
┌───────┬──────┬──────────────┐
│(私が) │ 昨日 │ 2時間勉強した。│
└───────┴──────┴──────────────┘
```

- 手話「昨日／2時間／勉強／（私を指さす）」

④-2 昨日は，2時間勉強した。

```
┌───────┬───────┬──────────────┐
│(私が) │ 昨日は │ 2時間勉強した │
└───────┴───────┴──────────────┘
              が，
       ┌───────┬──────────────┐
       │ 一昨日 │ 1時間勉強した。│
       └───────┴──────────────┘
```

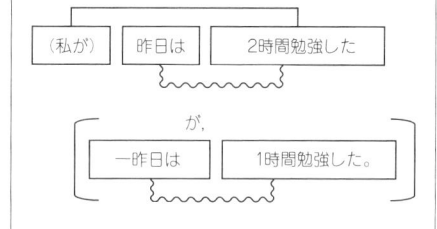

- 「一昨日は1時間しか勉強しなかったが，昨日は2時間勉強した」というように、「昨日」と他の日を比較する気持ちが隠れている
- 手話「昨日／（うなずきor間を置く）／2時間／勉強／（私を指さす）」

例 8-4

① 駅前に聾学校がある。　　　② 聾学校は駅前にある。

日本語の意味は？　　　　　　　　　　　　　　　　　問題 8-4

次の〔　〕の中で，より自然に聞こえるのはどちらですか？
1) 仁和寺の北側に京都府立聾学校〔が・は〕ある。
2) 京都府立聾学校〔が・は〕仁和寺の北側にある。

日本語の意味と答え

「仁和寺の北側に聾学校がある」が，「仁和寺の北側に聾学校はある」より自然に聞こえます。また，「聾学校は仁和寺の北側にある」が，「聾学校が仁和寺の北側にある」より自然に聞こえます。

> 問題 8-4の答え
> 1) が　　2) は

日本語学習者に日本語を指導するとき，「～に～がある」または「～は～にある」という言い方を基本として覚えるよう指導する人が多いようです。

■「が」と「は」の使い分け（4）

【が】　［場所］に［物］がある。
「～が（主語・主格）」と「～である（述語）」の間は，短いほうがよい。

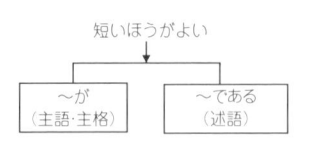

短いほうがよい
〜が（主語・主格）　〜である（述語）

【は】　［物］は［場所］にある。
「～は（主語・主格）」と「～である（述語）」の間は，離れてもかまわない。

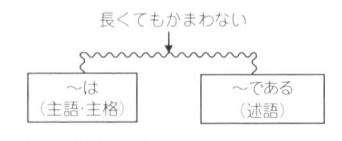

長くてもかまわない
〜は（主語・主格）　〜である（述語）

「～に～がある」が「～に～はある」より自然に聞こえる理由，および「～は～にある」が「～が～にある」より自然に聞こえる理由を説明することは難しいですが，筆者としては，「主語に相当する単語」と「述語部分」の間の距離が長いと，

「は」のほうが多く使われ，「主語に相当する単語」と「述語部分」の間の距離が短いと，「が」のほうが多く使われるように感じています。もちろん例外はあり，「大きな杉の木があの山のてっぺんにある」のような文も見られます。

見てわかる意味の違い

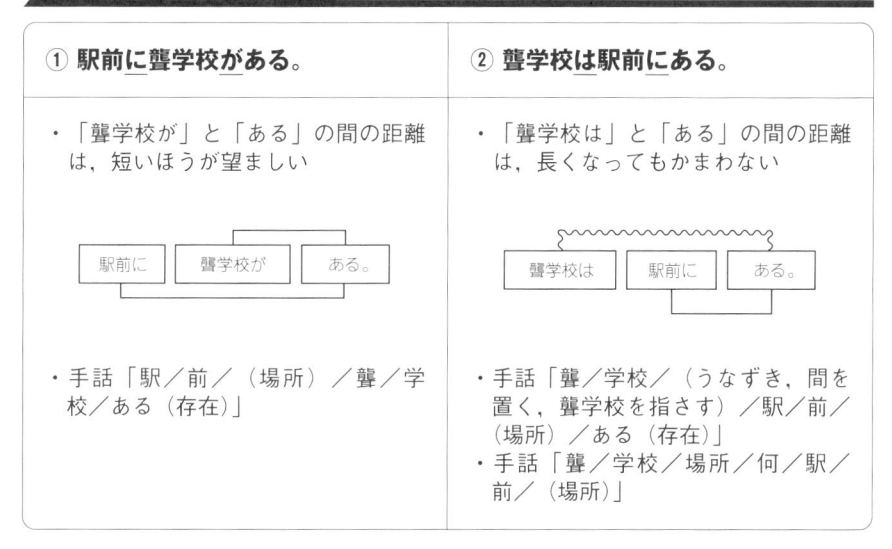

① 駅前に聾学校がある。	② 聾学校は駅前にある。
・「聾学校が」と「ある」の間の距離は，短いほうが望ましい	・「聾学校は」と「ある」の間の距離は，長くなってもかまわない
駅前に　聾学校が　ある。	聾学校は　駅前に　ある。
・手話「駅／前／（場所）／聾／学校／ある（存在）」	・手話「聾／学校／（うなずき，間を置く，聾学校を指さす）／駅／前／（場所）／ある（存在）」 ・手話「聾／学校／場所／何／駅／前／（場所）」

【補足1】

　鈴木忍は，『文法Ⅰ』（1978年，凡人社）の中で，「（日本語では）文の成分は，（中略）述語に近いほど強調される特徴がある」ことから，「どこにあなたのうちはありますか」より「あなたのうちはどこにありますか」のほうが自然な言い方となると述べています。また，「存在文」と「所在文」を区別し，ある場所に何が存在するかを示す「存在文」は「どこどこに　なになにが　ある」という形となり，ある既知の物がどこにあるかを示す「所在文」は，「なになには　どこどこに　ある」という形になると述べています。

　筆者も，「駅前に聾学校がある」は，駅前に存在するものが何かがテーマとなっており，「聾学校は駅前にある」では，聾学校の所在場所がテーマとなっているような気がします。

【補足2】

　「AにBがある」と「BはAにある」は同じ意味である，と説明する人がいるかもしれませんが，厳密には異なります。

「校庭に桜の木がある」と「桜の木は校庭にある」は，どちらもあまり違和感がありませんが，「日本に東京がある」と「東京は日本にある」については，前者の文に少し違和感を感じます。また，「京都に清水寺がある」と「清水寺は京都にある」，「京都にお寺がたくさんある」と「お寺は京都にたくさんある」，「私の部屋に虫がいる」と「虫は私の部屋にいる」を聞くと，ニュアンスの違いを感じるでしょう。さらに，「彼におもしろいエピソードがある」は違和感を感じませんが，「おもしろいエピソードは彼にある」に対しては違和感を感じるでしょう。

●国語の教科書にあった「Aに（は）Bがある」の形の文を，「BはAにある」の形に変えてみます。それぞれの違いを感じてみましょう。筆者としては，「BはAにある」に変えると不自然になった，と感じるものがたくさんありました。

- 「海には，すばらしいものがあった。」
  「すばらしいものは，海にあった。」
- 「イソギンチャクの触手には，毒の針があります。」
  「毒の針は，イソギンチャクの触手にあります。」
- 「このモンゴルに，馬頭琴という楽器があります。」
  「馬頭琴という楽器は，モンゴルにあります。」
- 「あるところに，三年とうげと呼ばれるとうげがありました。」
  「三年とうげと呼ばれるとうげは，あるところにありました。」

●国語の教科書にあった「BはAにある」の形の文を，「AにBがある」の形に変えてみます。それぞれの違いを感じてみましょう。

- 「豆太は，5つにもなったから，夜一人でせっちんに行けたっていいのに，せっちんは表にあるから，夜一人で行けない。」
  「豆太は，5つにもなったから，夜一人でせっちんに行けたっていいのに，表にせっちんがあるから，夜一人で行けない。」

　筆者としては，違和感を感じます。「が」は，基本的に初出の語につくのに，後者では，その前にもう「せっちん（トイレ）」が話題になっているからでしょうか。
　このように，「が」と「は」の使い分けやその理由の説明は，難しいです。

例 8-5

①-1 ゾウの鼻は長い。	①-2 ゾウは鼻が長い。
②-1 明日，雨が降るだろう。	②-2 明日は，雨が降るだろう。

日本語の意味は？　　　　　　　　　　　　　　　　　　　　問題 8-5(1)

次のそれぞれで，自然な答え方は（ア）〜（カ）のどれですか？（複数回答可）
 1) ゾウは，どんな特徴がある動物ですか？
 2) 鼻が長い動物に何がありますか？
 3) ゾウの鼻は，どんな様子ですか？
　　（ア）ゾウの鼻が長いです。　　（イ）ゾウの鼻は長いです。
　　（ウ）ゾウが，鼻が長いです。　（エ）ゾウが，鼻は長いです。
　　（オ）ゾウは，鼻が長いです。　（カ）ゾウは，鼻は長いです。

日本語の意味は？　　　　　　　　　　　　　　　　　　　　問題 8-5(2)

次のそれぞれで，自然な言い方は（ア）〜（カ）のどれですか？（複数回答可）
 1)「自分の家族の紹介」の作文を読み上げるとき
　　（ア）父の背が高いです。　　（イ）父の背は高いです。
　　（ウ）父が，背が高いです。　（エ）父が，背は高いです。
　　（オ）父は，背が高いです。　（カ）父は，背は高いです。
 2)「今日，よく晴れてよかったね」に対して
　　（ア）でも,明日雨が降るらしいよ。　（イ）でも,明日雨は降るらしいよ。
　　（ウ）でも,明日が雨が降るらしいよ。（エ）でも,明日が雨は降るらしいよ。
　　（オ）でも,明日は雨が降るらしいよ。（カ）でも,明日は雨は降るらしいよ。

日本語の意味は？　　　　　　　　　　　　　　　　　　問題 8-5(3)

次の文の下線部を文の先頭にして「○○は」で始まる文を作ってください。
1) 彼が泣いた。　　　　　　2) 彼がゾウを見た。
3) 彼が村へ行く。　　　　　4) 海がそこから見える。
5) 彼が明日行く。　　　　　6) 今年こそ富士山に登ろう。

日本語の意味は？　　　　　　　　　　　　　　　　　　問題 8-5(4)

次の〔　〕の中でより自然なものはどちらですか？
この旅館〔が・は〕，庭〔が・は〕美しい。部屋〔が・は〕，落ち着いた造りである。おかみさん〔が・は〕，気さくな人である。

日本語の意味と答え

■「が」と「は」の使い分け (5)
【は】「主題」を示す。

通常「ゾウの鼻が長い」「私の背が高い」とは言わず，「ゾウは鼻が長い」「私は背が高い」と言います。「は」と「が」は主語を表す助詞と覚えると，「主語が2つある文になっている」と思う人がいるかもしれません。実際，「ゾウが鼻が長い」「ゾウは鼻は長い」のように「が」や「は」が2回出てくる文は，通常おかしな文と

問題 8-5（1）の答え
　1）（オ）　　2）（ウ）・（オ）　　3）（イ）
問題 8-5（2）の答え
　1）（オ）（前後の文脈によっては（イ）・（カ）もOK）
　2）（ア）・（オ）
問題 8-5（3）の答え
　1）彼は泣いた。
　2）ゾウは彼が見た。
　3）村へは彼が行く。
　4）そこからは海が見える。
　5）明日は彼が行く。
　6）今年こそ富士山に登ろう。
問題 8-5（4）の答え
　は，が，は，は

なります。ただし，「誰が背が高いのか」という質問に対して「私が，背が高い」と言うことはあります。また，隠れた意味として「ゾウは，鼻は長いが，足は短い」

ということが含まれているならば,「ゾウは,鼻は長い」と言うことはあります。

「が」は主語を示す格助詞で,「は」は主題を示す副助詞とよく言われますが,この「主題」というのは,「テーマ」のようなものです。「ゾウは鼻が長い」という文には,「ゾウはねえ」と言ってまず「ゾウ」に注目させ,それから「鼻が長いね」と指摘している感じがあります。

「主題」の作り方を,問題8－5(3)の文を使って以下で見てみましょう。

	元の文 「主題」としたい語句に下線を引く。	中間の作業 下線部に「は」をつけ,先頭に持ってくる。必要なら助詞を省く。	自然な言い方に直した結果
が＋は ↓ は	彼が 泣いた。 主語	彼(が)は 泣いた。	彼は 泣いた。 主題 主語
を＋は ↓ は	彼が ゾウを 見た。 　　　目的語	ゾウ(を)は 彼が 見た。	ゾウは 彼が 見た。 主題　　目的語
へ＋は	彼が 村へ 行く。 　　場所	村へは 彼が 行く。	村へは 彼が 行く。 主題　場所
から＋は	海が ここから 見える。 　　場所	ここからは 海が 見える。	ここからは 海が 見える。 主題　　場所
～＋は	彼が 明日 行く。 　　時(とき)	明日は 彼が 行く。	明日は 彼が 行く。 主題　時(とき)

まとめると,主題としたい語を先頭に持ってきて「は」をつけるときのルールとして,以下のことが言えます。

・「が」と「を」に「は」をつけると,「が」と「を」は省かれる。
・「へ」や「から」,時(とき)を表すことば等は,そのまま「は」をつける。

例8－10も参照してください。「主語」と「主題」を区別する考え方がわかっていただけたと思います。

なお,例えば「村へは彼が行く」について,上述したように,「村へ」ということばを劇のタイトルのように「主題」としてまず提示することによって,その後の文につなげていくことができる一方で,「山へは彼女が行き,村へは彼が行く」というように,「対比」の意味がこめられていると考えることも可能です。

次に,「主題」を作る「は」は,「スーパー助詞」とも言われている理由を,問題8－5(4)を使って説明します。

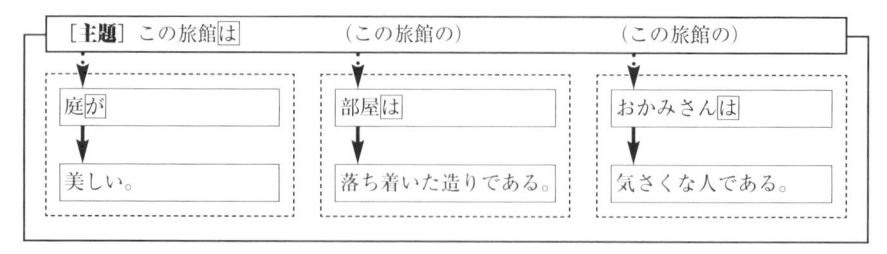

```
[主題] この旅館は          （この旅館の）              （この旅館の）
    ↓                      ↓                          ↓
┌─────────┐          ┌─────────────┐          ┌──────────────┐
│ 庭が    │          │ 部屋は      │          │ おかみさんは │
└─────────┘          └─────────────┘          └──────────────┘
    ↓                      ↓                          ↓
┌─────────┐          ┌──────────────────┐     ┌──────────────────┐
│ 美しい。│          │ 落ち着いた造りである。│  │ 気さくな人である。│
└─────────┘          └──────────────────┘     └──────────────────┘
```

「この旅館は，庭が美しい。部屋は，落ち着いた造りである。おかみさんは，気さくな人である」は自然な言い方ですが，「庭が美しい」の「庭」に「が」がついているので，その後の文についても，「部屋が，落ち着いた造りである。おかみさんが，気さくな人である」とするほうがよいと言う人がいるかもしれません。しかし，この3つの文全体の「主題」は，1つめの文に出てくる「旅館」であり，「。」（句点）で文が切れていても，最初に出てきた「〜は」に関する話題が続くのです。つまり，一度出てきた「主題」は，その文の中だけでなく，その次の文でも「主題」となることができるため，「は」は「スーパー助詞」と呼ばれることになるのです。

見てわかる意味の違い

①-1 ゾウの鼻は長い。

最初から「ゾウの鼻」に注目している感じ

・手話「ゾウ／鼻／長い」

①-2 ゾウは鼻が長い。

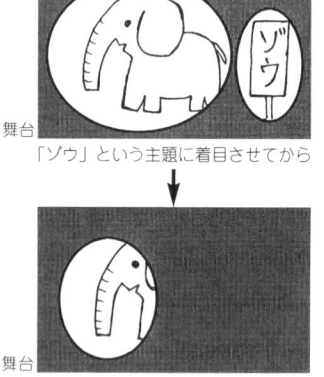

舞台
「ゾウ」という主題に着目させてから

↓

舞台
「ゾウの鼻」がライトアップされる感じ

・手話「ゾウ／(うなずき,or 間を置く, or ゾウを指さすようなしぐさ)／鼻／長い」（「ゾウ，これはねえ，鼻が長い」と言っているような感じ）

②-1 明日，雨が降るだろう。	②-2 明日は，雨が降るだろう。
・手話「明日／雨／らしい」	・手話「明日／（うなずき，or 間を置く，or 明日を思い浮かべてそこを指さすようなしぐさ）／雨」(「明日はねえ，雨が降るだろう」と言っているような感じ)

　長文の中では，いろいろなものが主語となります。基本的には，初めて出てくる語には「が」がつきますが，その後主語がいろいろと変わるときは，「は」は「スーパー助詞」なので，「『は』が付く語に関する話題がその後続く」という原則があると覚えるとよいでしょう。つまり，「AがV1。BがV2。AはV3。V4。BはV5。V6。」(V1〜V6は述語)では，V4の主語(主題)はその前に出てくる「は」が付く「A」で，V6の主語(主題)はその前に出てくる「は」が付く「B」です。例として，教科書に出てくる長い文章を少し改変して以下に掲げます。

　「ホンソメワケベラは，明るい青色の体に，頭から尻尾にかけて黒いすじが一本ある。体の長さは，12cmぐらいある。この小さな魚が，大きな魚の口の中に入っていくのを見ると，びっくりしてしまう。でも，食べられることはない。大きな魚たちは，体や口の中についた虫を，ホンソメワケベラが取ってきれいに掃除してくれるのを知っているからである。ホンソメワケベラは，そうじ魚と呼ばれている。でも，ただ，掃除をしているのではない。」

　本当は「ホンソメワケベラは，……黒いすじが一本ある。ホンソメワケベラは，体の長さが12cmぐらいある。」という文ですが，後者の「ホンソメワケベラ」を省略しても主題は同じままなので，その後の「体の長さが12cmぐらいある」の「が」は「は」に変わります。「食べられることはない。」の主語は，その前に出てくる「小さな魚」で，「ただ，掃除をしているのではない。」の主語はその前に出てくる「は」が付く語(「ホンソメワケベラ」)です。

例 **8** - 6

| ①-1 父が入選したとき驚いた。 | ①-2 父は入選したとき驚いた。 |
| ②-1 父が退職してから畑仕事を始めた。 | ②-2 父は退職してから畑仕事を始めた。 |

日本語の意味は？　　　　　　　　　　　　　　　　問題 8-6(1)

次のそれぞれの文で，「驚いた」あるいは「畑仕事を始めた」のは，「彼女」と「父」のどちらですか？
1) 彼女が「父が入選したとき，驚いたわ」と言った。
2) 彼女が「父は入選したとき驚いたわ」と言った。
3) 彼女が「父が退職してから畑仕事を始めたのよ」と言った。
4) 彼女が「父は退職してから畑仕事を始めたのよ」と言った。

日本語の意味は？　　　　　　　　　　　　　　　　問題 8-6(2)

「誰が喜んでいるのですか？」という質問が出るのは，(ア)(イ)のどちらの文を聞いたあとですか？
(ア) 私が合格したことを喜んでいる。
(イ) 私は合格したことを喜んでいる。

日本語の意味は？　　　　　　　　　　　　　　　　問題 8-6(3)

次の〔　〕の中で適切なものはどちらですか？
1) 彼〔が・は〕行くなら，私〔が・は〕行きたくない。
2) 彼の代わりに私〔が・は〕行くなら，これを持っていくよ。
3) 私〔が・は〕，彼の代わりに行くなら，これを持っていくよ。

日本語の意味と答え

まず,「従属節」について説明します。以下の例文の中で,[ ]の部分が「従属節」です。この例8-6では,下記の副詞節を取り上げています。

> 問題8-6（1）の答え
>   1）彼女　　2）父
>   3）彼女　　4）父
> 問題8-6（2）の答え
>   （ア）
> 問題8-6（3）の答え
>   1）が,は　2）が　　3）は

(1) 副詞節＝述語や主節全体を修飾する働きをするもの。
　　例）彼は,［風邪を引いたので］,学校を休んだ。
(2) 形容詞節（連体修飾節）＝体言（名詞）を修飾する働きをするもの。
　　例）［昨日読んだ］本は,おもしろかった。
(3) 名詞節（補足節）＝従属節自体が名詞のような働きをするもの。
　　例）両親は,［彼が大学に合格したこと］を喜んだ。

基本的に,副詞節と主節の中では,以下のような「原則」があると覚えるとよいでしょう（ただし,例外もあります）。

■「が」と「は」の使い分け（6）
(1) 副詞節の中での「主語」は,「が」が多く使われる。
(2) 副詞節と主節の主語が異なる場合,主節の中での「主語」は,「が」と「は」の両方ともありえる。
(3) 副詞節と主節の主語が同じ場合,通常,副詞節の主語が省かれ,主節の主語には「は」が使われる（従属節と主節の主語が既知の場合は,両方とも省かれることがある）。
(4) 主節の主語と述語の間は,その主語に「が」を使う場合,離れすぎてはいけない。その主語に「は」を使う場合は,離れてもよい。（例8-4参照）
(5) 「が」は未知情報のことばにつき,「は」は既知情報のことばにつくことが多い。また,既知情報は省かれることが多い。（例8-1参照）

以上の原則を,図にして以下に示します（「〜とき」を用いた従属節の場合）。

■2つの主語が異なるとき
　(a) ［Bが 〜するとき］,Aが 〜する。

　　　　［Bが 〜する］とき,　　　Aが 〜する。
　　　　└─── 従属節 ───┘　　└── 主節 ──┘

(b) ［Bが ～するとき］, Aは ～する。

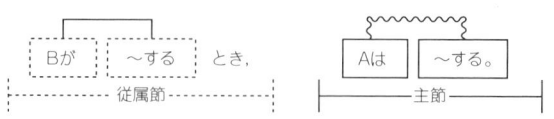

(c) Aは, ［Bが ～するとき］, ～する。

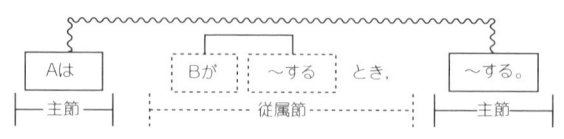

(d) ［Bが～するとき］, ～する。

■ 2つの主語が同じとき

(e) ［(Aが) ～するとき］, Aは ～する。

(f) Aは, ［(Aが) ～するとき］, ～する。

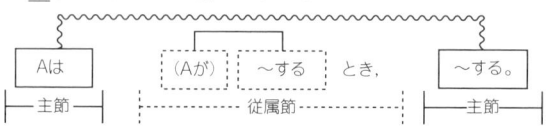

(g) ［(Aが) ～するとき］, (Aが) ～する。(Aは既知)

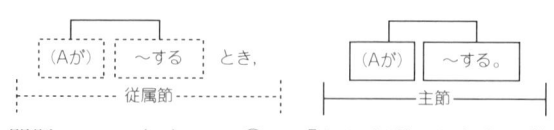

したがって，問題8－6（1）の，①-1「父が入選したとき，驚いた」と①-2「父は入選したとき驚いた」の文の構造は，従属節と主節の主語が同じであれば，省かれるのは従属節の「父が」なので，①-2で驚いた人は，「父」です。①-1では，従属節の主語（「父」）に「が」がついているので，主節の主語は「父」以外の人（つまり既知情報である「私」など）になります。

見てわかる意味の違い

①-1 父が入選したとき驚いた。

```
私は ─┐
     │
   ┌─父が─入選した─┐とき，驚いた。
```
「驚いた」のは「私」である

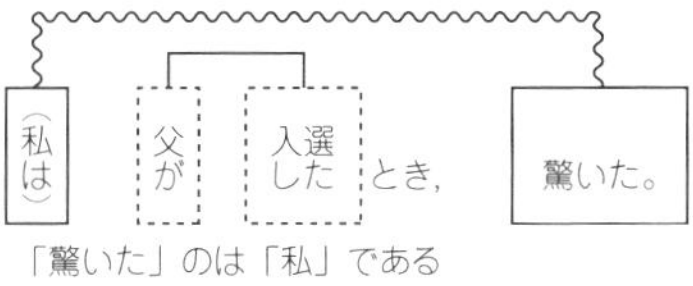

・手話「父／入選／（時）／驚く／（私など他の人を指さす）」

①-2 父は入選したとき驚いた。

```
父は ─┐
     │
   ┌─(父が)─入選した─┐とき，驚いた。
```
「驚いた」のは「父」である

・手話「父／入選／（時）／驚く／（父を指さす）」

②-1 父が退職してから畑仕事を始めた。

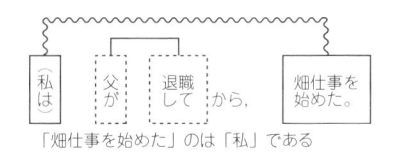

```
私は ─┐
     │
   ┌─父が─退職して─┐から，畑仕事を始めた。
```
「畑仕事を始めた」のは「私」である

・手話「父／辞める／将来（～する後）／畑仕事／始める（始まる）／（私を指さす）」

②-2 父は退職してから畑仕事を始めた。

```
父は ─┐
     │
   ┌─(父が)─退職して─┐から，畑仕事を始めた。
```
「畑仕事を始めた」のは「父」である

・手話「父／辞める／将来（～する後）／畑仕事／始める（始まる）／（父を指さす）」

【補足】

　従属節と主節の主語が異なるときと同じときに分けて，(a)～(g) の構造の文があることを述べましたが，小学校2～3年生の国語の教科書から，その例となる文をいくつか抜き出してみました（一部改変）。また，筆者が作った文もあります。[　] の部分が従属節です。

■2つの主語が異なるとき

(a) ［Bが～するとき］，Aが～する。

・［ぼくが，おやつのケーキを食べようとしたら］，弟が来た。

・［点を打つところが違うと］，文の意味が違ってしまうことがある。

(b) ［Bが～するとき］，Aは～する。

・［クマノミが魚を追いはらってくれるので］，ぼくたちは安心して暮らせる。

315

・[みんなが一匹の大きな魚みたいに泳げるようになったとき]，スイミーは言った。

(c) Aは，[Bが〜するとき]，〜する。

・父は，[私が帰宅したとき]，風呂に入っていた。
・逆上がりは，[(回るときに)，腕がのびていると]，失敗します。

(d) [Bが〜するとき]，〜する。

「〜する」の主語は既知の語，「私」などであり，文の中では書かれていない。以下の「※」は，主語が入るべき場所を示す。(以下同様)

・[綿毛が重くなると]，※種を遠くまで飛ばせない。(主語＝タンポポ)
・[この小さい魚が大きな魚の口の中に入っていくのを見ると]，※びっくりしてしまいます。(主語＝私たち)

■2つの主語が同じとき

(e) [〜するとき]，Aは〜する。

・[悲しいドラマを見ると]，母はすぐに涙ぐむ。

(f) Aは，[〜するとき]，〜する。

・母は，[悲しいドラマを見ると]，すぐに涙ぐむ。

(g) [〜するとき]，〜する。

・そうして，[※背伸びをするように]，※伸びていく。(主語＝タンポポ)
・[※一年生になってから]，※野菜も食べられるようになった。(主語＝私)

ただし，例外もあります。「[彼は入社したばかりだったので]，社長は彼のミスを大目に見た」などがその例です。

例 8-7

| ① 父が書いた小説を出版した。 | ② 父の書いた小説を出版した。 | ③ 父は書いた小説を出版した。 |

日本語の意味は？　　　　　　　　　　　　　　　　　　　　　問題 8-7 (1)

次の文で，「出版した」人は，「父」と「父以外の人（私など）」のどちらですか？（複数回答可）
1) 父が書いた小説を出版した。
2) 父の書いた小説を出版した。
3) 父は書いた小説を出版した。

日本語の意味は？　　　　　　　　　　　　　　　　　　　　　問題 8-7 (2)

次の文の中の「が」を「の」に変えることができるものを，（ア）〜（ス）から選んでください。
・副詞節の場合
　　（ア）彼が帰宅したとき，子どもは眠っていた。
　　（イ）彼が帰ったあと，彼女は部屋を片づけた。
　　（ウ）私が教室に入ったら，彼は帰る準備をしていた。
・形容詞節の場合
　　（エ）母が作ってくれた弁当は，おいしかった。
　　（オ）母が心をこめて作ってくれた弁当は，おいしかった。
　　（カ）動物が登場人物になっている物語を読んでみましょう。
　　（キ）私が作った野菜は，すぐに売れた。
　　（ク）彼が死んだニュースは，すぐに全世界に流れた。
　　（ケ）私が通った小学校は，廃校となったらしい。
・名詞節の場合
　　（コ）あなたが知っていることを，話してください。

(サ) 事件についてあなたが知っていることを，話してください。
(シ) あなたが事件について知っていることを，話してください。
(ス) 彼が死んだことは，たちまち皆の知るところとなった。

日本語の意味は？

問題8-7(3)

次のそれぞれの文が，自然な文であれば「○」を，不自然な文であれば「×」をつけてください。また，「○」をつけた文において，「驚いた」あるいは「尋ねた」のは，「父」と「私」のどちらですか？（複数回答可）

1) 父が書いた小説が入選した知らせを聞いて驚いた。
2) 父は書いた小説が入選した知らせを聞いて驚いた。
3) 父の書いた小説が入選した知らせを聞いて驚いた。
4) 父が書いた小説の入選した知らせを聞いて驚いた。
5) 父の書いた小説の入選した知らせを聞いて驚いた。
6) 父が描いた絵がある場所を尋ねた。
7) 父は描いた絵がある場所を尋ねた。
8) 父の描いた絵がある場所を尋ねた。
9) 父が描いた絵のある場所を尋ねた。
10) 父の描いた絵のある場所を尋ねた。

日本語の意味と答え

ここでは，従属節の中の「形容詞節（連体修飾節）」を中心的に取り上げました。例8-6で述べたルールは，形容詞節にもほぼあてはまります。それで，「父が書いた小説を出版した」は，「［父が書いた］小説を（私は）出版した」意味のときと，「父が［（父が＝自分が）

問題8-7（1）の答え
 1) どちらもOK　　2) 父以外の人　　3) 父
問題8-7（2）の答え
 (エ)・(キ)・(ケ)・(コ)・(サ)
問題8-7（3）の答え
 1) ○私　　2) ○父
 3) ○私　　4) ×　　5) ×
 6) ○どちらもOK
 7) ○父　　8) ○私
 9) ○どちらもOK　　10) ×

書いた]小説を出版した」意味のときがあります。そして,「父は書いた小説を出版した」は,「父は,(父が＝自分が)書いた小説を出版した」意味になります。それから,「父の書いた小説」は,「父が書いた小説」と同じ意味です。

では,従属節の中での「が」は全て,「の」と変えられるでしょうか。問題8－7(2)を見ればわかるように,変えられるものと変えられないものがあります。

まず,「～とき」「～ので」「～ながら」のような副詞節の中の「が」は,「の」とは変えられないと思ってよさそうです。

次に,形容詞節と名詞節においては,「の」に直せる場合と直せない場合があります。形容詞節や名詞節の中で,主格を表す「が」と,述語の間に別のことば(目的格など)が入ると,その「が」は「の」に変えられなくなると思ってよいかもしれません。それから,「が」と述語の間に何もなくても,「私の作った野菜は,」や「私の通った小学校は,」は言えるのに対して,「彼の死んだニュースは,」は不自然に聞こえます。その理由として,「私が野菜を作る」「私が小学校に通う」と言えるのに,「彼がニュースを死んだ」とは言えない(「を」を他の助詞に変えても言えない)こと,つまり,この「彼が死んだ」と「ニュース」は,「彼が死んだというニュース」の意味になることがあげられるかもしれません。

問題8－7(3)について,「父が書いた小説」を「父の書いた小説」と言い換えられますが,「小説が入選した知らせ」は通常「小説の入選した知らせ」とは言い換えられません。また,「父が描いた絵」は「父の描いた絵」,「絵がある場所」は「絵のある場所」と言い換えられますが,「父の描いた絵のある場所」のように「の」が2回も出てくるのを避ける傾向があります。

見てわかる意味の違い

① 父が書いた小説を出版した。	② 父の書いた小説を出版した。	③ 父は書いた小説を出版した。
■ ①と②が「私は父の書いた小説を出版した」の意味の場合		「父は(自分が)書いた小説を出版した」の意味である
(私は)─父が─書いた─小説を─出版した。 「出版した」のは「私」である		父は─自分が─書いた─小説を─出版した。 「出版した」のは「父」である

- 手話「[同じ場所で] 父／書く／小説／[少し位置を変えて] 出版／自分を指さす」（下図のように、それぞれの単語を表す位置を工夫する。特に「出版」は「私」からなされることに注意する）

- 手話「父／書く／小説／出版／父を指さす」（下図のように、それぞれの単語を表す位置を工夫する。特に「出版」は「父」からなされることに注意する）

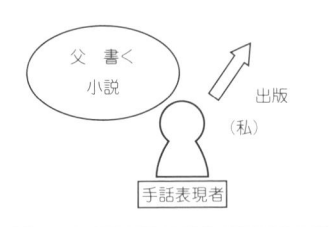

■①は、「父が（自分の）書いた小説を出版した」という意味にも解釈できるが、その場合、③と同じ手話で表す

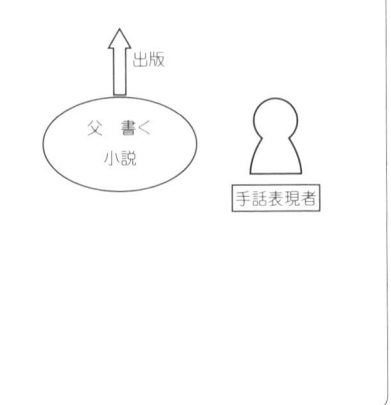

【補足】

小学校2～3年生の教科書から、形容詞節や名詞節が含まれている文をいくつか抜き出してみました（一部改変）。[　　]の部分がそれです。

- [たんぽぽがちえを働かせている] わけを、分かりやすく説明しましょう。
- [読みたいところが同じ] 人どうしでグループを作り……。
- [山や森の動物たちが登場人物になっている] 物語を読んでみましょう。
- [みんなに知らせたい] ことを、ひとりひとりカードに書きましょう。
- たんぽぽは、[この綿毛についている] 種を、ふわふわと飛ばすのです。
- これは、[作者が子どものころに聞いた] 話を思い出して書かれたものです。
- [たんぽぽの花の軸がぐったりと倒れる] のは、なぜですか。
- 文には、[行のはじめが一字下がっている] ところがあります。
- [たくさんの意味がのっている] 言葉をさがしましょう。
- 「本の帯」には、[その本を目にした人が、思わず手に取って読みたくなるような] 文や絵が、工夫して書いてあります。

8章 「が」と「は」の使い分け

例 8−8

| ① 君，今日は，かわいい服だね。 | ② 君，今日，かわいい服だね。 |

日本語の意味は？　　　　　　　　　　　　　　　　　　　問題 8 - 8

（ア）「今日は，かわいい服だね」と（イ）「今日，かわいい服だね」とでは，「いつもはかわいくない服だけど，今日はめずらしくかわいい服だね」という雰囲気を強くもっているのはどちらですか？

日本語の意味と答え

「今日は」の「は」，強調の働きを表します。つまり，「今日」以外の日と対比して，「いつもと違って，今日は」という意味が含まれています（例8−3も参照）。

問題 8 - 8 の答え
（ア）

「あなた，今日は，一生懸命仕事をしているね」と言われると，「ということは，『いつもは一生懸命仕事をしていないけど』と言いたいのかな」と思われることになるでしょう。

見てわかる意味の違い

| ① 君，今日は，かわいい服だね。 | ② 君，今日，かわいい服だね。 |

・特に①と②の違いを伝える必要がない場合は，両方とも「あなた／今日／かわいい／服」でよいだろう
・①で，②との違いを伝える必要がある場合は，「いつもと違って」を付け加える

例 8−9

①-1 太郎がこわい。	①-2 太郎はこわい。
②-1 太郎がこわいと思った。	②-2 太郎はこわいと思った。

日本語の意味は？

問題 8-9

次の〔　〕の中で，より自然なものはどちらですか？

1) 女性が，「しつようにつきまとう男〔が・は〕こわい」と言って，警察に駆けこんだ。
2) その映画を観て，女〔が・は〕こわいと思った。
3) その事故で，「慣れ〔が・は〕こわい」と思った。
4) 頭が三角のヘビ〔が・は〕こわいから，気をつけなさいよ。
5) 私は，ヘビ〔が・は〕こわいので，草むらに行かないようにしている。

日本語の意味と答え

「ヘビがこわい」と言うときの「ヘビ」は，恐怖の対象です。「私はヘビがこわい」と言います。「私はヘビをこわい」という言い方は不自然です。「彼はヘビがこわい」については，「彼はヘビをこわがっている」のほうが自然に聞こえますが，状況によっては，「彼はヘビがこわいらしい」「彼はヘビがこわいので，草むらに行かないようにしている」などのように自然な言い方になります。「と思う」が付くと，「彼はヘビがこわいと思った」という文は，不自然ではなくなります。

問題 8-9の答え
1) が　2) は
3) は　4) は
5) が

例えば，「私はヘビがこわい。」「私はヘビはこわい（が，ワニはこわくない）。」「私はヘビがこわいと思った。」「私は，ヘビはこわい（が，ワニはこわくない）と思った。」という文について，目的語（ヘビ）を省略した文と，主語（私）を省略した文を作ってみると，以下のようになるでしょう。

・「私はヘビがこわい。」

目的語の省略:「私は(ヘビが)こわい。」→「私はこわい。」
主語の省略:「(私は)ヘビがこわい。」→「ヘビがこわい。」
・「私はヘビはこわい(が,ワニはこわくない)。」
目的語の省略:「対比」の意味があるので,「ヘビ」を省略しにくい。
主語の省略:「(私は)ヘビはこわい。」→「ヘビはこわい。」
・「私はヘビがこわいと思った。」
目的語の省略:「私は(ヘビが)こわいと思った。」→「私はこわいと思った。」
主語の省略:「(私は)ヘビがこわいと思った。」→「ヘビがこわいと思った。」
・「私は,ヘビはこわい(が,ワニはこわくない)と思った。」
目的語の省略:「対比」の意味があるので,「ヘビ」を省略しにくい。
主語の省略:「(私は)ヘビはこわいと思った。」→「ヘビはこわいと思った。」

　以上の「私」や「ヘビ」を「太郎」に置き換えることができます。つまり,「太郎がこわい」は「(私は)太郎がこわい」という意味で,「太郎はこわい」は「太郎は(何かが)こわい」と「(私は)太郎はこわい(が,次郎はこわくない)」の意味がある考えられます。そして,「太郎がこわいと思った」は「(私は)太郎がこわいと思った」という意味で,「太郎はこわいと思った」は,「太郎は(何かが)こわいと思った」と「(私は)太郎はこわい(が,次郎はこわくない)と思った」の意味があると考えられます。

見てわかる意味の違い

①-1 太郎がこわい。	①-2 太郎はこわい。
・「(私は)太郎がこわい」意味と考えられる ・手話「太郎/こわい」(下図のように,手話を表す位置を工夫する) 太郎 こわい(視線を「太郎」に向けながら) 話し手(私)	■「(私は)太郎はこわい(が,次郎はこわくない)」のような意味の場合,①-1と同じ手話になっても差し支えない。「対比」の意味を伝えたい場合,「他の人はこわくないが,太郎はこわい」のように補足する

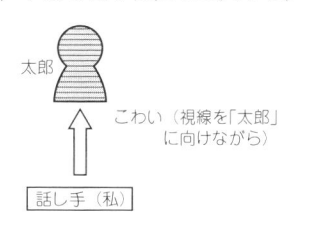

	■「太郎は（何かが）こわい」意味になる場合，「太郎／こわい」（下図のように，手話を表す位置を工夫する） 〈何かが〉←こわい（視線を他の「何か」に向けながら） 太郎／手話表現者
②-1 太郎<u>が</u>こわいと思った。	②-2 太郎<u>は</u>こわいと思った。
・「（私は）『太郎がこわい』と思った」意味である 〔（私は）〕〔太郎が〕〔こわい〕と，〔思った。〕 「思った」のは「私」である ・手話「太郎／［太郎を見ながら］こわい／思う／（私を指さす）」「私／こわい／思う／誰／太郎」「太郎／（太郎を指さしながらうなずく）／こわい［「太郎の性格を言うと，こわい人」という感じで］／思う」	■「太郎は『（何かが）こわい』と思った」意味の場合 〔太郎は〕〔何かが〕〔こわい〕と，〔思った。〕 「思った」のは「太郎」である ・手話「太郎／［他の方向を見ながら］こわい／思う／（太郎を指さす）」 ■「（私は）『太郎はこわい』と思った」意味の場合，①と同じ。ただし，この「は」に「対比」の意味があることを説明するために，「太郎はこわい人だが，次郎は違う」というように補足説明をする 〔（私は）〕〔太郎は〕〔こわい〕と，〔思った。〕 「思った」のは「私」である

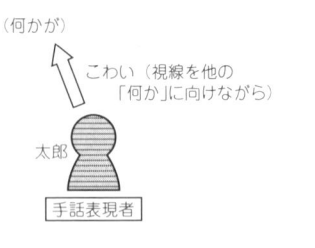

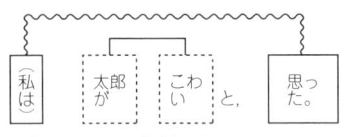

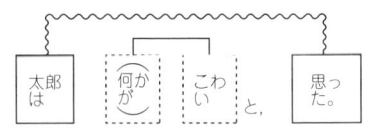

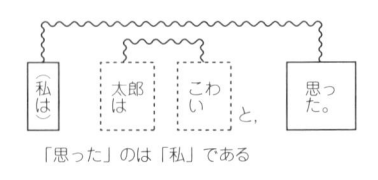

　例5－3で，「彼が好きなのは彼女だ」は2通りの意味にとれることを述べましたが，これと似ているかもしれません。

【補足】
　①「彼がこわいと思った。((私は) 彼をこわく思った)」
　②「彼はこわいと思った。(彼は (何かを) こわがった)」
　①と②は，文末で自分を指さしたり彼を指さしたりするしぐさによって区別できるだろうとは思います。つまり，①は「彼／こわい／思う／私を指さす」，②は「彼／こわい／思う／彼を指さす」となります。
　しかし，例えば，③「彼をこわがった人は誰か」や④「彼がこわがっている人は誰か」のように，その後に「誰か」などのことばが続く文になると，その手話表現はかなり難しくなるでしょう。つまり，③と④の手話が両方とも，「彼／こわい／思う／誰？」というような手話になる人が出てくるのではないかと思います。実際は，③は「［自分から離れたところで］彼／［「彼」を表した指に視線やこわがっている表情を向けながら］こわい／思う／［自分に近いところで］人／［「人」を表した指をもう一方の手で指さしながら］誰？」というような手話で，④は「［自分に近いところで］彼／［自分から離れたところで］人／［「人」を表した指に視線やこわがっている表情を向けながら］こわい／思う／［「人」を表した指をもう一方の手で指さしながら］誰？」や「［自分に近いところで］彼／［自分から離れたところに視線やこわがっている表情を向けながら］こわい／思う／［「こわい」の視線を向けたところで］人／［「人」を表した指をもう一方の手で指さしながら］誰？」というような手話で表現することは可能だと思いますが，現実には，講演などの通訳は時間に追われるので，③と④がほとんど同じ手話になる人が多いと思います。
　⑤「(私は) 食べたい」は「食べる／好き（〜たい）／私を指さす」という手話で，⑥「(彼に) 食べてほしい」は「食べる／好き（〜たい）／彼を指さす」という手話で表すことによって，⑤「食べたい」と⑥「食べてほしい」は区別できると言った人がいました。そこで，⑦「(彼は) 食べたいと思っている」はどうするのか尋ねたら「食べる／好き（〜たい）／思う／彼を指さす」という手話で表し，次に，⑧「(彼に) 食べてほしいと (私が) 思う」はどうするのか尋ねたら，「食べる／好き（〜たい）／思う／彼を指さす」という手話で表した人がいました。つまり，⑦と⑧の手話表現が同じになっていたのです。この⑤〜⑧は，上記の①〜④の手話表現の難しさと似ているように思いました。
　以上の例からもうかがえるように，文末の指さしは万能ではないように思います。

例 8-10

| ① あの店へ行く。 | ② あの店へは行く。 | ③ あの店は行く。 |

日本語の意味は？　　　　　　　　　　　　　　　　　　　　　　問題 8-10

それぞれの文を，以下のように書き直してみました。言い方が自然なものには「○」を，不自然なものには「×」を，自然な言い方であっても元の文と異なる意味に変わる可能性があるものには「△」をつけてください。

1) 本がある。　　　→（　）本がはある。　　　　（　）本はある。
2) マンガを読む。　→（　）マンガをは読む。　　（　）マンガは読む。
3) 彼を尊敬する。　→（　）彼をは尊敬する。　　（　）彼は尊敬する。
4) 学校へ行く。　　→（　）学校へは行く。　　　（　）学校は行く。
5) カナダに行ったことがない。
　　　　　　　　　→（　）カナダには行ったことがない。
　　　　　　　　　　（　）カナダは行ったことがない。
6) 家で勉強する。　→（　）家では勉強する。　　（　）家は勉強する。
7) ここから遠い。　→（　）ここからは遠い。　　（　）ここは遠い。
8) 彼と遊ぶ。　　　→（　）彼とは遊ぶ。　　　　（　）彼は遊ぶ。

日本語の意味と答え

「ここからは遠い」「家では勉強する」のように，「から」や「で」などの助詞のあとに「は」を続けた言い方がよく見られます。では，「は」はどんな助詞にもくっつけられるのかというと，そうではありません。「が」や「を」には，「は」はつけられません。

問題 8-10の答え
1) ×, ○　　2) ×, ○
3) ×, △　　4) ○, ○
5) ○, ○　　6) ○, ×
7) ○, △　　8) ○, △

そして，「あの店へは行く」は，「他の店は行かないが，あの店は行く」のような意味がこめられていますが，このとき「あの店は行く」というように「へ」を省略できます。では，「は」がつくと，その前の助詞は何でも省略できるのかというと，

そうではありません。「家では勉強しない」を「家は勉強しない」とすることは，通常不自然です。「彼とは遊ぶ」を「彼は遊ぶ」とすると，遊ぶ人（主語）が「彼」だけに変わってしまうので，おかしいです。

それから，「マンガを読む」を「マンガは読む」とすると，「マンガは読むが，小説は読まない」という意味が隠れているような文になります。「マンガをは読む」とは言えません。

「彼を尊敬する」については，「彼は尊敬する」とすると，「彼」が尊敬する主体なのか対象なのかあいまいになります。

見てわかる意味の違い

① あの店へ行く。	② あの店へは行く。	③ あの店は行く。
・手話「あれ／店／行く」	・①と同じ手話になっても差し支えないときは，そうする ・①との違いを説明するために，「あの店は行くが，他の店は行かない」などと付け加える	

このように，助詞を重ねられるか，ある助詞を省略できるかの判断は，聴覚障害児や日本語を第二言語として学習する人にとって難しいようです。特に，日本語では，話しことばと書きことばとで，助詞の使い方が少し異なります。例えば，書きことばの中では，「隣人が『ママは今いますか？』と子どもに尋ねた」と書いても，実際の会話では，「ママ，今，いる？」と尋ねる場面がよく見られます。そのため，聴覚障害児や日本語学習者の中には，作文の中でも助詞を省略した文を書く人がよく見られるようです。

例 8-11

①-1 （水族館で）これは，ウナギだ。	①-2 （料理店で）僕は，ウナギだ。
②-1 これは，泥棒が夜の間につけた足跡だな。	②-2 これは，泥棒が夜の間にこの家に入って来たな。

日本語の意味は？

問題 8-11

次の文の「これ」が，足跡ではない他のもの（雰囲気などを含む）を意味するのは，（ア）（イ）のどちらですか？
（ア）これは，泥棒が夜の間につけた足跡だな。
（イ）これは，泥棒が夜の間にこの家に入って来たな。

日本語の意味と答え

「僕は，ウナギだ」は「ウナギ文」と呼ばれています。つまり，「自分が注文するのは，ウナギだ」という意味です。筆者としては，この「僕は，ウナギだ」は，「君は刺身定食を注文し，僕はウナギ定食を注文する」という「対比」を表す文とも考えられると思いました。

問題 8-11の答え
（イ）

「これは，泥棒が夜の間につけた足跡だな」の「これ」は，足跡のことです。「これは，泥棒が夜の間にこの家に入って来たな」の「これ」は，泥棒が夜の間に入った事態（雰囲気・気配）のことです。

見てわかる意味の違い

①-1 （水族館で）これは，ウナギだ。	①-2 （料理店で）僕は，ウナギだ。
・手話「これ／ウナギ」	・店で言う場合は，説明を加えなくてもわかるので，「私／ウナギ」という手話でよい。しかし，相手にどういう状況で作られた文なのかを伝える必要がある場合は，「私／ウナギ／注文」のように「注文」ということばを付け加える

②-1 これは，泥棒が夜の間につけた足跡だな。	②-2 これは，泥棒が夜の間にこの家に入って来たな。
・手話「これ／夜／間／泥棒／歩く／証拠（足跡の意）」 ・この「これ」は，何か実在するものを指さすように，視線や顔の向きを工夫しながら表す	・手話「これ／私／予想（想像・夢）／何／泥棒／夜／間／家／入って来る」（このことから私は「泥棒が夜の間に家に入って来た」と想像した，の意） ・この「これ」は，何か具体的な特定のものではなく漠然とした状況を意味することが多いので，この「これ」を表すときの表情は，何かを思い浮かべるような表情になってもよい

なお，「これは，どうもありがとうございます」の「これは」は，意外な物事に出会ったり感動したりしたときなどに用います。小学校3年生の教科書に，「**ほう。これは，これは。この頭巾をかぶると，鳥の言葉が分かるようだ**」という文があります。この「これはこれは」は，この「これは」の連語です。

小学校低学年の教科書より
8章　時間を表す助詞の使い分け

●『たんぽぽのちえ』『スイミー』『三年とうげ』『聞き耳ずきん』に，以下の①～④の文（いずれも抜粋）が載っています。 が・は の中から，適切なほうを選んでみましょう。

①「春になると，たんぽぽの黄色いきれいな花 が・は 咲きます。二，三日たつと，その花 が・は しぼんで，だんだん黒っぽい色に変わっていきます。」

②「ある日，おそろしいまぐろ が・は ，おなかをすかせて，すごい速さでミサイルみたいに突っこんできた。一口で，まぐろ が・は ，小さな赤い魚たちを，一匹残らず飲みこんだ。」

③「一人のおじいさん が・は ，隣村へ，反物を売りに行きました。そして，……。おじいさん が・は ，腰を下ろして一息入れながら，美しい眺めにうっとりしていました。」

④「次の日，浜へ出ると，見たことのないばあさま が・は ，若者を待っていました。……ばあさま が・は そう言うと，ずきんを取り出して，若者の手ににぎらせました。」

①～④のいずれも，先に出てきたほうを「が」，後に出てきたほうを「は」とするのが自然に感じられます。全体的に，初出の語には「が」がつき，初出でない語には「は」がつくことが多いことがわかると思います（例8－2を参照）。

⑤「ところで，三年とうげのぬるでの木の陰で，『えいやら……こりゃめでたい』と歌ったの が・は ，誰だったのでしょうね。」

疑問詞が述語にくるときは，主語に「は」がつくのが基本です（例8－2を参照）。この文の答えは「は」です。

●『きつつきの商売』に，以下の①の文が載っています。

①「もしかしたら，明日はできないかもしれないから，メニューに書こうか書くまいか，考えてたんですよ。」

②「もしかしたら，明日できないかもしれないから，…（以下同じ）」

①の「は」を取って②にすると，どうでしょうか？　①のほうが「明日という日は，他の日と違って」という雰囲気が感じられるでしょう（例8－3を参照）。

● 『聞き耳ずきん』に，以下の①の文が載っています。
　①「鳥の声は聞こえても，木の声は聞こえないのかしらん。」
　②「鳥の声が聞こえても，木の声が聞こえないのかしらん。」
　①の「は」をともに「が」に変えた②は，どうでしょうか？　①のほうが「鳥の声」と「木の声」を対比させている雰囲気が感じられるでしょう（例8－3を参照）。

● 『ちいちゃんのかげおくり』に，以下の文が載っています。
　「そのとき，体がすうっと透き通って，空に吸いこまれていくのが分かりました。」
　①「透き通った」のは何か，②「空に吸い込まれた」のは何か，③「分かりました」の主語は何かと尋ねたら，聴覚障害児は正答できるでしょうか。答えは，①と②は「（ちいちゃんの）体」で，③は「ちいちゃん（その「体」の持ち主）」です。けれど，特に③に対して「体」と答える聴覚障害児が見られるかもしれません。

● 『きつつきの商売』に，以下の①の文が載っています。
　①「野うさぎは，きつつきの差し出したメニューをじっくり眺めました。」
　②「野ねずみは，野ねずみの奥さんと二人で，ぺちゃくちゃ言っている子どもたちを，どうにか黙らせてから，きつつきを振り返って言いました。」
　この①②の文についても，「誰が何を差し出したのか」「誰が何を眺めたのか」「ぺちゃくちゃ言っているのは誰か」「誰が誰を黙らせたのか」「きつつきを振り返って言ったのは誰か」に対して，適切に答えられるでしょうか。

● 『スーホの白い馬』に，以下の①の文が載っています。
　①「一等になった者は，殿様の娘と結婚させるというのでした。」
　②「一等になった者が，殿様の娘と結婚させるというのでした。」
　「私は読む」を「私が読む」と言い換えられるように，①を②と言い換えられるでしょうか。答えは，言い換えられません。「結婚させる」の主語は，「一等になった者」ではなく，「殿様」です。つまり，「殿様が，一等になった者に，娘と結婚させる」のです。①の「一等になった者は」は，実は「一等になった者には」という意味です。「は」が「に」という助詞につくと，その「に」は省略できる場合があるのです（例8－10を参照）。

助詞が適切に使えるかな？

　筆者の子どもが小さい時、下のような絵本を作ったことがありました。「が」や「を」などの助詞を適切に使い分けられるか調べたいと思ったことも、その目的の1つでした。この絵本の絵を材料にして、問題を作ってみました。

> ■下の2つの絵では、どちらが「おかしな絵（変な絵）」ですか？　それはどうしてですか？　（　　　　　　　　　　　　　　　　　　　　）
> ■下の文の（　　）の中に、「（ア）鬼」と「（イ）女の子」のどちらが入りますか？

(1)
- （　　）が豆を投げている。
- （　　）が逃げている。
- （　　）が（　　）に豆を投げている。
- （　　）が（　　）に豆を投げられている。

(2)
- （　　）が豆を投げている。
- （　　）が逃げている。
- （　　）が（　　）に豆を投げている。
- （　　）が（　　）に豆を投げられている。

助詞が適切に使えるかな？

■下の2つの絵では，どちらが「おかしな絵（変な絵）」ですか？　それはどうしてですか？（　　　　　　　　　　　　　　　　　　　）
■下の文の（　　）の中に，「（ア）サンタクロース」と「（イ）トナカイ」のどちらが入りますか？

(1)

(2)

・（　　）がソリをひっぱっている。
・（　　）がソリに乗っている。
・（　　）が（　　）にひっぱってもらっている。

・（　　）がソリをひっぱっている。
・（　　）がソリに乗っている。
・（　　）が（　　）にひっぱってもらっている。

■下の2つの絵では，どちらが「おかしな絵（変な絵）」ですか？　それはどうしてですか？（　　　　　　　　　　　　　　　　　　　）
■下の文の（　　）の中に，「（ア）お化け」と「（イ）女の子」のどちらが入りますか？

(1)

(2)

・（　　）が泣いている。
・（　　）が（　　）を泣かせている。
・（　　）が（　　）に泣かされている。

・（　　）が泣いている。
・（　　）が（　　）を泣かせている。
・（　　）が（　　）に泣かされている。

333

■下の2つの絵では，どちらが「おかしな絵（変な絵）」ですか？ それはどうしてですか？（　　　　　　　　　　　　　　　　　　　　　）
■下の文の（　　）の中に，「(ア) 金太郎（男の子）」と「(イ) クマ」のどちらが入りますか？

(1)

・（　　）が勝った。
・（　　）が（　　）を投げ飛ばした。
・（　　）が（　　）に投げ飛ばされた。

(2)

・（　　）が勝った。
・（　　）が（　　）を投げ飛ばした。
・（　　）が（　　）に投げ飛ばされた。

■下の2つの絵では，どちらが「おかしな絵（変な絵）」ですか？ それはどうしてですか？（　　　　　　　　　　　　　　　　　　　　　）
■下の文の（　　）の中に，「(ア) キリン」と「(イ) チューリップ」のどちらが入りますか？

(1)

・（　　）が大きい。
・（　　）が小さい。
・（　　）が（　　）より大きい。
・（　　）より大きい（　　）の絵。

(2)

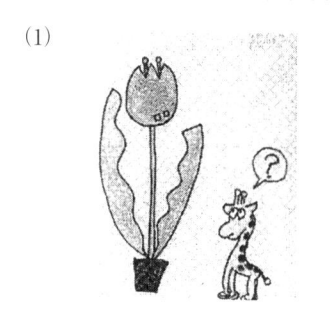

・（　　）が大きい。
・（　　）が小さい。
・（　　）が（　　）より大きい。
・（　　）より大きい（　　）の絵。

引用・参考文献

市川保子（編）(2010)．日本語誤用辞典　スリーエーネットワーク
イラスト国語文法　(2002)．光村教育図書
岩波国語辞典　(1986)．第4版　岩波書店
白川博之（監）庵　功雄・高梨信乃・中西久美子・山田敏弘　(2001)．中上級を教える人のための日本語文法ハンドブック　スリーエーネットワーク
鈴木　忍　(1978)．文法Ⅰ　凡人社
長南浩人　(2011)．聴覚障害児の読み書きの指導　聴覚障害，718（2011年1月号），33-41．
日本語-手話辞典　(1997)．全日本聾唖連盟出版局
松岡　弘（監）庵　功雄・高梨信乃・中西久美子・山田敏弘　(2000)．初級を教える人のための日本語文法ハンドブック　スリーエーネットワーク
脇中起余子　(2007)．よく似た日本語とその手話表現　第1巻　北大路書房
脇中起余子　(2007)．よく似た日本語とその手話表現　第2巻　北大路書房
脇中起余子　(2009)．聴覚障害教育　これまでとこれから──コミュニケーション論争・9歳の壁・障害認識を中心に──　北大路書房

手話イラスト名索引

本書の中で手話イラストで示した部分を，索引にしました。数字は，文例の番号を示します。
例えば「間」のイラストは，例2-5，2-6に出てきます。

あ

間　　2-5, 2-6, 2-11
会う　　1-18, 5-4, 5-9, 5-11, 7-1, 7-3
会う（私が彼に）　　5-4
あく（戸が）　　5-1
あける（戸を）　　5-1
与える（あげる）　　3-4, 4-1
集まる　　5-1
集める　　5-1
ある　　1-1, 1-2
行く（家へ）　　5-6, 7-13
行く（集団で）　　3-1
一日間　　2-1
一緒　　5-4, 7-1, 7-3
受ける　　4-14, 6-9
延期　　6-12, 7-6
多い（たくさん）　　6-25
置く（地面に）　　1-4
思う　　7-5
終わる　　2-2, 2-4, 2-11

か

解決　　2-2, 2-4, 2-6
から　　1-7, 1-10, 2-14, 3-4, 6-10, 6-20
変わる（〜になる）　　6-21, 7-14
関係（〜について）　　1-20
聞く（聞こえる）　　4-4, 7-6
基本　　6-20
結果（結ぶ）　　5-1, 5-5, 6-23, 7-14
事（両手で）　　7-9

さ

差し替え　　6-21
自然　　3-2
自分一人　　3-2
出発　　1章の冒頭, 1-7
将来（〜する後）　　2-10
過ぎる（遅刻）　　6-12
捨てる（放っておく）　　4-13
する（実行）　　1-1, 1-2
責任　　5-1, 6-20
迫る（近づく）　　2-19
そっくり（生き写し）　　7-11
それ　　1章の冒頭

た

互いに　　5-4
たくさん（山盛り）　　6-25
だけ　　3-2
尋ねる（質問）　　4-4
立つ　　6-15, 6-19, 6-22, 7-10
違う　　7-12
地下鉄（通る）　　1章の冒頭, 1-14, 6-14
使う　　6-2, 6-14, 6-21, 7-9
続く（続ける）　　2-5, 2-11, 2-12
時　　2-2, 2-3, 2-10, 2-11, 6-22
と（2つめ）　　3-3

な

内容　　6-13
中（内）　　6-15
何回も（たくさん）　　6-25

似ている　　7-11
年　　2-9
年齢　　2-9
乗って来る　　6-1
ので　　6-4, 6-8, 6-12, 6-13, 6-18, 6-20

は

場所　　1章冒頭, 1-1, 1-3, 1-4, 1-14, 1-17, 6-22
話す（一方的に）　　5-4, 7-3
話す（会話）　　5-4, 7-3
日　　2-1
ひじてつ　　3-2, 4-6
１つめ　　3-3
普通　　7-10
方法　　6-14
他（別・以外）　　7-12

ま

前　　2-17
前（少し）　　2-17
まで（終わる）　　2-2, 2-11, 2-12, 2-13, 5-8
まで（ずーっと）　　2-2, 2-11

まとめる（結局）　　7-14
満足　　6-25
見えない（見ていない）　　1-19
（○月）3日　　2-6
3日間　　2-6
３つめ　　3-3
認める　　4-13
見る（２本指で）　　7-5
難しい（できない）　　1-19
胸がいっぱい　　6-25
命令（私から彼へ）　　4-13
迷惑　　5-8
目的（的に当たる）　　1章冒頭, 1-13, 6-18
目標（的に向かう）　　1章冒頭, 1-13, 1-14
目的（目標）　　5-5, 5-11
もっと　　2-14, 5-12
もらう　　4-1, 4-14, 6-15

や

指さす（手のひらを）　　1-3
様子（状態）　　6-23, 7-6

　　　　　　　あ と が き

　「私は，国語科教員や言語学者でもないのに，こんな本を書いていいのかな。けれど，聾学校での日本語指導の参考になればいいな。その意味で『たたき台』になればいいな」と思い，『よく似た日本語とその手話表現　第1・2巻』や『からだに関わる日本語とその手話表現　第1・2巻』に続いて，本書の原稿を執筆しました。その中で，微妙な日本語を短い手話で表すことの難しさをまた感じさせられました。
　そして，筆者（重度の聴覚障害があり，受聴明瞭度はほとんどゼロです）は，手話を読み取るとき読唇を参考にしていることや，日本語に関するいろいろな知識が手話の読み取りや読唇を容易にしていることを，改めて感じさせられました。
　それで，「わが子が重度の聴覚障害児なら，一定の読唇の力と日本語の知識を身につけ，一般の手話使用者の手話表現を，読唇も利用して正確に読み取ってほしい」と思いました。助詞についても，「が」「は」「を」などの助詞の用法を一定理解したうえで，手話表現者の唇を読み，「今，この助詞を使ったな」と考えながら日本語の文全体を受けとめる習慣を身につけてほしいと思いました。

　もともと筆者は，「言語というのは，文法から入るものではない。場面と結びついた形で文をまるごとからだに取りこむほうがよい」「誤用となる理由を全て説明することは難しい」と考えています。かなりの量の日本語の文が体内で蓄積されると，その日本語の奥底を流れる「地下水脈」みたいなものが感じられるようになり，「海で走る船」「今遊びに行く気持ちじゃない」などの文を聞いたときすぐに違和感を感じるようになります。そのような状態になって初めて，「日本語を身につけた」と言えるのではないかと思います。
　ですが，聴覚障害児に対しては（特に重度の聴覚障害がある場合），ある程度は，日本語を文法（理屈）を通して意図的に教える必要性を感じます。幼少時の筆者も，誤用文を口にしたとき，周囲の大人がそれを指摘してくれました。そのときに説明された「誤用となる理由」が納得できたら，同じ間違いを繰り返すことが格段に減りました。また，「理由の説明が難しいけど，そういうものだからそのように覚えてね」と言われると，「まるごと覚えるしかないんだな」と思ったものでした。
　自分の中に「（日本語に関する）ネットワーク」があると，あることばを聞いた

とき，その「ネットワーク」に組みこんで定着させやすいでしょう。「ネットワーク」が十分でないと，「このことばを覚えなさい」と言われても，なかなか覚えられないでしょう。小さな魚が目の粗い網をすり抜けていくようなものです。授業でも，生徒自身の「ネットワーク」を引き出し，いろいろなこと（体験，断片的な知識など）を思い出させることによってそのネット（網）の目を細かくさせたうえで，「だから，これは……」などと説明するほうが，その網に引っかかって脳内にとどまって記憶される可能性が高まると思います。助詞の指導についても，ほとんど白紙の状態で本書を使って指導するのではなく，日頃の関わりの中で「このような場面ではこのように言うんだよ」などと「ネットワーク」を豊かにさせ，そのうえで「この問題はできるかな」と試しに使ってみるといったぐらいの気持ちで本書を使用していただけたらと思います。

　筆者個人の印象ですが，日本における手話には，以下のような時代の流れがあったのではないかと思います。

1. （戦争前後の頃）親たちは，日本語の力や口話の力の獲得を願い，手話はその妨げになると考えた。手話の排除が聴覚障害教員の排除につながった。
2. 手話に対する理解が始まる。教員採用試験制度が始まるが，障害に対する配慮がなく，聴覚障害者の受検者には「聴者と同様にできる力」が求められた。
3. 手話への理解がさらに広がり，「手話単語の羅列」に不全感を感じる人が現れる。手話で伝わることに目を奪われ，手話の力を教員に求める人が増える。
4. 「日本語対応手話（口話併用手話）」と「日本手話」を区別する考え方が現れ，「日本手話」のわかりやすさを声高に主張する人や「口話は不要。日本手話を」と要求する人が現れる。教員採用試験で，障害に対する配慮や特別支援学校枠・障害者枠での採用が始まり，聴覚障害教員の採用が増え始める。
5. 微妙な日本語を使い分ける力の獲得の難しさに気づき，日本手話で意味が伝われば日本語獲得もできるという「日本手話万能主義」とでもいうべき考えに疑問をもつ人が増える。「手話は当たり前。日本語のリテラシーや学力を」と願う親が増える。並行して人工内耳装用児も増加し，「音声の利用も大切に」と願う親も増える。

　手話に対する理解の拡がりとともに，聾学校に採用される聴覚障害教員が増えました。そのこと自体は喜ばしいことですが，その一方で，「日本語が満足に使えな

い教員がおり，親から『うちの子の作文指導に関わらないでほしい』と言われているらしい」となど聞くと，残念に思います。やはり，日頃の関わりの中で，その都度日本語の誤りを指摘していくことが大切だと思います。

　手話がなかなか習得できない聴者教員の中には，保護者や生徒の厳しい視線に耐えられなくなると，他の学校への異動を希望するケースがときどき見られます。けれど，聴覚障害教員が，日本語指導がなかなかできず，保護者や生徒の厳しい視線に耐えられなくなったとき，どうなるでしょうか。手話ができることが高く評価される時代は終わり，「手話はできて当たり前。日本語指導はきちんとできるの？」と問われる厳しい時代に入りつつあると感じており，自己研鑽に励んだり自分の得意分野を明白なものにしたりする努力がさらに求められるように思います。

　最近人工内耳装用児が増えており，今後どうなるかと聞かれると，筆者は，以下のような悪い事態を想像してしまいます。筆者の杞憂であればいいのですが。

・人工内耳装用児の増加とともに，戦前の「手話を否定する聴覚口話法」に逆戻りする。
・日本語が指導できない聴覚障害教員に対する視線がますます厳しいものとなり，そのような教員は重度の重複障害児を担当するようになる（「教科指導力が疑われた教員に対して試験を改めて受けることを義務づけ，その試験をクリアできなければ解雇できる」という制度がもし始まれば，さらに厳しい事態となるでしょう）。

　今までいろいろな例を見ていると，誤りのない文が書けても，他の人の不自然な文を訂正できない例がときどき見られます。作文や小論文では，「ここまでは間違いを指摘されたことがない」という範囲で文を作れますが，他人の文の間違いを直すときは，日本語に関するかなり幅広い知識が求められるでしょう。例えば，「漫画を買いたいでしたが」は，「漫画を買いたかったですが」のほうが自然でしょう。「寄宿舎に入った。夜になると，家に帰りたいが，がまんしている」は，「……夜になると，家に帰りたくなるが……」「……夜になると，家に帰りたいと思うが，……」などのほうが自然でしょう。このようないろいろな不自然な文を添削する力が，聾学校教員にはひときわ求められます。『日本語誤用辞典』（市川保子（編著）2010年　スリーエーネットワーク）は，外国人の誤用文を豊富に収録していますが，この本に収録されている「この時期，コスモスが咲くべきだ」「日本の文化をわかるように，日本で何年もすまなければなりません」「これは私にとってずいぶん難し

いですよ」などの不自然な文を訂正できる力がなければ，聴覚障害児に対する作文指導や日本語指導は難しいでしょう。言い換えると，作文や小論文は，自分の「守備範囲」が狭くてもそれなりに書くことができますが，他人の不自然な文の訂正は，「守備範囲」が相当広くないと難しいということです。

　本書を執筆して感じたことは，やはり助詞や接続詞は「学習言語」のキーワードであり，助詞や接続詞を十分に理解できていないと，いわゆる「9歳の壁」（小学校高学年以降の学習などが困難な現象）を越えることは難しいことです。
　聾学校の小学生が手軽に使えるような教材（ドリル）がほしいという声を聞きましたが，それについては，今後の課題とさせていただきます。ドリルを作る前に，どのような助詞や接続詞の使い分けが難しく，どのように使い分けを説明すればよいかを考える必要があると思ったからです。

　大阪市立聾学校校長であった高橋潔先生は，手話を守り抜こうと奮闘した教員として有名ですが，その娘である川渕依子さんと初めてお会いしたのは2011年春でした。そのときの手紙のやりとりや会話の中で，川渕さんは「父（高橋潔）は口話を否定していなかった。そのことが『誤解』されているような言い方を聞くと，残念に思う」というようなことを言われたのが，一番印象に残っています。「手話導入だけでは，日本語習得や学力獲得の問題は解決できない」と筆者は考えていますが，「手話導入」が高いレベルの日本語や学力の獲得のための唯一の方法であるかのような言い方を聞くと，筆者も残念に思います。この手紙のやりとりや会話は限られたものであったにもかかわらず，川渕さんから「本書の著者・脇中起余子先生は，この父の思い，願いの深い理解者というより，脇中先生自身が父そのものと思えてならない」という過分なおことばをいただき，身が引き締まる思いです。

　最後に，本書を執筆したいという筆者の願いを聞き入れてくださり，ていねいに編集・校正作業をしてくださった北大路書房の方々，筆者の突然のお願いにもかかわらずすぐに推薦のことばを書いてくださった川渕依子さんに，この場を借りて厚く御礼を申し上げます。

　　2012年3月

脇中起余子

●著者紹介

脇中起余子（わきなか・きよこ）
新生児の時に，薬の副作用で失聴
京都大学大学院教育学研究科博士後期課程中退
龍谷大学大学院文学研究科博士後期課程修了
現在，京都府立聾学校教諭（教育学博士・学校心理士）

主著・論文
K聾学校高等部における養護・訓練の時間の指導内容と手話に対する考え方の変遷　特殊教育学研究，35 (5)，p.9-16，1998年
認知と言語　中野善達・吉野公喜（編）　聴覚障害の心理　田研出版，p.65-79，1999年
手話で数学を指導する—教科指導の実際と課題—　手話コミュニケーション研究，No.41，p.32-39，2001年
K聾学校高等部における九九に関する調査から—九九の読み方をどれぐらい覚えているかを中心に—　ろう教育科学，44 (1)，p.37-46，2002年
聴覚障害者本人および親の意識調査 (1) —「京都難聴児親の会」親と本人に対するアンケートから—　ろう教育科学，44 (2)，p.55-72，2002年
聴覚障害者本人および親の意識調査 (2) —障害の呼称の違いによる意識の違いを中心に—　ろう教育科学，44 (3)，p.115-128，2002年
K聾学校高等部生徒の記憶方略に関する一考察—「音声方略」と「手話口形方略」のどちらが有効か—　ろう教育科学，45 (2)，p.53-70，2003年
聾教育の課題と展望—コミュニケーション論争を中心に—　発達，102号（4月号），p.70-76，2005年
K聾学校高等部の算数・数学における「9歳の壁」とその克服の方向性—手話と日本語の関係をどう考えるか—（龍谷大学博士論文，未発表），2005年
よく似た日本語とその手話表現—日本語の指導と手話の活用に思いをめぐらせて—　第1巻・第2巻　北大路書房，2007年
からだに関わる日本語とその手話表現　第1巻・第2巻　北大路書房，2008年
聴覚障害教育 これまでとこれから—コミュニケーション論争・9歳の壁・障害認識を中心に—　北大路書房，2009年

助詞の使い分けとその手話表現　第1巻
—格助詞を中心に—

2012年4月10日	初版第1刷印刷	定価はカバーに表示してあります。
2012年4月20日	初版第1刷発行	

著　者　脇中起余子
発行所　（株）北大路書房
〒603-8303　京都市北区紫野十二坊町12-8
電　話　(075) 431-0361(代)
Ｆ Ａ Ｘ　(075) 431-9393
振　替　01050-4-2083

Ⓒ2012　　　　　印刷／製本　モリモト印刷(株)
検印省略　落丁・乱丁はお取り替えいたします。

ISBN978-4-7628-2775-4 Printed in Japan

本書（第1巻）で扱った助詞（格助詞が中心）の主な意味と例文

		に	で	へ	を
5章	対象・相手	●行為の対象・相手 係に伝える。 子どもに教える。 ●一方的行為の対象 先輩に話す。			●行為の対象 金閣寺を見たい。 子どもを教える。
6・7章	手段・原因・状態など		●材料（原型をとどめる） レンガで作る。		
		●目的 買い物に行く。	●手段・方法 漢字で書く。 バスで来る。 その問題で議論する。		●行為の対象 漢字を書く。 漢字を教える。 その問題を議論する。
		●心理現象の原因・理由 病に苦しむ。	●原因・理由 ミスで事故が起きる。 病で苦しむ。		
		●結果・状態 医者になる。 ブームに終わる。 かちかちに凍る。	●結果・状態 ブームで終わる。		
		●比較の基準 娘は母に似ている。			
		●「〜として」 彼を会長に推薦する。			